Recht (Ius LL.B.)

Hans Paul Prümm

Einführung in die Rechtsphilosophie – Rechtstheorie und Rechtsethik

Fachhochschule für Verwaltung und Rechtspflege Berlin

– University of Applied Sciences –

Fachhochschule für Verwaltung und Rechtspflege Berlin
University of Applied Sciences,
Alt-Friedrichsfelde 60, 10315 Berlin
Telefon: (030) 90 21 40 05, Fax: (030) 90 21 40 06,
www.FHVR-Berlin.de

Herstellung: Books on Demand GmbH, Norderstedt 2008

Bezug durch den Buchhandel oder direkt durch:

Books on Demand GmbH, Gutenbergring 53, 22848 Norderstedt, www.bod.de

ISBN: 978-3-940056-42-9

Übersicht

1 Hinweise zur Benutzung

Diese knappe „Einführung in die Rechtsphilosophie – Rechtstheorie und Rechtsethik" soll Ihnen zunächst als „Roter Faden" durch die Lehrveranstaltung „Rechtsphilosophie – Rechtstheorie und Rechtsethik" dienen.

Sodann will dieses Büchlein Ihnen die Struktur und die wichtigsten Inhalte von „Rechtsphilosophie – Rechtstheorie und Rechtsethik" erläutern, wie ich sie in diesem Semester mit Ihnen erarbeiten will.

Damit Sie und ich wissen, was Sie am Ende dieser Lehr- und Lernveranstaltung wissen sollen, habe ich nach den jeweiligen Abschnitten Kontrollfragen eingebaut. Diese Fragen sollten Sie am Ende des jeweiligen Abschnitts beantworten können. Die Antworten finden Sie unter http://www.fhvr-berlin.de/fhvr/index.php?id=268&L=0&color=basis.

Bitte denken Sie daran, dass in der Folge des Bologna-Prozesses der Anteil der Selbststudienzeiten erheblich zugenommen hat. Wir gehen im Rahmen dieses Studiums davon aus, dass Sie etwa ebenso viel Selbst- wie Kontaktstudienzeit aufwenden müssen, um das Modul- bzw. Studienziel zu erreichen. In der Konsequenz etwa können Sie sich nicht darauf verlassen, dass – wie in der Schule – nur der Stoff geprüft wird, den Ihnen der Dozent vorgetragen hat, sondern entscheidend ist der jeweilige Kanon der Fächer, die Sie im Rahmen Ihres Studiums mit Erfolg absolvieren müssen. Deshalb habe ich unter 4. Literaturhinweise aufgenommen, damit Sie einen Überblick über die – vor allem für Studienanfänger – unüberschaubare Literatur zu den Themen dieser Lehrveranstaltung bekommen.

Ich gehe davon aus, dass Sie mindestens jeweils ein Buch zur Rechtstheorie und zur Rechtsethik neben diesem Büchlein und der Lehrveranstaltung lesen.

Es ist nicht Aufgabe dieser Einführung, Sie zu einer bestimmten rechtstheoretischen oder gar rechtsethischen Anschauung zu erziehen[1] – wohl aber sollen Sie die wichtigsten Aspekte und Entwicklungen dieser beiden Bereichen kennen, damit Sie in der Lage sind, Ihre eigene Rechtsarbeit und deren Ergebnisse einzuschätzen und zu bewerten. Denn nur wenn Sie einerseits wissen, dass der Entscheidungsvorgang keineswegs nur ein logisch-deduktiver, sondern auch ein voluntativer ist und sozusagen anthropologisch unbewusst „gesteuert" wird,

---

[1] Vgl. allerdings Immanuel Kant (1724–1804), der den ersten Abschnitt seiner ethischen Methodenlehre „Die ethische Didaktik" nennt (Immanuel Kant, Metaphysik der Sitten (1798), in: Ders., Band IV, S. 301 (503 ff.).

7

und Sie zum anderen sich über die Herkunft Ihrer Moralvorstellungen klarer werden, sind Sie in der Lage, Ihre Rechtsarbeit kritisch zu reflektieren.

Ich wünsche Ihnen – und mir – bei der Lern- und Lehrveranstaltung nicht nur viel Erfolg, sondern auch und vor allem spannende und interessante Stunden der Zusammenarbeit.

Berlin, im Oktober 2008

Hans Paul Prümm

2 Abkürzungsverzeichnis

A.a.O.	am angegebenen Ort
ABl L	Amtsblatt der Europäischen Gemeinschaften Legislatio
Abs.	Absatz
AöR	Archiv für öffentliches Recht
apf	Ausbildung Prüfung Fortbildung (Zeitschrift)
apf Berlin	Landesbeilage Berlin zur apf
Art.	Artikel (Singular)
Artt.	Artikel (Plural)
ASOG	Allgemeines Sicherheits- und Ordnungsgesetz Berlin
Aufl.	Auflage
BAG	Bundesarbeitsgericht
BAGE	Entscheidungssammlung des BAG
BauGB	Baugesetzbuch
BauO Bln	Bauordnung Berlin
BFH	Bundesfinanzhof
BGB	Bürgerliches Gesetzbuch
BGBl I	Bundesgesetzblatt Teil 1
BGBl II	Bundesgesetzblatt Teil 2
BGH	Bundesgerichtshof
BGHSt	Entscheidungssammlung des BGH in Strafsachen
BGHZ	Entscheidungssammlung des BGH in Zivilsachen
BImSchG	Bundes-Immissionsschutzgesetz
BRD	Bundesrepublik Deutschland
BSG	Bundessozialgericht
BVerfG	Bundesverfassungsgericht
BVerfGE	Entscheidungssammlung des BVerfG
BVerfGG	Bundesverfassungsgerichtsgesetz
BVerwG	Bundesverwaltungsgericht
BVerwGE	Entscheidungssammlung des BVerwG

bzw.	beziehungsweise
Ders.	Derselbe
d.h.	das heißt
Dies.	Dieselbe(n)
DIN	Deutsches Institut für Normung/ Deutsche Industrienorm
DJZ	Deutsche Juristen-Zeitung
DM	Deutsche Mark
DÖV	Die Öffentliche Verwaltung
DVBl.	Deutsches Verwaltungsblatt
EG	Europäische Gemeinschaft
EGBGB	Einführungsgesetz zum BGB
EGMR	Europäischer Gerichtshof für Menschenrechte
EGV	Vertrag über die EG
EMRK	Europäische Menschenrechtskonvention
EU	Europäische Union
EuGeI	Europäisches Gericht erster Instanz – auch EuG
EUGH	Europäischer Gerichtshof
EuGHE	Entscheidungssammlung von EuGH und EuGeI
EuGRZ	Europäische Grundrechte - Zeitschrift
EUV	Vertrag über die EU (Maastricht-Vertrag)
EuZW	Europäische Zeitschrift für Wirtschaftsrecht
EWG	Europäische Wirtschaftsgemeinschaf
EWGV	Vertrag über die EWG
f.	folgende(r)
ff.	folgende
FFH-RL	Flora-Fauna-Habitat RL
FGPrax	Praxis der Freiwilligen Gerichtsbarkeit
FHVR	Fachhochschule für Verwaltung und Rechts-pflege
Fn.	Fußnote

10

gem.	gemäß
GG	Grundgesetz
GO	Geschäftsordnung
griech.	griechisch
GVBl.	Gesetz- und Verordnungsblatt
GVG	Gerichtsverfassungsgesetz
h.M.	herrschende Meinung
Hrsg.	Herausgeber
HwO	Handwerksordnung
i.d.R.	in der Regel
i.e.S.	im engeren Sinne (bei manchen AutorInnen ohne Punkte)
i.S.	im Sinne
i.S.d.	im Sinne des
i.V.m.	in Verbindung mit
i.W.	im Wesentlichen
i.w.S.	im weiteren Sinne
JA	Juristische Arbeitsblätter
JAÜBl	Juristische Arbeitsblätter – Übungsblätter
Jura	Jura (Zeitschrift)
JuS	Juristische Schulung (Zeitschrift)
JW	Juristische Wochenschrift
JZ	Juristenzeitung
KritV	Kritische Vierteljahresschrift für Gesetzgebung und Rechtswissenschaft
lat.	Lateinisch
LBG	Landesbeamtengesetz
LGG	Landesgleichstellungsgesetz

lit.	littera (lat.: Buchstabe)
LKV	Landes- und Kommunalverwaltung
Ls	Leitsatz
LuftSiG	Luftsicherheitsgesetz
MDR	Monatsschrift für Deutsches Recht
Mio.	Million
MS	Mitgliedstaat/en
m.w.N.	mit weiteren Nachweisen
NJW	Neue Juristische Wochenschrift
Nr.	Nummer
NVwZ	Neue Zeitschrift für Verwaltungsrecht
o.J.	Ohne Jahresangabe
OVG	Oberverwaltungsgericht
OVGE	Entscheidungssammlung der OVGe
Prof.	Professor
PrüfO	Prüfungsordnung
R	Recht
RGBl. I	Reichsgesetzblatt Teil 1
RF	Rechtsfolge
RFM	Rechtsfolgemerkmal
RGZ	Entscheidungssammlung des Reichsgerichts in Zivilsachen
RL	Richtlinie
Rn.	Randnummer
Rspr.	Rechtsprechung
S.	Satz/Seite
Scil.	Scilicet (lat.: selbstverständlich)
sog.	so genannte/r

StGB	Strafgesetzbuch
StVG	Straßenverkehrsgesetz
StVO	Straßenverkehrsordnung
SV	Sachverhalt
TB	Tatbestand
TBM	Tatbestandsmerkmal
u.a.	unter anderem
u.U.	unter Umständen
UZwG	Gesetz über den unmittelbaren Zwang
VA	Verwaltungsakt
v.Chr.	vor Christi Geburt
VerwArch	Verwaltungsarchiv (Zeitschrift)
Vgl.	Vergleiche
VO	Verordnung
VwGO	Verwaltungsgerichtsordnung
VwVfG	Verwaltungsverfahrensgesetz
VwVG	Verwaltungsvollstreckungsgesetz
VwZG	Verwaltungszustellungsgesetz
z.B.	zum Beispiel
ZER	Zeitschrift für EuropaRecht
ZEuS	Zeitschrift für europarechtliche Studien
ZRP	Zeitschrift für Rechtspolitik
z.T.	zum Teil

3 Abbildungsverzeichnis

4 Literaturhinweise

Adomeit, Klaus / Susanne Hähnchen: Rechtstheorie für Studenten 5. Aufl., 2008

Brugger, Winfried / Ulfrid Neumann / Stephan Kirste (Hrsg.), Rechtsphilosophie im 21. Jahrhundert, 2008

Buckel, Sonja / Ralph Christensen / Andreas Fischer-Lescano (Hrsg.): Neue Theorien des Rechts, 2006

Horn, Christoph / Nico Scarano (Hrsg.): Philosophie der Gerechtigkeit. Texte von der Antike bis zur Gegenwart, 2002

Kaufmann, Arthur / Winfried Hassemer / Ulfrid Neumann (Hrsg.): Einführung in Rechtsphilosophie und Rechtstheorie der Gegenwart, 7 Aufl., 2004

Mastronardi, Philippe: Juristisches Denken. Eine Einführung, 2. Aufl., 2003

Nagel, Bernhard: Recht und Gerechtigkeit im gesellschaftlichen Wandel. Ein Studien- und Lesebuch, 2006

Rüthers, Bernd: Rechtstheorie. Begriff, Geltung und Anwendung des Rechts, 3. Aufl., 2007

Vesting, Thomas: Rechtstheorie. Ein Studienbuch, 2007

Von der Pfordten, Dietmar: Rechtsehik, 2001

Weber-Grellet, Heinrich: Rechtsphilosophie, 3. Aufl., 2006

5 Zur Einführung: Das Brett des Karneades und andere Einführungskonstellationen

5.1 Das Brett des Karneades

Das Brett des Karneades: Ein Brett, das im Meer treibt, kann nur einen von zwei Schiffbrüchigen tragen.[2]

Darf der eine den anderen davon abhalten, sich auf das Brett zu legen?

Darf der, der im Meer schwimmt, den, der auf dem Brett liegt, von dem Brett zerren?

Darf der, der auf dem Brett liegt, den anderen daran hindern, ihn vom Brett zu zerren?

5.2 Her Majesty The Queen v. Tom Dudley and Edwin Stephens

"At the trial of an indictment for murder it appeared, upon a special verdict, that the prisoners D(udley) and S(tephens), seamen, and the deceased, a boy between seventeen and eighteen, were cast away in a storm on the high seas, and compelled to put into an open boat; that the boat was drifting on the ocean, and was probably more than 1000 miles from land; that on the eighteenth day, when they had been seven days without food and five without water, D. proposed to S. that lots should be cast who should be put to death to save the rest, and that they afterwards thought it would be better to kill the boy that their lives should be saved; that on the twentieth day D., with the assent of S., killed the boy, and both D. and S. fed on his flesh for four days; that at the time of the act there was no sail in sight nor any reasonable prospect of relief; that under these circumstances there appeared to the prisoners every probability that unless they then or very soon fed upon the boy, or one of themselves, they would die of starvation."[3]

5.3 § 14 Luftsicherheitsgesetz a.F.

Über dem deutschen Lufttraum ist ein Flugzeug mit 50 Passagieren von drei Terroristen entführt worden. Aufgrund des letzten Funkkontakts mit der Crew

---

[2] Siehe dazu Jochen Bung, Das Bett des Karneades, S. 72.
[3] The Queen's Bench Division, unter: http://www.justis.com/titles/iclr_bqb14040.html [4. 10. 2008].

dieses Flugzeugs und dessen Flugrichtung ist mit hoher Sicherheit davon auszugehen, dass das Flugzeug in zehn Minuten in ein Hochhaus in Frankfurt am
Main eindringen soll. Der Bundesminister der Verteidigung will zum Schutz
der Menschen in dem entsprechenden Hochhaus, die nicht mehr schnell genug
evakuiert werden können, den Abschuss des Flugzeugs anordnen.

Darf er das?

§ 14 Luftsicherheitsgesetz (LuftSiG) lautete so:

„§ 14 Einsatzmaßnahmen, Anordnungsbefugnis[4]

(1) Zur Verhinderung des Eintritts eines besonders schweren Unglücksfalles
dürfen die Streitkräfte im Luftraum Luftfahrzeuge abdrängen, zur Landung
zwingen, den Einsatz von Waffengewalt androhen oder Warnschüsse abgeben.

(2) Von mehreren möglichen Maßnahmen ist diejenige auszuwählen, die den
Einzelnen und die Allgemeinheit voraussichtlich am wenigsten beeinträchtigt.
Die Maßnahme darf nur so lange und so weit durchgeführt werden, wie ihr
Zweck es erfordert. Sie darf nicht zu einem Nachteil führen, der zu dem er-
strebten Erfolg erkennbar außer Verhältnis steht.

(3) Die unmittelbare Einwirkung mit Waffengewalt ist nur zulässig, wenn nach
den Umständen davon auszugehen ist, dass das Luftfahrzeug gegen das Leben
von Menschen eingesetzt werden soll, und sie das einzige Mittel zur Abwehr
dieser gegenwärtigen Gefahr ist.

(4) Die Maßnahme nach Absatz 3 kann nur der Bundesminister der Verteidigung oder im Vertretungsfall das zu seiner Vertretung berechtigte Mitglied der
Bundesregierung anordnen."

Fragen

F 1: Was ist der eigentliche Sinn des Studiums der Rechtsphilosophie im
Hinblick auf die Rechtsarbeit?

F 2: Erläutern Sie anhand der deutschen Rechtsordnung in der Konstellation
des „Brett des Karneades" die Strafbarkeit des Herunterzerrens der Person, die auf dem Brett liegt, und der entsprechenden Abwehrmaßen dieser Person.

F 3: Skizzieren Sie – in englischer Sprache – die Grundkonstellation von
„The Queen v. Dudley and Stephens".

---

[4]   Siehe dazu BVerfGE 115, 118.

F 4: Halten Sie es für hinnehmbar, dass der Verteidigungsminister nach der Nichtigkeitserklärung des § 14 Abs. 3 LuftSiG erklärt hat, er werde sich in entsprechenden Fallkonstellationen auf ein übergesetztliches Notstandsrecht berufen?

6 Die Rechtswissenschaft(en) im Wissenschaftssystem

6.1 Wissenschaft und Wissenschaftssystem

Es gibt viele Beschreibungen von Wissenschaften und Wissenschaftssystemen, und wir werden uns mit diesen Begriffen unten noch näher beschäftigen, weil die Definition[5] von Begriffen eine wichtige Voraussetzung für die Kommunikation über Themen ist, aber man muss an einem bestimmten Punkt einsteigen.

Deshalb beginne ich mit der Beschreibung von Wissenschaft durch das BVerfG: Das höchste deutsche Gericht skizziert als Wissenschaft „alles, was nach Inhalt und Form als ernsthafter planmäßiger Versuch zur Ermittlung der Wahrheit anzusehen ist."[6]

Man sieht also, dass das BVerfG nicht wie im angloamerikanischen Sprachkreis üblich zwischen den sciences und den humanities unterscheidet;[7] es differenziert auch nicht zwischen Grundlagen- und angewandten Wissenschaften; und das BVerfG macht keinen Unterschied zwischen einfacher und exzellenter Wissenschaft.

Auch differenziert das BVerfG nicht hinsichtlich der Stoßrichtung der Wissenschaft, so wie etwa Miguel de Cervantes Saavedra meinte, Zweck und Ziel der weltlichen Wissenschaften lägen darin, „die Gerechtigkeit gleichmäßig zu verteilen und jedem das zu geben, was ihm zukommt ..."[8].

Welche Betätigung nun in concreto der Wissenschaft i.S.d. BVerfG zugerechnet werden kann, ist allerdings umstritten. Letztlich kann man heute davon ausgehen, dass die Tätigkeiten, die von der scientific community als Wissenschaften anerkannt werden, dem Wissenschaftssystem zugerechnet werden.[9]

Dieses Wissenschaftssystem ist kein feststehendes, sondern wird letztlich nach Zweckmäßigkeitsgesichtspunkten untergliedert. Es gibt Systematiken, die allein nach statistischen Erwägungen aufgebaut sind oder solche, die ausschließ-

---

5   Herkömmlicherweise als Beschreibung eines Gegenstands mittels übergeordneter Gattung und spezifischer Differenz (per genus proximum et differentiam specificam).

6   BVerfGE 35, 79 (113).

7   Vgl. dazu Britannica 2001, Stichwort: History of science: „On the simplest level, science is knowledge of the world of nature"; W. F. Bynum/ E. J. Brown/ Roy Porter (Ed.), Stichwort: Relations between the sciences: "(T)hat humanities and sciences are polar opposites ..."

8   Miguel de Cervantes Saavedra, Don Quixote, S. 432.

9   So etwa für die Philosophie: Pirmin Stekeler-Weithofer, S. 43.

lich bibliothekarischen Ansprüchen entsprechen sollen. Ich präsentiere hier dieses System:

Abbildung 1 Wissenschaftssystem

Die in diesem Schema benutzten Begriffe will ich kurz erläutern:

Die **Erkenntnistheorie**[10] (Epistemologie[11]) beschäftigt sich mit der Frage, wie Erkenntnis an sich, also unabhängig von dem individuellen, psychischen Erkenntnisvorgang - bezogen auf die Gattung Mensch - überhaupt möglich ist. Ihr geht es vor allem um die Fragen nach der Möglichkeit oder Unmöglichkeit ewiger, menschenunabhängiger Wahrheiten/ Richtigkeiten; inwieweit objektive Erkenntnis überhaupt möglich ist; nach der Subjekt-Objekt-Beziehung zwischen Erkennendem und Erkanntem und nach der Beziehung zwischen Theorie und Praxis.

Die **Wissenschaftstheorie**[12] versucht vor allem zu klären,

- was Wissenschaft überhaupt ist

---

[10]   Vgl. Wolfgang Röd; Herbert Schnädelbach.
[11]   Vom griechischen Episteme für Kenntnis.
[12]   Vgl. dazu Alan F. Chalmers; Hans Poser; Gerhard Schurz; Elisabeth Ströker.

- welche Wissenschaften es gibt und in welcher Beziehung sie zueinander stehen
- welche Ziele Wissenschaften haben
- unter welchen Umständen WissenschafterInnen arbeiten.

Die **Methodologie** wird auch Logik der Forschung genannt und untersucht die Methoden, mit denen WissenschaftlerInnen arbeiten. Während man die Methodik als die Brille der WissenschaftlerInnen bezeichnen kann, ist die Methodologie sozusagen die Optik-Technologie.

Unter den **Grundwissenschaften**, auch formale Wissenschaften genannt, versteht man die Wissenschaften: Logik und Mathematik, die sich keine konkreten, fassbaren, sondern nur intelligibeln Gegenständen widmen, sich mit Denkvorgängen und Denkergebnissen beschäftigen.[13] Die Logik untersucht die Strukturen von Begriffen, Aussagen, Argumentationen und Schlüssen und dient somit als Grundlage der anderen Wissenschaften, weil diese teilweise von deren Grundstrukturen abhängig sind.

Realwissenschaften beziehen sich dagegen auf konkrete, fassbare Gegenstände, d.h. Dinge und Tatsachen.

Naturwissenschaften beschäftigen sich mit von Menschen grundsätzlich nicht beeinflussbaren Phänomenen, während die **Kulturwissenschaften** sich im weitesten Sinne auf die Produkte menschlicher Verhaltensweisen beziehen.

Die **Sozialwissenschaften** kann man als die Wissenschaften beschreiben, die sich auf Strukturen des menschlichen Zusammenlebens in Gesellschaft, Wirtschaft, Staat (und Verwaltung) beziehen. Unter **Geisteswissenschaften** fasst man die Wissenschaften zusammen, die sich mit bewussten Emanationen des menschlichen Geistes wie Texten (Theologie, [klassischer Weise auch[14]] Jurisprudenz, Literaturwissenschaften, Rhetorik) oder Kunstwerken (Ästhetik, Musik) beschäftigen.

Die Sozialwissenschaften lassen sich in einem vorläufigen und allgemeinen Überblick so auflisten:

---

[13]   Johann Gottlieb Fichte, Grundlage des Naturrechts nach Principien der Wissenschaftslehre (1796/97), in: Ders., Werke, Dritter Band, S. 1 (7), spricht von „reinen Wissenschaften", David Hume, Verstand, S. 67 , von „abstrakten Wissenschaften".

[14]   Siehe dazu aber näher unten (am Ende von 6.1).

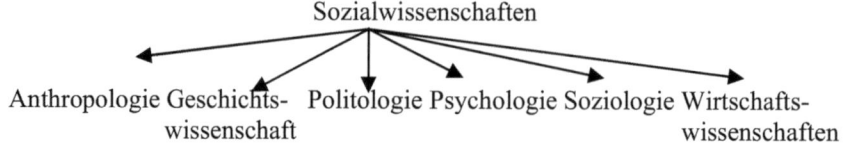

Abbildung 2 Sozialwissenschaften

Die Geisteswissenschaften lassen sich – auch hier zunächst unter Vorbehalt - so differenzieren:

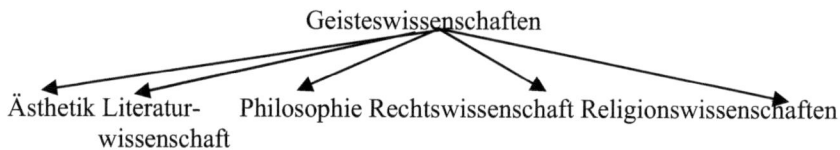

Abbildung 3 Geisteswissenschaften

Hans Kelsen etwa hat die Rechtswissenschaft den Geisteswissenschaften zugerechnet. [15] Das hängt vor allem damit zusammen, dass er – wie viele RechtswissenschaftlerInnen auch – Rechtswissenschaft als Rechtsdogmatik, und diese wiederum vorwiegend als Textarbeit auffasst.

Wie wenig gesichert solche Aufgliederungen sind, kann man etwa daran erkennen, dass etwa Eric Hilgendorf und Werner Krawietz jüngst wieder die Rechtswissenschaften den Sozialwissenschaften zugerechnet haben. [16]

Die Aufgliederung der Wissenschaften ist keine natürliche, sondern eine zweckmäßige. Sie hat u. a. deshalb ihren Sinn, weil die Wissenschaften sich tendenziell unterschiedlicher Methoden bedienen.

Die Naturwissenschaften zählen, wiegen, messen; die Sozialwissenschaften bedienen sich qualitativer und quantitativer Erhebungsmethoden und die bevorzugte Methode der Geisteswissenschaften ist die Hermeneutik [17].

Allerdings muss man sich zum einen darüber klar sein, dass die jeweilige Aufgliederung der Wissenschaften insofern ihren Nachteil hat, als sie mehr und

---

[15]   Hans Kelsen, Reine Rechtslehre, S. III.
[16]   Ernst Hilgendorf, Zur Lage der juristischen Grundlagenforschung, S. 121 f.; Werner Krawietz, Juridische Kommunikation, S. 181.
[17]   Das Wort leitet sich von Hermes, dem griechischen Götterboten ab, der zwischen Göttern und Menschen vermittelte.

mehr dazu führt, dass sich die einzelnen Wissenschaften separieren, obwohl die praktischen Probleme nun inter-, multi- oder transdisziplinär gelöst werden können.

Zum zweiten sind diese Zuweisungen nicht ein für alle Mal gültig, sondern hängen auch vom jeweiligen Erkenntnisstand ab. Für die Rechtswissenschaft als Rechtsdogmatik gilt insofern Folgendes: Spätestens seit Karl Engisch (1899–1990) darauf hingewiesen hat, dass bei der Herrichtung der Entscheidungsnorm und der Interpretation von Begriffen ein „Hin- und Herwandern des Blicks zwischen Sachverhalt und Norm" stattfindet,[18] wissen wir, dass die Erarbeitung der Entscheidungsnorm und die Analyse des Sachverhalts in der Praxis nicht getrennt werden können. Da es also so ist, dass die Konstruktion von Entscheidungsnormen und die Interpretation von Worten schon als solche keineswegs reine Textarbeit ist, sondern eben nur als kontextuale Aktivität stattfindet, macht die Eingruppierung der Rechtsdogmatik nur als Geisteswissenschaft keinen Sinn, vielmehr muss sie als Hybrid aufgefasst werden, die sowohl den Geistes- als auch den Sozialwissenschaften zugerechnet wird. Infolgedessen müssen wir das obige Schema des Wissenschaftssystems so ergänzen:

---

[18]   Karl Engisch, Logische Studien, S. 15.

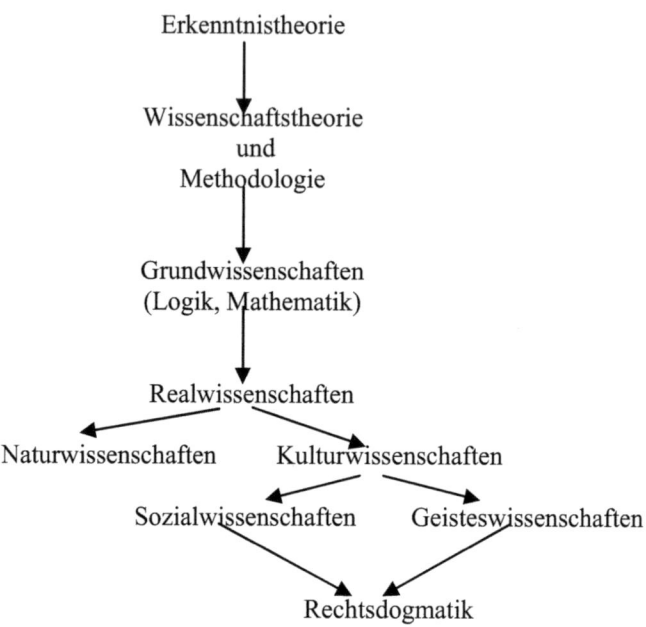

Erkenntnistheorie

Wissenschaftstheorie
und
Methodologie

Grundwissenschaften
(Logik, Mathematik)

Realwissenschaften

Naturwissenschaften   Kulturwissenschaften

Sozialwissenschaften   Geisteswissenschaften

Rechtsdogmatik

Abbildung 4 Hybride Stellung der Rechtsdogmatik im Wissenschaftssystem

6.2 Rechtswissenschaft(en)

Um sich darüber klar zu werden, in welchem rechtswissenschaftlichen Kontext wir uns mit unseren Fragestellungen bewegen, ist es notwendig, die einschlägigen Begriffe mit Bezug zur Rechtswissenschaft zu beschreiben.

Dabei stellt sich heraus, dass schon der Begriff der Rechtswissenschaft nicht eindeutig ist, vor allem weil unklar ist, welche Bereiche ihr zuzuordnen sind, so ist vollkommen offen, ob etwa die Rechtsphilosophie eine juristische[19] oder eine philosophische[20] Wissenschaftskategorie[21] ist.[22] Auch sind ihre Subdisziplinen oder vermeintlichen Subdisziplinen nicht hinreichend bestimmt.

---

[19] So spricht etwa Georg Wilhelm Hegel, Grundlinien der Philosophie des Rechts (1821), in: Ders., Werke in zwanzig Bänden, Band 7, 1970, S. 29, von der „philosophische(n) Rechtswissenschaft".
[20] So etwa Gustav Radbruch, Rechtsphilosophie, S. 8.
[21] Dietmar von der Pfordten, JZ 2004, 157 (158), sieht die Rechtsphilosophie als philosophische und juristische Wissenschaft.

Wir werden deshalb in alphabetischer Reihenfolge die Disziplinen der Rechtswissenschaften bzw. ihrer sog. Grundlagenfächer[23] vorläufig beschreiben:

Die **Rechtsdogmatik** ist der praktische Kern der Rechtswissenschaft.[24] Ihr wichtigstes Unterscheidungsmerkmal zu anderen Tätigkeiten liegt in ihrem spezifischen Erkenntnisinteresse, rechtmäßige („richtige") Entscheidungen vorzubereiten.[25]

Unter der **Rechtsethik** versteht man die Frage nach dem gerechten Recht.[26] Sofern die Rechtsethik als eine Teildisziplin der Rechtsphilosophie verstanden wird, widmet sie sich eben unter diesem Namen nicht in lediglich deskriptiv-analytischer Absicht dem Recht, sondern durchaus mit normativ-präskriptiver Intention.

Rechtsgeschichte ist „die Wissenschaft vom vergangenen Recht und vom Werdegang der verschiedenen Rechtsordnungen. Gegenstand der Rechtsgeschichte sind die Rechtsquellen und Rechtseinrichtungen (Institutionen), die Rechtslehren (Dogmen) und die Rechtswissenschaft sowie die darauf einwirkende Ideengeschichte des Rechts."[27]

Die **Rechtsmethodik** versteht sich als anwendungsbezogene Metawissenschaft für diese Rechtsdogmatik[28], indem sie den RechtsdogmatikerInnen die Instrumente zur Konkretisierung und Weiterentwicklung des geltenden Rechts an die Hand gibt.

Die **Rechtsmethodologie** wiederum reflektiert die Rechtsmethodik – sie dürfte Bestandteil der nicht unmittelbar auf die praktische Rechtsentscheidung intendierenden Rechtstheorie sein.

---

[22] Zum vergleichbaren Problem hinsichtlich der Rechtssoziologie siehe etwa Thomas Raiser, Rechtssoziologie als Grundlagenfach in der Juristenausbildung, S. 325.

[23] Diese Auflistung lässt sich beliebig verlängern. Eric Hilgendorf, Zur Lage der juristischen Grundlagenforschung, S. 116, ergänzt sie um die juristische Argumentationstheorie, juristische Hermeneutik, juristische Rhetorik, Rechtslogik und deontische Logik sowie Rechtsinformatik. Anderseits will Thomas Vesting, Rechtstheorie, Rn. 16, die Rechtstheorie wiederum nicht als „Grundlagendisziplin" der Rechtswissenschaft verstanden wissen.

[24] Robert Alexy, Theorie der juristischen Argumentation S. 307 f.; Franz Bydlinski, Juristische Methodenlehre, S. 8, schreibt: „Die Rechtsdogmatik (Jurisprudenz ieS)".

[25] Wolfgang Frisch, Wesenszüge rechtswissenschaftlichen Arbeitens, S. 182.

[26] D. von der Pfordten, Rechtsethik, S. 8.

[27] Bibliographisches Institut & F. A. Brockhaus AG, Stichwort: Rechtsgeschichte.

[28] Matthias Jestaedt, „Öffentliches Recht", S 247, spricht ausdrücklich von den „Anwendungswissenschaften: Methodik und Dogmatik".

In neuerer Zeit wird auch die **Rechtsökonomie** zu den Grundlagenfächern gerechnet[29]. Sie[30] untersucht die wirtschaftlichen Auswirkungen von Normen und deren Anwendung, um das Recht unter ökonomischen Aspekten möglichst effizient einzusetzen.

Die **Rechtsphilosophie** versteht sich als eine Wissenschaft, die zum einen die Gerechtigkeit[31] und zum anderen die begrifflichen, logischen und sprachlichen Voraussetzungen der Rechtsnormen und -entscheidungen untersucht. Es scheint aber so zu sein, dass die Rechtsphilosophie in eine Wissenschaftsausdifferenzierungsmühle geraten ist, weil der erste Aspekt heute verstärkt unter dem Begriff der Rechtsethik[32] firmiert, und die zweiten Momente von der Rechtstheorie untersucht werden.[33]

Die **Rechtspsychologie** untersucht die psychologischen Voraussetzungen (etwa Rechtsbewusstsein und das Rechtsempfinden) für die Akzeptanz bzw. Devianz von Recht bei den „normalen" Normadressaten als auch die psychologischen Konstellationen bei den Mitgliedern des Rechtsstabs (RichterInnen, RechtsanwältInnen, VerwaltungsmitarbeiterInnen[34]).

Die **Rechtssoziologie** untersucht das reale Zustandekommen von Rechtsregeln und -entscheidungen und deren faktische Auswirkungen – sie ist also in erster Linie Faktenwissenschaft, wenngleich sie diese Faktizitäten nicht nur eruiert, sondern auch kritisch hinterfragt.

Die **Rechtstheorie**[35] versteht sich in Abgrenzung zur Rechtssoziologie nicht als empirische, sondern als Wissenschaft, die die Entstehung, die Struktur und die Implementation von Rechtsnormen / Rechtsentscheidungen untersucht; in Abgrenzung zur Rechtsdogmatik will sie als theoretisch-beobachtende Wissenschaft nicht unmittelbar anwendbare Entscheidungsvorschläge präsentieren und

---

[29] Christoph Engel / Wolfgang Schön, Vorwort, in: Christoph Engel / Wolfgang Schön (Hrsg.), S. IX (X f.)

[30] Vgl . etwa Horst Eidenmüller, Effizienz als Rechtsprinzip.

[31] Allerdings sieht etwa Gerhard Köbler, Wie werde ich Jurist?, S. 54 f., nur diese Fragestellung als „rechtsphilosophische" an. Siehe dazu auch Christoph Horn / Nico Scarano (Hrsg.).

[32] Siehe aber auch schon Julius Hermann von Kirchmann, Die Grundbegriffe des Rechts, S. 1, der generell von „der „Philosophie des Sittlichen oder ... Ethik" spricht.

[33] Dietmar von der Pfordten, JZ 2004, 157 (160 ff.); gegen die Ablösung der Rechtstheorie von der Rechtsphilosophie aber Arthur Kaufmann, Rechtsphilosophie, Rechtstheorie, Rechtsdogmatik, in: Arthur Kaufmann / Winfried Hassemer / Ulfrid Neumann (Hrsg.), S. 1 (9 f.).

[34] Vgl. dazu etwa für die Polizei: Clemens Arzt, Grenzen polizeilicher Eingriffsbefugnisse, S. 234 ff.: „Gesetzmäßigkeit der Verwaltung und Rechtsempfinden".

[35] Hans-Joachim Strauch hat daraus eine Subtheorie, die Rechtsprechungstheorie, herausgeschält: Hans-Joachim Strauch, S. 479; Franz Bydlinski, Juristische Methodenlehre, S. 83, scheint Rechtstheorie i.S.d. allgemeinen Rechtslehre verstehen zu wollen.

in Abgrenzung zum rechtsethischen Teil der Rechtsphilosophie oder der Rechtsethik orientiert sie sich nicht an außerrechtlichen Regeln, sondern grenzt ihren Untersuchungsbereich auf Rechtsregeln ein.[36] Klaus F. Röhl umschreibt sie als sprach-analytische, empirisch-deskriptive Untersuchung und Beschreibung der Rechtsentstehung und -anwendung.[37]

Die **Rechtsvergleichung** wird beschrieben als das Betrachten und Vergleichen von zwei oder mehreren Rechtsordnungen.

In jüngster Zeit wurde eine **Rechtswissenschaftstheorie** postuliert, die analog zur (allgemeinen) Wissenschaftstheorie die Rechtswissenschaft(en) reflektiert.[38]

Außerdem wird noch eine allgemeine Rechtslehre propagiert, die sich als Sammelbecken für Rechtstheorie, Rechtssoziologie und Rechtsgeschichte versteht.[39]

Nach dieser Auflistung lässt sich die Frage, was denn die Rechtswissenschaft ist, leichter beantworten: Wir verstehen darunter die unmittelbar auf die Rechtsentscheidung abstellende Rechtsdogmatik samt ihrem Instrumentarium der Rechtsmethodik.

6.3 Grundlagen- und Hilfswissenschaften der Rechtswissenschaft

6.3.1 Grundlagenwissenschaften

Wenn wir also die Rechtsdogmatik und die Rechtsmethodik als die eigentliche Rechtswissenschaft ansehen, wollen wir unter den rechtsdogmatischen Grundlagenfächern Rechtsgeschichte, -ökonomie, -methodologie, -philosophie (-ethik), -psychologie, -soziologie, -theorie, -vergleichung und -wissenschaftstheorie verstehen[40].

---

[36] Siehe dazu Thomas Vesting, Rechtstheorie, Rn. 1 ff.
[37] Klaus F. Röhl, Allgemeine Rechtslehre, S. 18 ff.
[38] Siehe dazu Matthias Jestaedt / Oliver Lepsius: (Hrsg.), Rechtswissenschaftstheorie.
[39] Heinrich Weber-Grellet, Rechtsphilosophie, S. 175; vgl. Klaus F. Röhl, Allgemeine Rechtslehre.
[40] In neuerer Zeit wird auch die Rechtsökonomie dazu gerechnet: Christoph Engel / Wolfgang Schön, Vorwort, in: Christoph Engel / Wolfgang Schön (Hrsg.), S. X f.

Man kann den Zusammenhang zwischen der Rechtsdogmatik und ihren Grundlagenfächern so darstellen[41]:

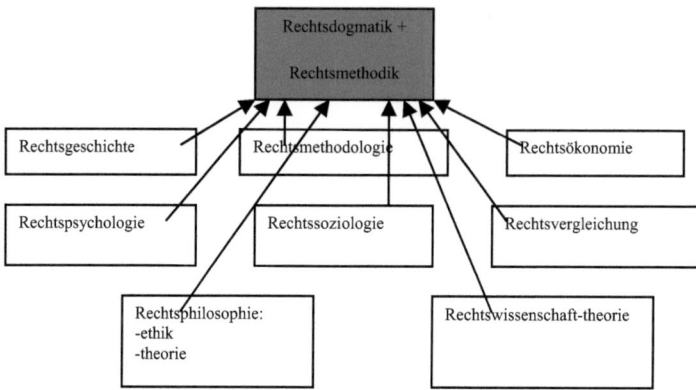

Abbildung 5 System der Rechtswissenschaften

Auch dieses System ist keineswegs einstimmig akzeptiert; so schlägt Eric Hilgendorf, die Rechtsmethodik „jedenfalls in ihren anspruchsvollen Formen" der
Rechtstheorie zu.[42]

Wissenschaftstheoretisch gilt zunächst einmal, dass Wissenschaften nicht
wachsen, wenn man sie von ihren Wurzeln (Grundlagen) trennt.[43]

Dies bedeutet schon unter dem Aspekt der Weiterentwicklung der Rechtsdogmatik, dass sie an ihre Grundlagenfächer angekoppelt werden und bleiben
muss. Dies impliziert jedoch auch, dass Ius-Studierende die Grundlagenfächer
zumindest eben in ihren Grundlagen kennen müssen.

Diese Grundlagenfächer beruhen ihrerseits auf wissenschaftstheoretischen und
epistemologischen Voraussetzungen, die hier aber im Wesentlichen außen vor

---

[41] Denkbar und von hohem praktischen Interesse ist etwa auch die Rechtspsychologie, die z. B.
das Rechtsbewusstsein und das Rechtsempfinden der Mitglieder des Rechtsstabs untersucht;
vgl. dazu etwa für die Polizei: Clemens Arzt, Grenzen polizeilicher Eingriffsbefugnisse, S.
234 ff.: „Gesetzmäßigkeit der Verwaltung und Rechtsempfinden".

[42] Eric Hilgendorf, Zur Lage der juristischen Grundlagenforschung, S. 112.

[43] Francis Bacon, Organ, S. 59.

bleiben sollen, weil diese Metagrundlagen in den rechts-dogmatischen Grundlagenfächern für die Rechtsarbeit heruntergebrochen werden.

Dies bedeutet für die Studierenden der Rechtswissenschaften, dass sie sich eigentlich nicht mit der Philosophie, mit der Wissenschaftstheorie oder mit der Entscheidungstheorie an sich beschäftigten müssen, sondern dass sie sich auf die Rechtsphilosophie, die Rechtstheorie und die Rechtsethik konzentrieren können.

Wollen allerdings RechtsphilosophInnen, RechtstheoretikerInnen oder RechtsethikerInnen ihre jeweilige Disziplin weiterentwickeln, dann müssen sie auf deren Grundlagen, eben die Philosophie, die Theorie oder die Ethik rekurrieren.

Die juristischen Grundlagenfächer sind intentional nicht darauf aus, die jeweilige Rechtsfrage zu entscheiden bzw. unmittelbar an einer solchen Entscheidung mitzuwirken, sondern sollen eben die Grundlagen der Rechtsdogmatik bilden.[44]

Dieser Einbezug der juristischen Grundlagenfächer in das Studium der Rechtswissenschaften ist einerseits im Hinblick auf die Rechtsdogmatik eine Notwendigkeit, weil nur die JuristInnen, die eben diese Grundlagen kennen, ihre rechtsdogmatische Arbeit richtig einschätzen können:

> Beispiel: Wer die erkenntnistheoretischen Untersuchungen und Ergebnisse von Immanuel Kant (1724–1804) oder die Falsifikationstheorie von Karl R. Popper (1904–1994) kennt, wird sich weder auf die absolute Stimmigkeit von Normen noch auf die These, dass die juristische Logik allein richtige Entscheidungen garantiere, einlassen.

Anderseits bedeutet die Einschränkung auf Rechtstheorie statt auf Erkenntnistheorie oder Wissenschaftstheorie[45] bzw. auf Rechtsethik statt auf Ethik nur auf den ersten Blick eine unzulässige Begrenzung des Horizonts. In der heutigen arbeitsteiligen Welt kann nicht mehr Jeder alle Probleme ab ovo selbst durchdenken und die entsprechenden Lösungen entwickeln. Vielmehr ist es notwendig, sich auf die Vorarbeiten von (allgemeinen) Philosophen für die jeweils spezielle Bindestrich-Philosophie zu verlassen. Dies darf natürlich einerseits nicht unkritisch geschehen, anderseits wird niemand gehindert, neben der Kant'schen „Metaphysik der Sitten" auch andere Werke dieses Autors zu lesen.

---

44   So auch Eric Hilgendorf, Zur Lage der juristischen Grundlagenforschung, S. 111 f.
45   Siehe dazu etwa Ulfrid Neumann, Rechtstheorie und allgemeine Wissenschaftstheorie.

6.3.2 Hilfswissenschaften

Zum einen muss man sich darüber klar sein, dass ein reales Problem selten nur mit einer wissenschaftlichen Betrachtung angemessen gelöst werden kann. Zum anderen wurde schon oben darauf hingewiesen, dass bei einer juristischen Entscheidung eine Vielzahl von Faktoren relevant ist. Deshalb ist es wichtig, sich bei der Lösung von Problemen aller zur Verfügung stehender Problemlösungsfaktoren zu bedienen. Dies hat Karl R. Popper (1904–1994) mit seinem Scheinwerferbeispiel verdeutlicht:[46] Die einzelne Wissenschaft ist dem einzelnen Scheinwerfer vergleichbar, der einen Gegenstand unter einem bestimmten Blickwinkel beleuchtet. Den angemessenen Blick auf den Gegenstand hat man jedoch erst, wenn alle Scheinwerfer entsprechend positioniert sind.

Man kann dieses Konzept im Grundsatz so darstellen:

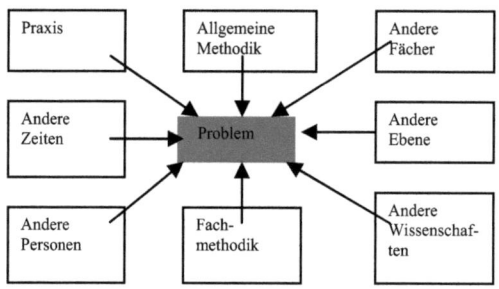

Abbildung 6 Problemlösungsfaktoren

Dieses Schaubild soll darauf aufmerksam machen, dass man für die juristische Lösung eines Problems nicht nur die Rechtsdogmatik, d.h. also die einschlägigen Normen, Gerichtsentscheidungen und Lehrmeinungen sowie die Rechts- als Fachmethodik heranziehen muss, sondern dass man sich Rat holen muss bei anderen Fachdisziplinen, nicht juristisch ausgebildeten Personen, dass man sich u.U. darüber informieren muss, wie ein Problem in anderen Ländern bzw. zu anderen Zeiten gelöst wurde, dass man auf die Hilfe anderer Fachdisziplinen zurückgreift, die dann für die Rechtswissenschaft die Funktion von Hilfswissenschaften übernehmen, eben weil sie dabei helfen, ein Problem aus primär juristischer Sicht zu lösen.

---

[46] Karl R. Popper, Problemlösen, S. 175.

Unter Hilfswissenschaften versteht man jede nicht juristische Wissenschaft, wenn sie der Rechtswissenschaft bei der Lösung eines juristischen Problems hilft.

Nimmt man das Zusammenspiel aller einschlägigen Wissenschaften bei der Lösung konkreter juristischer Probleme, zeigt sich dann ein funktionales Zusammenwirken zwischen der Rechtsdogmatik und ihren Grundwissenschaften einerseits und den jeweiligen Hilfswissenschaften anderseits.

Wichtig ist, dass hinter diesen Bezeichnungen keine Konstruktion einer Wissenschaftshierarchie steckt, sondern dass es um funktionale Relationen geht, in deren Mittelpunkt unter dem hiesigen Ansatz die Rechtsdogmatik, als die auf praktische juristische Entscheidungen fokussierte Wissenschaftsdisziplin der Jurisprudenz steht.

In Wirklichkeit muss sich die Rechtsdogmatik bei der Lösung eines komplexen Falles der Hilfestellung aller Disziplinen bedienen, die ihr bei der Lösung helfen können.

Beispiel: Wenn es darum geht, ob es „richtiger" i.S.d. § 6 Luftverkehrsgesetz ist, einen Flugplatz in der Nähe der Hauptstadt zu errichten, für den ein Dorf umgesiedelt werden muss, bei dessen Betrieb aus Lärmschutzgründen Nachtflugverbote einzuhalten sind, oder statt dessen etwa 50 km von der Hauptstadt entfernt einen solchen Flugplatz mit Rund-um-die-Uhr-Betrieb zu betreiben, der aber eben längere Anfahrtswege mit sich bringt, bedarf es der Hilfestellung – zumindest – folgender Wissenschaften:

- Verkehrsökonomie
- Verkehrstechnik
- Lärmtechnik
- Medizin
- Raumplanung.

So gibt es kaum eine komplexere juristische Fragestellung, die ausschließlich mit der Rechtsdogmatik gelöst werden kann – vielmehr bedarf diese immer entsprechender Hilfswissenschaften.

Umgekehrt ist die Rechtsdogmatik Hilfswissenschaft, wenn die jeweilige Fragestellung primär keine juristische, sondern eine andere ist.

Beispiel: Wenn es um die Suche nach der optimalen Betriebsform für ein Software-Vertriebsunternehmen geht, wird man diese Frage in erster Linie unter betriebswirtschaftlichen Aspekten untersuchen – allerdings muss man sich in diesem Zusammenhang Hilfe bei der Rechtsdogmatik (hier vor allem Gesellschafts- und Steuerrecht) suchen – weshalb die Studierenden der Betriebswirtschaftslehre sich auch mit der – aus ihrer Sicht – Hilfswissenschaft „Gesellschaftsrecht" beschäftigen müssen.[47]

Fragen

F 5: Was versteht das BVerfG unter Wissenschaft?
F 6: Was versteht die scientific community unter Wissenschaft?
F 7: Womit beschäftigt sich die Epistemologie?
F 8: Was ist Sinn der Wissenschaftstheorie?
F 9: Was versteht man unter Methode, Methodik und Methodologie?
F 10: Welches sind die Grundwissenschaften – und was ist ihr Sinn?
F 11: Was ist der Gegenstand von Realwissenschaften?
F 12: Worin unterscheiden sich Natur- und Kulturwissenschaften?
F 13: Worin unterscheiden sich Sozial- und Geisteswissenschaften?
F 14: Was versteht man unter „Rechtswissenschaft"?
F 15: Warum ist die Rechtswissenschaft (Rechtsdogmatik und Rechtsmethodik) nicht ausschließlich eine Geisteswissenschaft?
F 16: Was versteht man unter Rechtsethik?
F 17: Was versteht man unter Rechtsgeschichte?
F 18: Was versteht man unter Rechtsökonomie?
F 19: Was versteht man unter Rechtsphilosophie?
F 20: Was versteht man unter Rechtspsychologie?
F 21: Was versteht man unter Rechtstheorie?
F 22: Was versteht man unter Rechtsvergleichung?
F 23: Was versteht man unter Rechtswissenschaftstheorie?
F 24: Was versteht man unter der Allgemeinen Rechtslehre?
F 25: Was versteht man unter den Grundlagen bzw. den Hilfswissenschaften der Rechtswissenschaft?

---

[47] Vgl. etwa Günter Wöhe / Ulrich Döring, S. 221 ff.

7 Begriffliches

Oben wurde schon darauf hingewiesen, dass wir uns Begriffen nicht vorsetzungslos und vorurteilsfrei nähern. Da wir alle bereits sprachlich sozialisiert sind, haben wir von vielen Begriffen schon bestimmte Vorstellungen. Unsere abstrakten begrifflichen Vorstellungen stimmen mit denen unserer Gesprächs-partnerInnen keineswegs immer überein, was aber im Alltag nicht sonderlich dramatisch ist, weil die jeweiligen Begriffe aus dem praktischen Kontext i.d.R. gemeinsam verstanden werden

> Beispiel: Ein Rundfunksender fordert die HörerInnen einer Musiksendung zur Wahl ihres Lieblingshits auf. Dies ist umgangsprachlich unproblematisch, weil die angesprochenen Personen wissen, dass sie sich für ihren Lieblingshit aussprechen sollen.
>
> In der Rechtsdogmatik bezieht sich der Begriff „Wahl" jedoch immer auf die „Auswahl" einer Person für eine bestimmte Position. Sachbezogene Entscheidungen bezeichnet die Rechtsdogmatik als Abstimmung.

Wenn wir uns aber im wissenschaftlichen Bereich bewegen, ist es nötig, die Begriffe zu klären, da diese im jeweiligen Zusammenhang von allen Akteuren gleich verstanden und akzeptiert werden müssen.

7.1 Recht

Im Staatsrecht werden Sie schnell den Unterschied zwischen einem subjektiven (Grundrecht)Recht i.S.d. Art. 2 Abs. 1 GG und dem objektiven Recht i.S.d. Art. 74 Abs. 1 Nr. 1 GG kennen lernen. Der Begriff „Recht" i.S.d. Art. 20 Abs. 3 GG meint offensichtlich wieder etwas anderes als „Recht" i.S.d. Art. 2 Abs. 1 und Art. 74 Abs. 1 Nr. 1 GG, die sich – zumindest auf den ersten Blick - auf gesetztes Recht beziehen, während in Art. 20 Abs. 3 GG der Rechtsbegriff die gesetzte Rechtsordnung „übersteigt", da ansonsten die Gegenüberstellung zum „Gesetz" keinen Sinn ergeben würde.

Wenn wir also allein im GG schon drei verschiedene Bedeutungen des Begriffs ausfindig machen können, kann es nicht verwundern, dass Uwe Wesel in seinem Buch Juristische Weltkunde 15 Definitionen von Recht aufgezählt.[48]

---

[48] Uwe Wesel, Juristische Weltkunde, S. 39 ff.

Hermann Klenner meint: „Einen allgemein anerkannten Begriff des Rechts samt seiner Negation, des Unrechts, gibt es nicht."[49]

Jedoch können wir in unserem Zusammenhang den Rechtsbegriff nicht undefiniert lassen, sondern müssen eine entsprechende Beschreibung festhalten:

Hinsichtlich des Rechtsbegriffs kann man unter normativen Aspekten im Prinzip zwei Grundpositionen ausmachen:

Eine rein formale Betrachtungsweise, die sich allein an der ordnungsgemäßen Gesetztheit und sozialen Wirksamkeit bestimmter Regeln orientiert, und eine materielle Richtung, die nur „richtiges" Recht als „Recht" akzeptiert.[50]

Im erstgenannten Sinne kann man Recht beschreiben als die vom Staat garantierten allgemeinen Normen zur Regelung des menschlichen Zusammenlebens und zur Beilegung zwischenmenschlicher Konflikte durch Entscheidung[51]. Ähnlich lautet auch die Umschreibung des bekanntesten deutschen Soziologen[52] Max Weber (1864–1920), der von „Recht" spricht, „wenn (die Ordnung, die es sichern soll) äußerlich garantiert ist durch die Chance des physischen oder psychischen Zwanges durch ein auf die Erzwingung der Innehaltung oder Ahndung der Verletzung gerichtetes Verhalten eines eigens darauf eingestellten Stabes von Menschen."[53]

Im materiellen Sinne spricht man dann von Recht, wenn Normen bestimmten moralischen Standards entsprechen oder zumindest nicht widersprechen.[54]

Es gibt natürlich auch eine Position, die nur dann von Recht spricht, wenn beide Elemente gegeben sind, also die Zwangsmöglichkeit auf der einen Seite und die Richtigkeit der Normen auf der anderen Seite.[55]

Wir werden im Folgenden den Rechtsbegriff grundsätzlich in dem formalen Sinne verwenden – wenn wir den Begriff in einer anderen Bedeutung benutzen, soll dies ausdrücklich vermerkt werden. Dies zunächst vor allem deshalb, weil der formale Rechtsbegriff relativ einfach zu benutzen ist: Ob eine Rechtsnorm im jeweiligen Veröffentlichungsorgan (grundsätzlich etwa ABl L, BGBl I bzw. II oder GVBl.) veröffentlicht ist und damit grundsätzlich in Kraft ist, lässt sich

---

49   Hermann Klenner, Recht und Unrecht, S. 6.
50   Stephan Kirste, Recht als Transformation, S. 137.
51   Norbert Horn, Rn. 4.
52   Der aber auch ausgebildeter Jurist war.
53   Max Weber, Wirtschaft und Gesellschaft, S. 17.
54   Stephan Kirste, Recht als Transformation, S. 138.
55   Robert Alexy, Die Natur der Rechtsphilosophie, S. 20.

wesentlich einfacher feststellen als ob eine Rechtsnorm in den problematischen Fällen mit der Gerechtigkeit übereinstimmt.

7.2 Philosophie

Das Wort Philosophie kommt aus dem Griechischen und bedeutet dort zunächst „Liebe zum Wissen".

Platon (427–347 v.Chr.) beschreibt den Philosophen als eine Person, die sich nicht um Teilweisheiten, sondern um die ganze Weisheit kümmert[56].

Dementsprechend beschreibt Robert Alexy Philosophie als „allgemeine und systematische Reflexion darüber, was es gibt, was getan werden soll oder gut ist und wie Erkenntnis von beidem möglich ist."[57]

Allerdings hilft uns eine solche vage Beschreibung kaum weiter, wenn wir unser Thema in den Griff bekommen wollen.

Etwas präziser formulierte David Hume (1711–1776) mit der Beschreibung, dass die Beschäftigung mit der Philosophie zu einer „Verbesserung unserer Sitten" führen solle.[58]

Philosophie soll uns – und diese Bedeutung bringen wohl die meisten von uns mit diesem Begriff in Verbindung – nicht nur weiser, sondern auch besser machen.

Wenn man sich allerdings die Geschichte des Philosophiebegriffs anschaut, lässt sich Folgendes feststellen:

Aurelius Augustinus (354–430)[59] ging von dieser Einteilung aus:

Philosophie

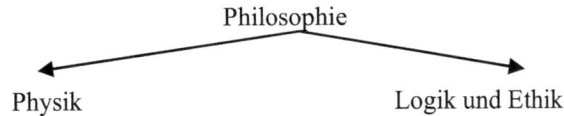

Physik   Logik und Ethik

Abbildung 7 Einteilung der Philosophie

---

[56]   Platon, Der Staat, in: Ders., Band II, S. 197.
[57]   Robert Alexy, Die Natur der Rechtsphilosophie, S. 12.
[58]   David Hume, Verstand, S. 59.
[59]   Augustinus Gottesstaat, XI 25: ebenso noch Giovanni Batista Vico, Bildung, S. 65.

Wenn man sich in Erinnerung ruft, dass die Philosophie lange Zeit – unterhalb der Theologie – die einzige Wissenschaft war, die sich auch mit der Natur (Physis) beschäftigte, dann wird deutlich, dass nach „Abwanderung" der Naturwissenschaften aus der Philosophie die noch verbleibenden Bereiche der Aufteilung des Augustinus: Logik und Ethik in der Tendenz die Bereiche bezeichnen, die wir im Hinblick auf unser Thema Rechtstheorie und Rechtsethik nennen. Wir könnten also sagen, dass die Philosophie sich in die Ethik und die Theorie, oder für unser Thema in die Rechtsethik und die Rechtstheorie aufgliedert.

Der Begriff der Rechtsethik tritt in der letzten Zeit immer stärker an die Stelle des Begriffs der Rechtsphilosophie.[60]

Ein Grund liegt wohl darin, dass man damit die metaphysischen Konnotationen des Begriffs der Philosophie zu umgehen glaubt.[61]

Ein anderer Grund ist wohl darin zu finden, dass der Philosophiebegriff sich im Laufe der Zeit zu sehr ausgeweitet hat und sich auch auf Logik und Sprachtheorie erstreckt, während der Ethikbegriff eine engere Dimension hat.

Wir werden deshalb im Folgenden den Begriff der Rechtsphilosophie als Oberbegriff für die Rechtstheorie und die Rechtsethik, nicht jedoch in einer eigenständigen inhaltlichen Bedeutung verwenden.

Christoph Horn und Nico Scarano sprechen auch nicht mehr von Rechtsphilosophie, sondern von der „Philosophie der Gerechtigkeit".[62]

---

[60] Josef Römelt, S. 14.
[61] Josef Römelt, S. 14.
[62] Christoph Horn/ Nico Scarano (Hrsg.).

7.3 Theorie

Der Begriff kommt ebenfalls aus dem Griechischen und meint dort „Anschauen, Erkennen". Er wird zunächst[63] im Gegensatz zum Begriff der Praxis (Tat, Handlung), verstanden. Den Zusammenhang zwischen diesen beiden Begriffen hat Immanuel Kant (1724–1804) so expliziert: „Man nennt einen Inbegriff von praktischen Regeln alsdann T h e o r i e , wenn diese Regeln, als Prinzipien, in einer gewissen Allgemeinheit gedacht werden, und dabei von einer Menge Bedingungen abstrahiert wird, die doch auf ihre Ausübung notwendig Einfluß haben. Umgekehrt, heißt nicht jede Hantierung, sondern nur diejenige Bewirkung eines Zwecks P r a x i s , welche als Befolgung gewisser im allgemeinen vorgestellten Prinzipien des Verfahrens gedacht wird."[64]

Die Vermittlung zwischen Theorie und Praxis geschieht durch die „Urteilskraft, wodurch der Praktiker unterscheidet, ob etwas der Fall der Regel ist oder nicht".[65]

Das Wort Theorie wird oft im Zusammengriff mit seinem Bezugsobjekt benutzt.

Für den Bereich Recht also als Rechtswissenschafts- und als Rechtstheorie.

Die neuerdings geschaffene Rechtswissenschaftstheorie[66] entspricht auf konkretisierter rechtswissenschaftlicher Ebene der allgemeineren Wissenschaftstheorie; hier wie dort wird über die Wissenschaft(en) als solche, aber nicht über deren Bezugsobjekt, in unserem Falle also das Recht, reflektiert.

Während also in der Rechtswissenschaft die auf die praktische Rechtsanwendung bezogene Disziplin Rechtsdogmatik genannt wird, ist die Rechtstheorie intentional nicht auf unmittelbare praktische Umsetzung ihrer Ergebnisse aus. In diesem Sinne versteht etwa Thomas Vesting den Begriff der Rechtstheorie.[67]

Eine weitergehende Bedeutung findet man bei Klaus Adomeit und Susanne Hähnchen einerseits und Bernd Rüthers anderseits, wenn sie unter der Rechts-

---

[63]   Siehe zu dem Theoriebegriff in einem anderen Zusammenhang unter 8.4.2.

[64]   Immanuel Kant, Über den Gemeinspruch: Das mag in der Theorie richtig sein, taugt aber nicht für die Praxis, (1794) In: Ders.,Band VI, S. 125 (127); Hervorhegung im Original.

[65]   Immanuel Kant, Über den Gemeinspruch: Das mag in der Theorie richtig sein, taugt aber nicht für die Praxis, (1794) In: Ders., Band VI, S. 125 (127).

[66]   Siehe dazu den Sammelband von Matthias Jestaedt/ Oliver Lepsius: (Hrsg.), Rechtswissenschaftstheorie.

[67]   Thomas Vesting, Rechtstheorie, Rn. 10 ff.

theorie auch die juristische Methodenlehre verstehen,[68] die jedoch von anderen wiederum als eigenständiger, zwischen der Rechtstheorie und der Rechtsdogmatik angesiedelter Komplex verstanden wird.

Wir reduzieren hier den Begriff der Rechtstheorie als die zwar auf das law in action bezogene, aber nicht unmittelbar dogmatisch gesteuerte Betrachtung des Rechts.

7.4 Ethik

Auch der Ethikbegriff kommt aus dem Griechischen und bedeutet eigentlich „das Sittliche." Ein anderer damit eng verbundener Begriff der Moral kommt aus dem Lateinischen und meint als „Mores"[69] ebenfalls die Sittlichkeit.

Teilweise werden Ethik und Moral sinngleich verwandt.[70]

Marion Albers meint dagegen: „Ethik und Moral sind zu unterscheiden, indem Ethik sich auf einer Meta-Ebene bewegt ...". [71]

Dementsprechend meint Ethik das Nachdenken über das Moralische, während die Moral eben das Ergebnis dieses Nachdenkens ist – oder zumindest sein kann. Das bedeutet, dass die Ethik der Moral nachgelagert ist.[72]

Ethik verhält sich danach zur Moral wie die Rechtswissenschaft zum Recht.

Ethik ist nach George Edward Moore, „die allgemeine Untersuchung dessen, was gut ist."[73]

Die Relation zur Rechtsethik ergibt sich daraus, dass zunächst das Gute unabhängig vom Rechten festgelegt und dann das Rechte als das definiert wird, was das Gute maximiert.[74]

Hier liegt der eigentliche Sinn der Differenzierung von Legalität und Moralität bei Immanuel Kant: "Man nennt die bloße Übereinstimmung oder Nichtüber-

---

[68] Dies ergibt sich bei Klaus Adomeit / Susanne Hähnchen aus dem Inhaltsverzeichnis, S. VII ff.; bei Bernd Rüthers, Rechtstheorie, Rn. 24.

[69] Plural von Mos.

[70] Siehe dazu Denis Kirstein apf Berlin 1/2004, 1.

[71] M. Albers, KritV 2005, 419; siehe auch P. Mastronardi, Juristisches Denken, Rn. 278, der diese Differenzierung thematisiert, allerdings beide Begriff ineinsetzt.

[72] Dies kam in dem früher gebräuchlicheren Begriff der Moralphilosophie zum Ausdruck.

[73] G. E. Moore, S. 30.

[74] John Rawls, Eine Theorie der Gerechtigkeit, S. 42.

einstimmung einer Handlung mit dem Gesetze, ohne Rücksicht auf die Triebfeder derselben, die Legalität (Gesetzmäßigkeit); diejenige aber, in welcher die Idee der Pflicht aus dem Gesetze zugleich die Triebfeder der Handlung ist, die Moralität (Sittlichkeit) derselben"[75].

So wird dann die Rechtsethik eine Subdisziplin der Ethik – und ist keine rechtswissenschaftliche Disziplin.

Fragen

F 26:	Was versteht man unter Recht i.S.d.
	a) Art. 2 Abs. 1 GG
	b) Art. 74 Abs. 1 Nr. 1 GG
	c) Art. 20 Abs. 3 GG?
F 27:	Was bedeutet der formelle Rechtsbegriff?
F 28:	Was bedeutet der materielle Rechtsbegriff?
F 29:	Was versteht man unter Philosophie?
F 30:	Was versteht man unter Theorie im Gegensatz zur Praxis?
F 31:	Was versteht man unter Ethik?

---

[75] Immanuel Kant, Die Metaphysik der Sitten (1798), in: Ders., Band IV, S. 301 (324); kritisch dazu Herbert Lionel Adolphus Hart, Der Begriff des Rechts, S. 237 f.,

8 Wichtige Fragestellungen der Rechtstheorie

Infolge der oben reduzierten Bedeutung des Begriffs der Rechtstheorie werden wir im Folgenden diese rechtstheoretischen Fragestellungen erörtern:

- Was ist Recht?
- Woher kommt das Recht?
- Was bewirkt Recht?
- Wie wird Recht angewandt?

8.1 Was ist Recht?

In der „Kritik der reinen Vernunft" hat Immanuel Kant im Jahre 1787, also etwa 1200 Jahre nach dem berühmten Corpus Iuris Iustinianum (529–565), geschrieben: „Noch suchen die Juristen eine Definition zu ihrem Begriffe von Recht."[76] Man kann im Jahre 2008 feststellen, dass es **eine** Definition von Recht auch heute nicht gibt. Dementsprechend hat Uwe Wesel, wie schon erwähnt, im Jahre 1984 15 Definitionen von Recht aufgezählt.[77]

Dietmar von der Pfordten hat folgende sieben Kategorien aufgelistet, denen man die Frage „Was ist Recht?" zuordnen kann:[78]

- Mereologische, raumzeitliche Bestimmung (externe und interne Relationen): Law in books – law in action; Gesetze, Rechtsverordnungen, Verwaltungsvorschriften, Verwaltungsakte, Urteile
- Kausale Bestimmung (also die Frage nach Ursache und Wirkung): Neue Probleme; Lösung oder Minimierung der Probleme
- Funktionale Bestimmung (die Frage nach den Aufgaben des Rechts): Steuerung der Gesellschaft, Reduktion von Komplexität, Stabilisierung der Gesellschaft; herrschaftskonstituierend und/ oder herrschaftsbegrenzend
- Qualitative Bestimmung (dauerhafte nicht-mereologische, kausale oder funktionale Bestimmungen): Geltung des Rechts
- Begriffliche Bestimmung (als Abstraktion und Konkretion): Recht als menschliche Handlung oder System; öffentliches und privates Recht; absolutes (Eigentum) und relatives (Schuldner) Recht

---

[76] Immanuel Kant, Kritik der Reinen Vernunft, 2. Aufl., (191787), in: Ders., Band II, S. 3 (625).
[77] Uwe Wesel, Juristische Weltkunde, S. 39 ff.
[78] Dietmar von der Pfordten, Was ist Recht, S. 265 ff.

- Sprachliche / semantische Bestimmung (Intension und Extension): „Recht", „Law" „Droit"
- Intentionale Bestimmung (Nutzungsabsicht): Einsatz als stabilisierendes, reformierendes oder gar als revolutionäres Instrument.

Um diesem Problemkomplex auszuweichen und nicht mit einer Vielzahl von Rechtsbegriffen arbeiten zu müssen, haben wir schon oben für unseren Zusammenhang Recht beschrieben als Regeln, die vom Staat gesetzt oder zumindest als solche anerkannt sind und von ihm auch durchgesetzt werden sollen.

8.1.1 Recht und andere Normarten

Jeder von uns weiß, dass man sich nicht nur nach Rechtsnormen, sondern auch nach anderen Normen zu richten hat.

Beispiel: Dass Arbeitnehmer zu Beginn der Kernzeit am Arbeitsplatz sein müssen, ergibt sich aus dem Arbeitsvertrag.

Dass man bei geschäftlichen Verabredungen in Deutschland pünktlich ist, resultiert aus dem entsprechenden Handelsbrauch.

Dass man bei privaten Verabredungen pünktlich ist, ergibt sich aus den allgemeinen Anstandsregeln.

Hier stellt sich die Frage, welche Normen es gibt, und – zumindest im Kern – in welcher Relation sie zum Recht stehen.

Im allgemeinen Sprachgebrauch werden in diesem Zusammenhang die folgenden Begriffe benutzt, die jedoch bei genauerer Betrachtung keineswegs alle Normen, sondern nur tatsächliche Verhaltensweisen beschreiben.

- Die Anstandsregel beschreibt normativ das respektvolle Verhalten gegenüber anderen.[79]

---

[79] Siehe allerdings die zynische Benutzung des Begriffs durch den Reichsführer SS, Heinrich Himmler, in seiner Rede in Posen am 4.10.1943 vor Gauleitern und hohen SS-Führern:" Es war eine, Gottseidank in uns wohnende Selbstverständlichkeit des Taktes, dass wir uns untercinander nie darüber unterhalten haben, nie darüber sprachen...Ich meine jetzt die Judenevakuierung, die Ausrottung des jüdischen Volkes... Von Euch werden die meisten wissen, was es heißt, wenn 100 Leichen beisammen liegen, wenn 500 daliegen oder wenn 1000 daliegen. Dies durchgehalten zu haben, und dabei – abgesehen von Ausnahmen menschlicher Schwächen – **anständig** geblieben zu sein, das hat uns hart gemacht. Dies ist ein niemals geschriebenes und niemals zu schreibendes Ruhmesblatt unserer Geschichte..." Zitiert nach http://de.wikipedia.org/wiki/Anstand [4.10.2008].

- Der Brauch hat mit der hiesigen Reihung normativer Begriffe eigentlich nichts zu tun, weil er nur eine in einer bestimmten Gemeinschaft gewachsene Gewohnheit (Tradition) beschreibt. Dies zeigt sich auch bei der Beschreibung des Gewohnheitsrechts,[80] bei dem zu der ständigen Übung[81] noch die Überzeugung von der Rechtmäßigkeit hinzukommen muss.
- Unter dem Ethos versteht man die Gesamtheit der Einstellungen Überzeugungen und sozialen Normen; der Begriff umfasst also sowohl Normen als auch diesen vorausgehende innere Ursachen.[82]
- Die Etikette (auch Benimmregel) legt die guten Umgangsformen fest.
- Die Gewohnheit ist identisch mit dem Brauch und gehört deshalb als Begriff ebenfalls nicht in diese Auflistung normativer Begriffe.
- Unter der Moral versteht man das Sittengesetz, die sittliche Norm oder das System sittlicher Normen in einer Gemeinschaft.
- Sitte meint nicht nur die bloße Gewohnheit, sondern die sich dahinter verdichtete Verhaltensanweisung.
- Die Sittlichkeit gehört als Begriff eigentlich nicht hierher, weil sie keine Norm, sondern der Moral entsprechendes Verhalten beschreibt.
- Spezielle nicht-rechtliche Regeln wie Sportregeln (Internationale Fußballregeln), technische Regeln (DIN)

Es zeigt sich also, dass die „normative Struktur der Gesellschaft"[83] keineswegs nur vom Staat, sondern auch von der Gesellschaft konstituiert wird; allerdings werden auch Rechtsnormen nicht ausschließlich vom Staat, sondern auch von gesellschaftlichen Akteuren gesetzt[84] – wie etwa Individual- oder Tarif-Verträge oder einseitig gesetzte Allgemeine Geschäftsbedingungen.

8.1.2 Materielle und formelle Rechtskonzeptionen

Man kann das Recht durch die Festlegung bestimmter materieller Kriterien wie Richtigkeit, Gemeinwohl, Freiheit, Gleichheit oder anderer inhaltlicher Werte beschreiben.[85]

---

[80] Siehe unter 8.4.1.
[81] Siehe auch die Gleichsetzung von Gewohnheit (custom) und Übung (habit) bei David Hume, Verstand, S. 62.
[82] Stichwort Ethos, in: Marcus Düwell / Christoph Hübenthal / Micha H. Werner (Hrsg.).
[83] Werner Krawietz, Juridische Kommunikation, S. 182.
[84] Werner Krawietz, Juridische Kommunikation, S. 192.
[85] Siehe dazu Stephan Kirste, Recht als Transformation, S. 137 ff.

Man kann aber auch von formalen Kriterien ausgehen, wonach Recht dann gegeben ist, wenn etwa bestimmte Rechtsetzungsverfahren eingehalten oder die grundsätzliche Durchsetzung von Normen durch den staatlichen Stab gesichert ist.[86]

Es gibt auch die Möglichkeit, Recht als Mixtum zwischen beiden Ansätzen zu beschreiben:

Die folgende Grafik möge dies verdeutlichen:

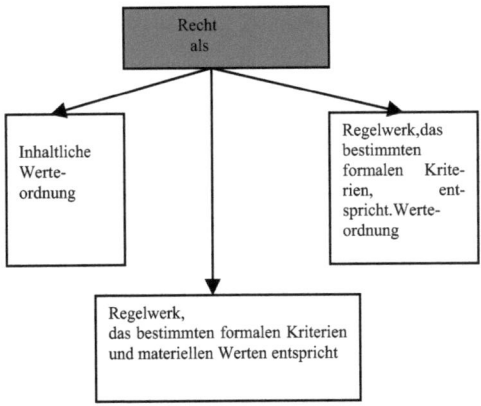

Abbildung 8 Materieller und formeller Rechtsbegriff

Die Position des Grundgesetzes ist hier zumindest insofern eindeutig, als Art. 79 Abs. 3 aussagt, dass das deutsche Recht nur solches sein kann, das den in der sog. Ewigkeitsklausel beschriebenen formellen und inhaltlichen Mindeststandards entspricht. Mit anderen Worten: Das GG vertritt in der Frage nach der Rechtskonzeption die vermittelnde Position.

Dies zeigt im Übrigen auch, dass zwar ein von der jeweiligen Rechtsordnung abstrahierter Rechtsbegriff vertreten werden kann, dass dies aber im Hinblick auf die immer noch primär am nationalen Recht orientierte juristische Ausbildung nicht sinnvoll ist.

---

[86]   Siehe dazu Stephan Kirste, Recht als Transformation, S. 143 ff.

8.1.3 Kategorische und hypothetische Imperative; Primär- und Sekundärnormen

Diese Rechtsregeln, oder auch Rechtsnormen, lassen sich grundsätzlich als Imperative beschreiben. Spätestens seit Immanuel Kant (1724–1804) unterscheiden wir zwischen kategorischen und hypothetischen Imperativen. Erste gelten grundsätzlich unbedingt, während letztere nur dann greifen, wenn die jeweilige Voraussetzung erfüllt ist.

Schaut man sich etwa § 212 Abs. 1 StGB an:

> „Der Mörder wird mit lebenslanger Freiheitsstrafe bestraft."

scheint es sich dabei um einen hypothetischen Imperativ zu handeln: Wenn jemand einen Mord begangen hat, dann wird er mit lebenslanger Freiheitsstrafe bestraft. Es scheint so, dass diese Norm keineswegs kategorisch Mord verbietet.

Allerdings hat Herbert Lionel Adolphus Hart in seinem Buch „The concept of law" darauf aufmerksam gemacht, dass man solche Rechtsnorm im doppelten Sinne verstehen muss:[87] Als primäre, kategorische Verhaltensnormen an die Bürger (also an die unmittelbaren RechtsadressatInnen), dem jeweiligen Normbefehl nachzukommen (hier als den Mord zu unterlassen) und als sekundäre, hypothetische Verfahrensnormen an die staatlichen RechtsarbeiterInnen (rechtliche Autoritäten), bei Verstößen gegen die kategorische Norm konkretisierend zu werden (hier also den Mörder zu lebenslanger Freiheitsstrafe zu verurteilen und dieses Urteil zu vollstrecken).

8.1.4 Gesetzesrecht, Gewohnheitsrecht, Richterrecht

In den meisten juristischen Lehrbüchern kann man lesen, dass das kontinentaleuropäische, und damit auch das deutsche Recht, ein von den Parlamenten – und von diesen abgeleitet von Verwaltungen – gesetztes Recht sei.

Dies scheint auch der Ausgangpunkt des deutschen Rechts zu sein, wenn Art. 2 EGBGB formuliert: „Gesetz im Sinne des Bürgerlichen Gesetzbuchs ist dieses Gesetz und jede Rechtsnorm."

---

[87] Herbert Lionel Adolphus Hart: Der Begriff des Rechts, S. 131 ff.; jedoch findet sich ein vergleichbarer Ansatz auch schon bei Hans Kelsen, Reine Rechtslehre, S. 30.

Es wird dementsprechend folgende Stufenordnung des gesetzten Rechts konstruiert:

Dabei herrscht darüber Einigkeit, dass dieses Rechtssystem nicht als „logisch geschlossenes System" verstanden werden kann, weil es solche konsistente und kohärente Systeme im gesellschaftlichen Bereich nicht mehr gibt.[88]

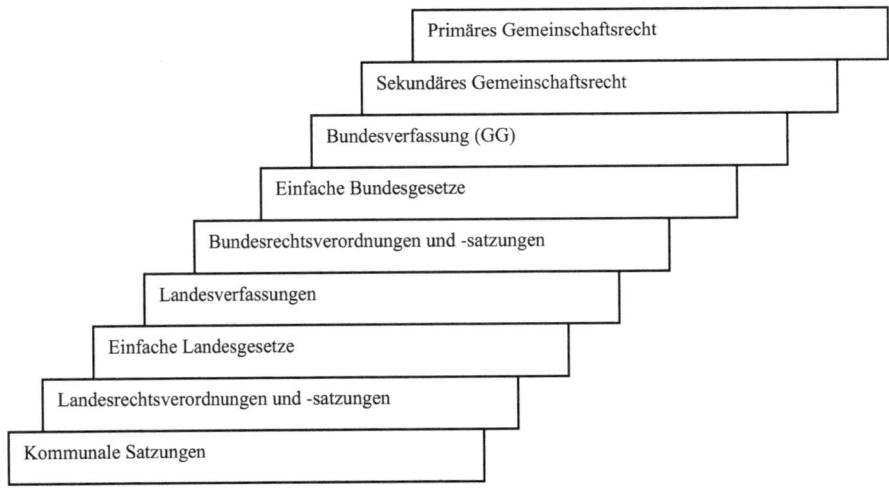

Abbildung 9 Rechtsstufensystem

Dazu kommt noch auf der jeweiligen Ebene Gewohnheitsrecht, also Recht, dessen Normativität sich ergibt aus:

- Langjähriger Übung eines bestimmten Verhaltens sowie
- Überzeugung von deren Rechtmäßigkeit.

Diesem kontinentaleuropäischen System wird das angloamerikanische Richterrechtssystem gegenübergestellt, in dem vor allem die sog. Obergerichte anlässlich von Einzelfällen precedents entwickeln, an denen sich die RechtsarbeiterInnen bei Entscheidungen in gleichgelagerten Fallkonstellationen wie an Normen orientieren (stare decisis). Diesen precedents wird in der angloamerikanischen Rechtsquellenlehre Normqualität zugeschrieben.

---

[88]   Niklas Luhmann, Recht der Gesellschaft, S. 280.

Obwohl in Deutschland ein solches Präjudizienwesen ebenfalls existiert, verweigert sich die h.M. einer dem angloamerikanischen Rechtsquellensystem vergleichbaren Normanerkennung. Allerdings hat das BVerwG ausgeführt: „Regelmäßig wird die ‚richtige' Erkenntnis durch höchstrichterliche Entscheidungen vermittelt; sie sind für die Behörden die maßgebliche Erkenntnisquelle."[89]

8.2 Woher kommt das Recht?

Die Grundkonstellationen sind von Vilfredo Pareto (1848–1923) so dargestellt:[90] „In unserem Fall suchen wir das Absolute und Objektive in der Übereinstimmung vieler oder aller, in der Naturgemäßheit, im göttlichen Willen."

8.2.1 Von Gott

Lange Zeit glaubten die Menschen, dass das Recht Gott-gegeben sei. Die für den europäischen Kontext wohl relevante Belegstelle ist der Erlass des Dekalogs durch den hebräischen Gott Jahwe über Moses an Israel:[91]

„ Du sollst keine anderen Götter haben als mich.
Du sollst dir kein geschnitztes Bild machen... Du sollst dich nicht vor diesen Bildern niederwerfen, und sie nicht verehren.
Du sollst den Namen Jahwes, deines Gottes, nicht missbrauchen; ...
Gedenke des Sabbats, dass du ihn heiligst...
Ehre deinen Vater und deine Mutter...
Du sollst nicht töten.
Du sollst nicht ehebrechen.
Du sollst nicht stehlen.
Du sollst nicht als falscher Zeuge gegen deinen Nächsten auftreten.
Du soll nicht begehren das Haus deines Nächsten.
Du sollst nicht begehren das Weib deines Nächsten..."

Vergleichbar ist dem die Scharia als das von Allah konzipierte Recht gegenüber den Moslems.[92]

Lange Zeit wurde Gott allein als der Ursprung des Rechts angesehen – und in einigen arabischen Staaten ist dies heute noch so.[93]

---

[89]   BVerwGE 13, 28 (31).
[90]   Vilfredo Pareto, S. 46 f.
[91]   Bibel, Exodus, 20, 1 bis 17.
[92]   Koran, Sure 45, Vers 18 und 20.

In pluralen Gesellschaften ist eine solche für alle Gesellschaftsmitglieder verbindliche Ableitung des Rechts von Gott zum einen nicht mehr möglich, weil es (a) verschiedene Religionen mit verschiedenen Göttern und infolge dessen verschiedenen Rechtskonzepten gibt, (b) viele BürgerInnen nicht mehr an Gott – und das von ihm gesetzte Recht glauben sowie (c) die liberal-demokratische Gesellschaftsform nicht von vornherein eine bestimmte Auffassung favorisieren darf.

Dieser liberale Ansatz ist nicht nur für die Herkunft des Rechts, sondern auch für dessen Erkenntnis von Relevanz. Ist das Recht von Gott gesetzt, dann gilt hinsichtlich der Erkenntnis dieses Rechts, dass es eine Alleinvertretungskompetenz der jeweiligen Kirche, Priester etc. gibt, wie dies etwa der spanische Mystiker Johannes vom Kreuz (1542–1591) formuliert hat: „Ich unterwerfe alles der besseren Einsicht und dem Urteil unserer heiligen Mutter, der römisch-katholischen Kirche, unter deren Leitung niemand irren kann."[94]

Es versteht sich von selbst, dass dies nicht die Position des demokratisch verfassten Staates sein kann.

8.2.2 Von der Natur

Die Stoiker, wie etwa Seneca (1–65), sehen in dem „naturgemäßen Leben" den rechtsentscheidenden Maßstab.[95]

Der bekannteste römische Rechtsphilosoph Marcus Tullius Cicero (106–43 v.Chr.), der nicht nur eine Vielzahl von Schriften verfasste, darunter auch „Die Gesetze", sondern zugleich ein hoher Staatsbeamter war, wies ausdrücklich darauf hin, es sei „das wahre Gesetz die richtige Vernunft, die mit der Natur im Einklang steht."[96]

Dementsprechend meint auch Ernst-Wolfgang Böckenförde: „Die Ethik (der Stoa) baut auf der ‚Physik' auf."[97]

---

[93] Vgl. Art. 2 der ägyptischen Verfassung: „Islam is the religion of the state and Arabic its official language. Principles of Islamic law (Shari'a) are the principal source of legislation." Unter: http://constitution.sis.gov.eg/en/2.htm [10.8.2008].

[94] Johannes vom Kreuz, Lebendige Liebesflamme, S. 25.

[95] Seneca, 94. Brief an Lucilius, in: Ders., Schriften IV, S. 122(124): der Stoiker Chrysipp (281–208 v.Chr. meint: „Der logos der Natur gebietet, was getan werden muss, und verbietet, was nicht getan werden darf." (zitiert nach Ernst-Wolfgang Böckenförde, Geschichte, S. 134).

[96] Marcus Tullius Cicero, Der Staat (57 v.Chr.), 5. Aufl., 1993, S. 205.

[97] Ernst-Wolfgang Böckenförde, Geschichte, S. 133.

Allerdings hat schon Platon (427–347 v.Chr.) in seinem Dialog Gorgias den Provokateur Kallikles darauf hinweisen lassen, dass man aus der Natur eigentlich nur ableiten könne, „dass es gerecht ist, dass der Stärkere mehr habe als der Schwächere". [98]

Spätestens seit David Hume (1711–1776) ist man sich – unter methodischen Gesichtspunkten – darüber klar, dass eine direkte Ableitung des Sollens aus dem Sein nicht möglich ist [99]. Die Naturgesetze sind keine bewertenden, sondern die Natur erklärenden Gesetze, während menschliche Normen aufgrund von Bewertungen divergierender Interessen erlassen werden. [100]

Dies bedeutet nun keineswegs, dass das Recht auf die Naturgesetze keine Rücksicht zu nehmen habe – man denke einfach an die Verfallzeit von radioaktivem Abfall, sondern eben nur, dass aus einem Naturgesetz als solchem keine das menschliche Verhalten bewertende Norm entsteht.

Unabhängig von diesem grundsätzlichen Problem der Trennung von Sein und Sollen, basiert die Idee von dem Naturrecht, oder vorstaatlichen Recht, auf einer Gegenübersetzung von gesetztem Recht und (angeblich) höherrangigem Recht. Diese Idee wurde schon von den Sophisten im 5. Jahrhundert v.Chr. im Sinne einer aufklärerischen Position vertreten. [101]

Hinsichtlich der Gegenübersetzung des „gerechteren" Naturrechts gegenüber dem „ungerechten" positiven Recht sollte man sich vielleicht die Position von Wilhlem Weitling (1808–1871) zu eigen machen, der einerseits darauf hingewiesen hat, dass die Natur die Menschen „an Gestalten, Kräften, Gedanken und Gefühlen ungleich" ausgestattet hat und dies sich „zum Nachteil der ... weniger von der Natur Begünstigten" auswirkt. [102] „Diesen Einklang mit den ungleichen Graden der Fähigkeiten und Begierden der Einzelnen in Harmonie zu bringen, dies muss die Aufgabe der Gesellschaft sein. Die Natur hat ihr dazu die Mittel gegeben, überlässt ihr aber die Anwendung derselben." [103]

---

[98]   Platon, Gorgias, in: Ders., Band I, S. 301 (353).
[99]   J. C. Joerden, Logik, S. 204; Gerhard Streminger, S. 32 f.
[100] Vgl. BVerfGE 107, 395 (402): „Es ist Aufgabe des Gesetzgebers, unter Abwägung und Ausgleich der verschiedenen betroffenen Interessen zu entscheiden, ..."
[101] Heinrich Grellet-Weber, Rechtsphilosophie, S. 7 f.
[102] Wilhelm Weitling, Das Evangelium des armen Sünders (1845), in: Ders., Evangelium, S. 134 f.
[103] Wilhelm Weitling, Garantien, S. 12.

8.2.3 Von apriorischen, ontologischen Ansätzen

Die Naturrechtstheorien haben zwar ihren behaupteten Ursprung in Naturgesetzen, sind jedoch genau betrachtet nicht unmittelbar aus Naturerkenntnissen abgeleitet worden.[104] Vielmehr stand dahinter immer die Idee von nicht-menschengemachten, allgemeinen, im Kern immer schon vorhandenen, a-priorischen, ontologischen Normen.[105] So weisen Christoph Horn und Nico Scarano darauf hin, dass etwa Thomas Hobbes ursprünglich „ius naturale" i.S.v. „recta ratio" benutzt hat – hier sind zwar noch beide Aspekte: Naturrecht und Richtige Vernunft in eins gesetzt[106], werden aber schon als solche unterschieden.[107]

Besonders deutlich zeigt sich dieser Ansatz bei der Gerechtigkeitslehre von Platon und Kant:

Platon (427–347 v.Chr.) geht in seiner Gerechtigkeitslehre davon aus, dass das Gerechte, wie das Schöne und Gute, als ewige Idee schon immer existieren – und letztlich nur infolge einer entsprechend geschulten Erinnerung aktiviert werden müssen, „dass unser Lernen nichts anderes ist als Wiedererinnerung, und dass wir deshalb notwendig in einer früheren Zeit gelernt haben müssten, wessen wir uns wiedererinnern".[108] Er verdeutlicht dies mit dem berühmten Höhlengleichnis:[109]

„Stelle dir nämlich Menschen vor in einer höhlenartigen Wohnung unter der Erde, die einen nach dem Lichte zu geöffneten und längs der ganzen Höhle hingehenden Eingang habe, Menschen, die von Jugend auf an Schenkeln und Hälsen in Fesseln eingeschmiedet sind, so dass sie dort unbeweglich sitzen bleiben und nur vorwärts schauen, aber links und rechts die Köpfe wegen der Fesselung nicht umzudrehen vermögen; das Licht für sie scheine von oben und von der Ferne von einem Feuer hinter ihnen; zwischen dem Feuer und den Gefesselten sei oben ein Querweg; längs diesem denke dir eine kleine Mauer erbaut, wie sie die Gaukler vor dem Publikum haben, über die sie ihre Wunder zeigen. ... So stelle dir nun weiter vor, längs dieser Mauer trügen Leute allerhand über diese hinausragende Gerätschaften, auch Menschenstatuen und Bilder von anderen lebenden Wesen aus Holz, Stein und allerlei sonstigem Stoffe

---

104 Niklas Luhmann, Recht der Gesellschaft, S. 219: „Die Natur selbst ist in keinem verständlichen Sinne gerecht." Zum Wechsel der Natur zur Vernunft, siehe auch Bernd Rüthers, Rechtstheorie, Rn. 446.

105 Niklas Luhmann, Recht der Gesellschaft, S. 27.

106 Auch Johann Gottlieb Fichte, Grundlage des Naturrechts nach Principien der Wissenschaftslehre (1796/97), in: Ders., Werke, Dritter Band, S. 1 (317) schreibt: „Vernungt und Natur".

107 Christoph Horn und Nico Scarano, Einleitung, in: Dies., S. 151(153).

108 Platon, Phaidon, in: Ders., Band I, S. 729 (751); ähnlich auch S. 755 f.

109 Platon, Der Staat, in: Ders., Band II, S. 5 (249 f.).

...Haben solche Gefangene ... etwas anderes zu sehen bekommen als die Schatten, ...? ... Wenn einer entfesselt und genötigt würde, plötzlich aufzustehen, den Hals umzudrehen, in das Licht zu sehen .... Was würde er wohl dazu sagen, wenn ihm jemand erklärte, daß er vorhin nur ein unwirkliches Schattenspiel gesehen, daß er jetzt aber... sich zu ... wirklicheren Gegenständen gewandt habe und daher nunmehr auch schon richtiger sehe".

Damit will uns Plato sagen, dass wie diese gefesselten Menschen die sichtbaren Schatten für das Wirkliche, wir die erfahrbaren konkreten Gegenstände für das Wirkliche halten, obwohl doch das Entscheidende die Gegenstände bzw. Ideen hinter den sichtbaren Schatten bzw. hinter der erfahrbaren Realität sind. Diese Ideen können aber nur durch „Entfesselung" erkannt werden.

Knapp 2300 Jahre später geht Immanuel Kant (1724–1804) von einer a-priorischen Vernunft aus, die uns anweist: „Handle so, dass die Maxime deines Willens jederzeit zugleich als Prinzip einer allgemeinen Gesetzgebung dienen können."[110]

Fast zeitgleich gibt uns Johann Gottlieb Fichte ein Beispiel für eine konkretere Ableitung: „Die Ehe ist sonach kein erfundener Gebrauch und keine willkürliche Einrichtung, sondern sie ist ein durch Natur und Vernunft in ihrer Vereinigung nothwendig und vollkommen bestimmtes Verhältnis."[111]

8.2.4 Von den Menschen

Wenn wir davon ausgehen, dass Recht weder von Gott noch von der Natur[112] noch von sonstigen vormenschlichen Ideen stammt, sondern ein Menschenprodukt ist, dann ist damit auch klar, dass Recht ein historisches, und damit sich wandelndes System ist – weshalb wir im Rahmen dieses Moduls auch Rechtsgeschichte lehren, damit Sie verschiedene Interessensbewertungen und deren rechtliche Umsetzungen im Laufe der Geschichte kennen lernen.

Allerdings ist unklar, wie die Menschen Recht generieren. Denkbar sind folgende Kreationsakte:

- Setzung durch Herrscher – wie etwa durch den babylonischen Herrscher Hammurapi (1810–1750 v.Chr.).

---

[110]   Immanuel Kant, Kritik der praktischen Vernunft, in: Ders., Band IV, 103 (140).
[111]   Johann Gottlieb Fichte, Grundlage des Naturrechts nach Principien der Wissenschaftslehre (1796/97), in: Ders., Werke, Dritter Band, S. 1 (317)
[112]   Siehe aber auch den beide Aspekte miteinander verbindenden Begriff der „natürlichen Theologie" bei Hasso Hofmann, Einführung, S. 8.

Diese Rechtssetzung hielt noch Dante Alghieri (1265–1321) für die optimale: „Die Gerechtigkeit besitzt allein unter der Herrschaft des Monarchen am meisten Macht. Also ist für die beste Ordnung der Welt die Monarchie oder das Imperium erforderlich."[113] Diese Generierungsart hätte sich in Deutschland eigentlich seit der Reichsverfassung von 1919 erledigt haben sollen, formulierte doch der erste Reichspräsident Friedrich Ebert (1871–1925) in seiner Eröffnungsrede der Weimarer Nationalversammlung am 6.2.1919:[114] „Mit den alten Königen und Fürsten von Gottes Gnaden ist es für immer vorbei."

- Setzung durch Vertrag wie etwa die Verfassung des Deutschen Reichs im Jahre 1871: „Seine Majestät ... Seine Königliche Hoheit ... schließen einen ewigen Bund ... . Dieser Bund wird den Namen Deutsches Reich führen und wird nachstehende Verfassung haben."

  Diese Idee ist keineswegs ein Produkt der Neuzeit, vielmehr hat schon Epikur (341–270 v.Chr.) die These aufgestellt: „Die natürliche Gerechtigkeit ist eine Abmachung über das Zuträgliche, um einander gegenseitig weder zu schädigen noch sich schädigen zu lassen."[115]

- Generierung durch das Volk im Laufe der Geschichte (Volksgeist) – diese These hat vor allem Friedrich Carl von Savigny (1779–1861) 1814 in seiner Schrift „Vom Beruf unserer Zeit für Gesetzgebung und Rechtswissenschaft"[116] vertreten und sich deshalb gegen gesetzgeberische Kodifikationen ausgesprochen[117].

- Setzung durch das Volk bzw. vom Volk Beauftragte wie dies in Art. 20 Abs. 2 GG zum Ausdruck kommt: „Alle Staatsgewalt geht vom Volke aus. Sie wird vom Volke in Wahlen und Abstimmungen und durch besondere Organe der Gesetzgebung ... ausgeübt."

- Als Richterrecht von den jeweiligen Gerichten über die Einzelfallentscheidung entwickelte Präjudizien, die von diesen und anderen Gerichten auf zukünftige Fälle wie gesetzliche Normen beachtet werden müssen.[118]

Wir gehen heute davon aus, dass eine Gesellschaft letztlich das Recht setzt, das sich in einem – wenngleich nicht dem idealtypischen Anspruch entsprechenden

---

[113] Dante Alighieri, Monarchia, S. 87.
[114] Zitiert nach Rolf Gröschner, Dialogik der Rechtsverhältnisse, S. 98.
[115] Epikur, Katechismus, in: Ders. S. 59 (64).
[116] Friedrich Carl von Savigny, Vom Beruf unserer Zeit für Gesetzgebung und Rechtswissenschaft, in: H. Hattenhauer (Hrsg.), Thibaut und Savigny, S. 95.
[117] Vgl. dazu J. Schröder, Recht als Wissenschaft, S. 192 ff.; K. Seelmann, 2001, S. 66 f.
[118] Zur Zulässigkeit von Richterrecht im grundsätzlichen kodifikatorischen deutschen Rechtssystem siehe BVerfGE 34, 269 (287) – Soraya.

– demokratischen Diskurs als common sense[119] herausbildet. Dabei darf dieser common sense nicht als Zustimmung aller verstanden werden, denn: „Keine Gesellschaft kann ihr Recht auf Konsens stützen, wenn darunter verstanden werden soll, dass jederzeit alle jeder Norm zustimmen."[120]

8.3 Was bewirkt Recht?

Unabhängig von der Frage der Entstehung des Rechts stellt sich die nach seinen Wirkungen: Es kann grundsätzlich als reines Steuerungsinstrument, aber auch als Mittel zur Gestaltung eingesetzt werden.

Dabei werden im Wesentlichen folgende gesellschaftsrelevante Wirkungen von Recht behauptet:

- ungeregelte Sachverhalte ordnen
- Streitigkeiten schlichten – und damit zur Befriedung der Gesellschaft beitragen
- Werte zu bilden
- bestehende Herrschafts- und Machtverhältnisse stabilisieren
- bestehende Herrschafts- und Machtverhältnisse revolutionär umkrempeln
- bestehende Herrschafts- und Machtverhältnisse reformieren.

Beispiel: (1) Die Straßenverkehrsordnung regelt den Straßenverkehr, weil ohne sie die Gefahr bestünde, dass der Verkehr chaotisch abliefe. (2) Das Gericht entscheidet einen Nachbarstreit, damit die Parteien danach „Ruhe" geben. (3) Die bewusste Diskriminierung des Nationalsozialismus durch das Strafrecht, soll der Bildung einer an der Menschenwürde orientierten Werteordnung dienen. (4) Nach Auffassung des Marxismus stützt das derzeitige Recht in der kapitalistischen Bundesrepublik die Herrschaft des Kapitals. (5) Nach der Perspektive des Marxismus soll das Recht im Sozialismus zur Abschaffung der Klassenstruktur eingesetzt werden. (6) Nach sozialdemokratischer Interpretation verlangt das Sozialstaatspostulat als Rechtsinstrument eine kontinuierliche Gesellschaftsreform.

---

[119] Den Begriff des common sense oder sensus communis soll nach Hasso Hofmann, Einführung, S. 8, als Erster Christian Thomasius (1655–1725) in seinen „Grundlehren des Natur- und Völkerrechts" im Jahre 1705 benutzt haben.

[120] Niklas Luhmann, Recht der Gesellschaft, S. 261.

8.4 Wie wird Recht angewandt?

Zu Beginn dieses Abschnitts sei Niklas Luhmann zitiert: „Formal verhalten sich die Gerichte so, dass ihre Entscheidung … allein durch das geltende Recht bestimmt wird."[121]

Aber ist das wirklich so. Dies zu untersuchen ist eine der Aufgaben der Rechtstheorie. Allerdings ist es nötig, sich vorher Gedanken über die Struktur von und die Arbeit mit Rechtsnormen zu machen.

8.4.1 Die Struktur von Rechtsnormen

Wir unterscheiden grundsätzlich drei Arten von Rechtsnormen:

- Antwortnormen sind solche Normen, die im Prinzip eine Antwort auf die Entscheidungsfrage geben.

  Beispiel: (1) § 437 BGB beantwortet die Frage, welche Rechte im Falle eines Kaufvertrags der Käufer gegenüber dem Verkäufer hat, wenn die verkaufte Sache nicht mangelfrei ist.
  (2) § 242 StGB regelt, wie ein Dieb zu bestrafen ist.

- Gegennormen können die „Antwort" der Antwortnorm „vernichten".

  Beispiel: (1) § 438 BGB legt fest, dass nach Ablauf bestimmter Fristen der Anspruch des Käufers verjährt ist.
  (2) § 247 StGB besagt, dass ein Dieb dann nicht bestraft werden kann, wenn er ein Angehöriger des Verletzten ist und dieser keinen Strafantrag gestellt hat.

- Hilfsnormen erläutern Begriffe der Antwort- und Gegennormen. Sie können sich als Legaldefinitionen, d.h. gesetzliche Definitionen darstellen, oder auch als gesetzliche Vermutungen (vgl. § 1362 Abs. 1 S. 1 BGB) gefasst werden.

  Beispiel: (1) §§ 434 f. BGB erläutern die Begriffe Sach- und Rechtsmangel.
  (2) § 9 Abs. 1 Nr. 1 StGB beschreibt den Angehörigenbegriff.

---

[121] Niklas Luhmann, Recht der Gesellschaft, S. 328.

Die Antwortnormen folgen strukturell immer dem Wenn-Dann-Modell – auch wenn der Gesetzgeber dies oft nicht sprachlich so formuliert.

Dieses Wenn-Dann-Modell lässt sich so darstellen:

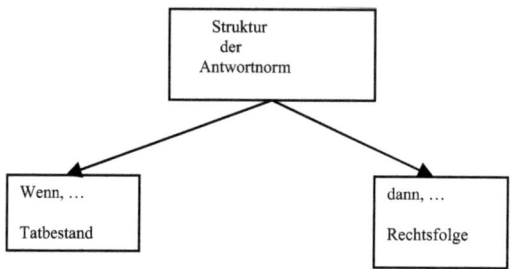

Abbildung 10 Struktur der Antwortnorm

Der Tatbestand der Rechtsnorm beschreibt die Anwendungsbedingungen, während die Rechfolgenseite die Anordung oder Anordnungsmöglichkeiten beinhaltet.

Beispiel (1) Wenn eine Kaufsache an einem Sachmangel leidet, dann kann der Käufer Nacherfüllung verlangen, vom Vertrag zurücktreten, den Kaufpreis mindern oder Schadensersatz bzw. Ersatz vergeblicher Aufwendungen verlangen.

Beispiel (2) Wenn jemand eine fremde Sache in rechtswidriger Zueignungsabsicht entwendet hat, dann ist er als Dieb zu bestrafen.

8.4.2 Deduktionsmodell und andere logische Schlüsse

Aus der Erkenntnis- und Wissenschaftstheorie lässt sich zunächst einmal an das klassische Induktions- und Deduktionsmodell anknüpfen, das graphisch so dargestellt werden kann[122]:

---

[122] Ähnlich auch Alan F. Chalmers, Wege der Wissenschaft. Einführung in die Wissenschaftstheorie, 5. Aufl., 2001, S. 46.

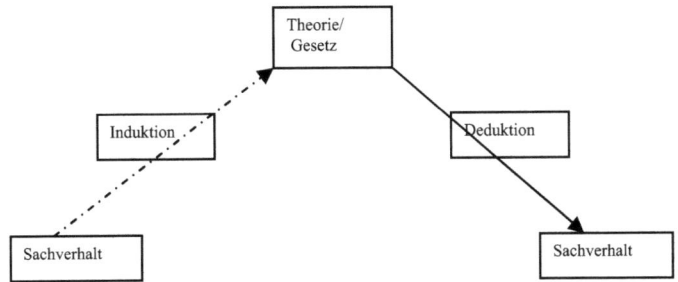

Abbildung 11 Induktions- und Deduktionsmodell

Aus einer Reihe von (1) beobachteten Sachverhalten (2) entwickelt man eine Theorie oder ein Gesetz, (3) die bzw. das man dann auf einen neuen Sachverhalt anwendet.

> Beispiel: (1) Immer wenn Wasser kocht, steigt das Thermometer auf 100° und das Wasser „blubbert". (2) Daraus leitet man das Gesetz ab, dass Wasser bei 100° kocht und „blubbert". (3) Will man nun wissen, ob Wasser kocht und hat kein Thermometer zur Verfügung, kann man anhand des „Blubbern" feststellen, dass das Wasser kocht.

Im Prinzip geht die Rechtswissenschaft ähnlich vor: Aufgrund (1) bestimmter Vorfälle kommt man zu dem Ergebnis (2) ein Gesetz zu erlassen, und (3) dieses Gesetz wird dann auf die zukünftigen Sachverhalte angewandt.

> Beispiel: (1) Es kommt zu vermehrten Verletzungen von Kindern durch beißende Pitbulls. (2) Der Gesetzgeber erlässt ein Gesetz, das den Behörden die Möglichkeit eröffnet, gegen Personen vorzugehen, deren Pitbulls Menschen beißen. (3) Hindert ein Pitbullhalter seinen Pitbull nicht am Beißen von Kindern, kann ihm die Behörde das Halten von Pitbulls untersagen.

Zwar hat David Hume (1711–1776) festgestellt, dass die Induktion nicht logisch zwingend ist, vielmehr aufgrund beobachteter Sachverhalte nur Erfahrungswerte gesammelt werden können, die allerdings i.d.R. auf tragbaren Erfahrungswerten beruhen.[123]

---

[123]   David Hume, Verstand, S. 49 ff., unter ausdrücklichem Hinweis, dass „nur ein Narr oder Wahnsinniger jemals die Autorität oder Erfahrung bestreiten oder jene große Führerin durch das menschliche Leben ablehnen wird." (S. 54)

Die (traditionelle) Logik gehört nach der Rechtsprechung[124] wie alle Gesetze des Denkens zu den Grundlagen der Rechtsordnung. Obwohl gelegentlich gegen Denkgesetze verstoßen wird.

> Beispiel: § 15 Abs. 1 und Abs. 2 ASOG lauten: „Geht von einem Tier oder von einer Sache eine Gefahr aus, so sind die Maßnahmen gegen den Inhaber der tatsächlichen Gewalt zu richten. Die Vorschriften dieses Gesetzes, die sich auf Sachen beziehen, sind auch auf Tiere anzuwenden."

Ein wichtiger Bestandteil der traditionellen Logik, die sich mit Zeichen, Begriffen, Sätzen, Aussagen, Definitionen, Urteilen, Denkgesetzen und Schlüssen beschäftigt,[125] ist der Syllogismus. Darunter versteht man die Schlussfolgerung (Konklusion) aus einem Ober- und einem Untersatz, wobei jedes Subjekt und jedes Prädikat in den drei Sätzen nur jeweils zweimal auftauchen darf.

Beispiel: Obersatz: Ein **Mörder** wird mit <u>lebenslangem Freiheitsentzug</u> bestraft.

Untersatz: A ist ein **Mörder**.

Konklusion: A wird mit <u>lebenslangem Freiheitsentzug</u> bestraft.

Max Weber (1864–1920) meint: „(D)ie Jurisprudenz ... stellt fest, was nach den Regeln des teils zwingend logisch, teils durch konventionell gegebene Schemata gebundenen juristischen Denkens gilt."[126] Auf dieser Zuordnung juristischer Entscheidungen zu formalen Modellen kommt die Rechtsarbeit in den Ruf einer formal-logischen, deduktiven Rechtsfindung. Allerdings stimmt dies nur zum Teil.

Man kann sich dies auch anhand der Umsetzung von sprachlichen Rechtsnormen durch Computer verdeutlichen:

Eine Norm wie

§ 17 Abs. 1 ASOG Berlin

---

[124] BGHSt 6, 70 (72).
[125] Siehe dazu Egon Schneider / Friedrich E. Schnapp.
[126] Max Weber, Wissenschaft als Beruf (1919), in: Ders., Politik und Gesellschaft, S. 1016 (1030).

„Die Ordnungsbehörden und die Polizei können die notwendigen Maßnahmen treffen, um eine im einzelnen Falle bestehende Gefahr für die öffentliche Sicherheit oder Ordnung (Gefahr) abzuwehren, …"

lässt sich nicht in ein binäres digitales System einpassen, weil etwa die Entscheidung **ob** die Behörden einschreiten, sich nicht nach einem einfachen (binären) Ja-Nein-System[127] klären lässt.

Dagegen lässt sich die Entscheidungsnorm für die Sanktion zu schnellen Autofahrens in einem bestimmten räumlichen Kontext grundsätzlich so formulieren, dass auch ein Computer in der Lage ist, die entsprechende Sanktion zu berechnen, da die entsprechenden Codewerte keiner Interpretation bzw. Bewertung bedürfen und deshalb technisiert werden können[128]:

Beispiel: „Wenn ein Führer eines Kraftfahrzeugs innerhalb einer durch die Zeichen 310 und 311 § 42 Abs. 3 StVO als geschlossene Ortschaft gekennzeichnete Straßenverkehrsfläche mehr als 61 km/h und weniger als 66 km/h schnell fährt, und keine anderen Regeln über die höchstzulässige Verkehrsgeschwindigkeit gelten, dann ist dies gegenüber dem Führer des Kraftfahrzeugs mangels Vorliegen von Besonderheiten[129] mit einem Bußgeld in Höhe von 25 € zu ahnden.[130]

Man kann dies auch anders formulieren:

Je eher Normen als Konditionalprogramme (relativ) genau (also konsistent) ihre Tatbestands- und Rechtsfolgenmerkmale beschreiben, desto eher nähert sich ihre Fall-Konkretisierung dem Syllogismus-Modell, je mehr Normen als Final- oder Zweckprogramme ihre Tatbestands- und / oder Rechtsfolgenmerkmale offen (also kontingent) skizzieren[131], desto mehr nähert sich ihre Zurichtung auf den Fall einer (rechts)politischen Entscheidung[132].

---

[127] Zu Recht meint Niklas Luhmann, Recht der Gesellschaft, S. 174: „In praktischer Hinsicht sind binäre Codes leicht zu handhaben."

[128] Niklas Luhmann, Recht der Gesellschaft, S. 183.

[129] Dann kann die Ahndung nicht mehr vom Computer errechnet werden.

[130] Die einschlägigen Normen sind: § 24 StVG i.V.m. § 49 Abs. 1 Nr. 3, § 3 Abs. 3 Nr. 1 StVO, § 26a Abs. 1 Nr. 2 StVG i.V.m. § 1 i.V.m. Nr. 11.1 Tabelle 1 Anhang zu Nr. 11 Anlage Bußgeldkatalog-Verordnung.

[131] Zum Konzept von Normen als Konditional- und Finalprogramme siehe Niklas Luhmann, Rechtssoziologie 2, S. 227.

[132] Zur politischen Dimension der Rechtsarbeit siehe Klaus Adomeit / Susanne Hähnchen, Rechtstheorie, S, 70: „(R)eicht die Rechtspolitik, ungeachtet aller Trennungsversuche, weit in die Gesetzesinterpretation, - anwendung und besonders -fortbildung hinein." Bernd Rüthers, Rechtstheorie, Fn. 647, warnt vor der „Illusion der unpolitischen Rechtsanwendung".

8.4.3 Konstruktion statt Finden einer Entscheidung; Abwägung statt Ableitung

Wir wissen heute, dass das syllogistische Modell bei komplexeren Fällen jedenfalls nicht greift. Vielmehr entwickelt sich die juristische Antwort – sei es eine private Willenserklärung, ein Verwaltungsakt oder ein gerichtliches Urteil - auf eine entsprechende Fragestellung nach folgendem Muster:

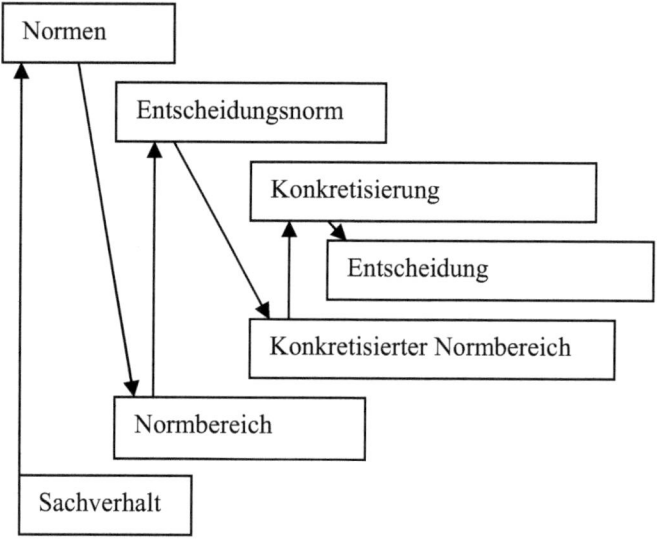

Abbildung 12 Konstruktion der Entscheidungsnorm

Diese Grafik soll verdeutlichen, dass man in der Regel von einem (1) Sachverhalt, also einem Ausschnitt aus dem realen Leben, ausgehend nach einer (2) Antwortnorm sucht. Diese Antwortnorm steuert dann die (3) Suche nach einzelnen normrelevanten Fakten (Normbereich). Dieser verengte Lebensabschnitt führt dazu, dass man die (4) Antwortnorm um Gegen- und Hilfsnormen ergänzt (Entscheidungsnorm), was dann wiederum dazu führt, dass der Normbereich bzw. die Entscheidungsnorm noch (5) einmal / mehrmals konkretisiert werden muss, bis (6) die Entscheidung getroffen werden kann.

Karl Engisch (1899–1990) skizzierte dieses Zusammenspiel zwischen Norm und Sachverhalt als „Hin- und Herwandern des Blicks zwischen Sachverhalt und Norm"[133]

---

[133]   Karl Engisch, Logische Studien, S. 15.

Beispiel: (1) Ein Hund hat ein Kind gebissen und die Behörde ist aufgefordert, gegen weiteres Beißen von Kindern durch diesen Hund etwas zu unternehmen. (2) Als einschlägige Antwortnorm kommt § 17 Abs. 1 ASOG in Frage. (3) Jetzt muss man unter dem Aspekt der „Gefahr" untersuchen, ob eine Wiederholungswahrscheinlichkeit gegeben ist. (4) Da man herausgefunden hat, dass der Hund einem zwölfjährigen Kind (K) gehört, muss man anhand § ASOG[134] als Hilfsnorm klären, ob man die entsprechende Anordnung auch an die Eltern dieses Kindes richten kann. (5) Nun stellt sich heraus, dass die Eltern dieses Kindes verstorben sind, und es muss zum einen anhand der Vorschriften des BGB und anhand der Realität geklärt werden, wer die Erziehungsberechtigten sind. (6) Am Schluss dieses – hier vereinfachend dargestellten – Prozesses steht dann eine Entscheidung gegenüber dem erziehungsberechtigten 25-jährigen Bruder von K.

Die Rechtstheorie[135] soll den Rechtsstudierenden deutlich machen, dass weder das reine Syllogismusmodell, noch die binär-code-orientierte Auffassung von Recht oder Unrecht die juristische Arbeitsrealität angemessen erfassen. Vielmehr werden Entscheidungen nicht gefunden, sondern konstruiert.

Unabhängig davon, gibt es in vielen Fällen weder ausschließlich ein „richtig" noch ein „falsch", vielmehr sind oft mehrere Entscheidungsalternativen „plausibel", „stimmig" oder „vertretbar";[136] unter Verfahrensaspekten gibt es neben den formellen Programmen (Bindung an die Rechtsdogmatik und die Judikatur) noch unzählige „informelle Programme" wie Habitus, Aufhebungssicherheit oder eben „das haben wir schon immer so gemacht".[137]

An einigen Stellen spricht die Rechtsordnung dies ausdrücklich an, wenn sie etwa in § 1 Abs. 7 BauGB oder in § 40 VwVfG ausdrücklich von dem binären „richtig" oder „falsch" Abschied nimmt und postuliert:

---

[134] § 13 Abs. 2 S. 1 ASOG: „Ist diese Person noch nicht 14 Jahre alt, so können die Maßnahmen auch gegen die Person gerichtet werden, die zur Aufsicht über sie verpflichtet ist."

[135] Siehe dazu zuletzt Thomas Vesting, Rechtstheorie; Neben dieser die Rechtsdogmatik überschreitenden Rechtstheorie macht etwa Ralf Dreier, Zur Theoriebildung in der Jurisprudenz, S. 73 ff., aber auch Jurisprudenz-immanente Theorien interpretativer, normvorschlagender, konstruktiver, Institutionen-, Prinzipien-, oder Grundbegriffs-bezogener Art aus.

[136] Arthur Kaufmann, Das Verfahren der Rechtsgewinnung, S. 1.

[137] Winfried Hassemer, Rechtssystem und Kodifikation, S. 264 ff., in Arthur Kaufmann / Winfried Hassemer / Ulfrid Neumann (Hrsg.), S. 262 ff.; ähnlich auch Werner Krawietz, Juridische Kommunikation, S. 199, der darauf hinweist, dass es neben der „formalen Rechtskommunikation ... weite Bereiche informaler Kommunikation (gibt), die für die Rechtsentwicklung zunehmend an Bedeutung gewinnen."

§ 1 Abs. 7 BauGB:

„Bei der Aufstellung der Bauleitpläne sind die öffentlichen und privaten Belange gegeneinander und untereinander gerecht abzuwägen."

§ 40 VwVfG lautet so:

„Ist die Behörde ermächtigt, nach ihrem Ermessen zu handeln, hat sie ihr Ermessen entsprechend dem Zweck der Ermächtigung auszuüben und die gesetzlichen Grenzen des Ermessens einzuhalten:"

Damit impliziert der Gesetzgeber, dass die Behörde einerseits einen Abwägungsspielraum bzw. innerhalb der „Grenzen des Ermessens" einen Entscheidungsspielraum hat.

Beispiel: Ob der Polizeipräsident auf der Grundlage des § 17 Abs. 1 ASOG ein besetztes Haus räumt oder nicht, steht wegen des „können" in seinem Ermessen – deshalb ist bei „vernünftiger" Begründung sowohl die Räumung als auch die Nichträumung rechtmäßig.[138]

In solchen Fällen wird man oft fragen, „ob im Verhältnis zu Vorentscheidungen ein Verhältnis der Gleichheit oder der Ungleichheit des zu entscheidenden Falles gegeben ist."[139]

Doch unabhängig von diesen ausdrücklichen gesetzlichen Beispielen für „Spielräume" bei der Rechtsarbeit[140] gibt es weitere strukturelle Gründe für die Kontingenz der juristischen Entscheidung zumindest in den schwierigen Fällen[141], von denen die wichtigsten hier erläutert werden sollen.

8.4.4 Unbestimmtheit vieler Rechtsbegriffe als Spielraum für die RechtsentscheiderInnen

Manchmal ist die Bedeutung eines Rechtsbegriffs so deutlich, so dass es einer intensiveren Auseinandersetzung mit seinem Inhalt nicht bedarf. So sind etwa Zahlen hinreichend bestimmt.

---

[138] Siehe Einzelheiten bei Hans Paul Prümm/ Hans Sigrist, Rn. 84.

[139] Niklas Luhmann, Recht der Gesellschaft, S. 237.

[140] Siehe dazu auch Thomas Riehm, S. 6 ff., mit der Unterscheidung der Abwägung im Subsumtionsmodell und der Abwägung im engeren Sinne.

[141] Zum Kontinuum zwischen den einfachen, Routinefällen zu den gewagten Konstruktionen siehe etwa Joachim Lege, S. 228 f.

Eine realistische Beschreibung, wie Rechtsentscheidungen, also die Wahl zwischen mindesten zwei Alternativen, entstehen, muss davon ausgehen, dass es Normen oder Normteile gibt, die außerordentlich unbestimmt sind.

Beispiel:

> § 1 Abs. 3 S. 1 BauGB:
> „Die Gemeinden haben die Bauleitpläne aufzustellen, sobald und soweit es für die städtebauliche Entwicklung und Ordnung erforderlich ist."

Übersetzt man diese Norm in die Normstrukturfolge, dann lautet sie so:

> Sobald und soweit es für die städtebauliche Entwicklung und Ordnung erforderlich ist, haben die Gemeinden Bauleitpläne aufzustellen.

> § 17 Abs. 1 ASOG Berlin
> „Die Ordnungsbehörden und die Polizei können die notwendigen Maßnahmen treffen, um eine im einzelnen Falle bestehende Gefahr für die öffentliche Sicherheit oder Ordnung (Gefahr) abzuwehren, …"

Diese Vorschrift lässt sich so in die Normstruktur übertragen:

> Wenn im einzelnen Falle eine Gefahr für die öffentliche Sicherheit oder Ordnung besteht, dann können die Ordnungsbehörden und die Polizei die notwendigen Maßnahmen treffen.

Nicht nur die Interpretation dieser unbestimmten Rechtsbegriffe, sondern auch deren Anwendung führt zu einer großen Konkretisierungsbandbreite (Verhaltensspielraum) der jeweiligen EntscheiderInnen, die sich als (1) „Interpretations-," (2) „Beurteilungs-," oder (3) „Anwendungsspielraum"[142] darstellt.[143]

> Beispiel: (1) Was man unter „Baulicher Anlage" i.S.d. Baurechts versteht, ist keineswegs von vornherein festgeschrieben – und in der Tat gibt es einen Begriff der baulichen Anlage i.S.d. Bauordnungsrechts und einen Begriff der baulichen Anlage i.S.d. Bauplanungsrechts.

---

[142] Dieser Begriff findet sich bei Herbert Lionel Adolphus Hart, Der Begriff des Rechts, S. 65.
[143] Siehe dazu auch das Fußballspielfeld-Theorem von Hans Paul Prümm, Ermessen.

(2) Ob eine Leistung „hervorragend" i.S.d. § 5 Abs. 1 PrüfO/Recht der FHVR Berlin ist, lässt sich nicht mit mathematischer Bestimmtheit sagen.

(3) Wie der Polizeipräsident sein Ermessen im Rahmen des „können" des § 17 Abs. 1 ASOG ausübt, wenn es um einen Antrag auf die Räumung eines besetzten Hauses geht, hängt von der Ausschöpfung des Ermessensspielraums ab.

8.4.5 Interpretation statt Auslegung

Bei der Unbestimmtheit der Rechtsbegriffe beginnt die Interpretationsarbeit, die die herrschende Lehre immer noch Auslegung nennt, und sich anhand dieser vier Merkmale abspielen soll:[144]

- Grammatikalische Methode, die sich am Wortlaut orientiert
- systematische Methode, die den jeweiligen Begriff aus dem Zusammenhang des Rechtskosmos[145] zu verdeutlichen sucht
- historisch-genetische Methode, die die Geschichte, insbesondere auch die Entstehungsgeschichte zur Klärung der Begriffsbedeutung befragt sowie
- teleologische Methode, die nach dem Sinn und Zweck der jeweiligen Regel fragt.

Die klassische Begründung zu diesem Vierfach-Kanon wird diesem Text von Friedrich Carl von Savigny entnommen:[146]

„Das Eigenthümliche (der Auslegung) zeigt sich aber, wenn wir sie in ihre Bestandtheile zerlegen. So müssen wir in ihr Vier Elemente unterscheiden: ein grammatisches, logisches, historisches und systematisches.

Das grammatische Element der Auslegung hat zum Gegenstand das Wort, welches den Übergang aus dem Denken des Gesetzgebers in unser Denken vermittelt. Es besteht daher in der Darlegung der von dem Gesetzgeber angewendeten Sprachgesetze.

---

[144] So auch zuletzt: Michael Anderheiden, Rechtsphilosophie, S. 31; Winfried Brugger, Kreuz der Entscheidung, S. 68.
[145] Niklas Luhmann, Recht der Gesellschaft, S. 289, spricht vom „Gesamtrecht".
[146] Friedrich Carl von Savigny, System, S. 213 f.

Das logische Element geht auf die Gliederung des Gedankens, also auf das logische Verhältnis, in welchem die einzelnen Theile desselben zu einander stehen.

Das historische Element hat zum Gegenstand den zur Zeit des gegebenen Gesetzes für das vorliegende Rechtsverhältniß durch Rechtsregeln bestimmten Zustand. In diesem Zustand sollte das Gesetz auf bestimmte Weise eingreifen, und diese Art des Eingreifens, das was dem Recht durch dieses Gesetz neu eingefügt worden ist, soll jenes Element zur Anschauung bringen.

Das systematische Element endlich bezieht sich auf den inneren Zusammenhang, welcher alle Rechtsinstitute und Rechtsregeln zu einer großen Einheit verknüpft ... Dieser Zusammenhang, so gut als der historische, hat dem Gesetzgeber gleichfalls vorgeschwebt, und wir werden also seinen Gedanken nur dann vollständig erkennen, wenn wir klar machen, in welchem Verhältnis dieses Gesetz zu dem ganzen Rechtssystem steht, und wie es in das System wirksam eingreifen soll."

Und dieses Konzept vermittelt die juristische Ausbildung den Rechtsstudierenden im Kern nach wie vor – man schaue weniger in die juristischen Methodenlehrbücher als vielmehr in die entsprechenden allgemeinen Ausführungen von Lehrbüchern zum Zivil-[147] und Strafrecht[148]

Nun gibt es weder eine Rangfolge zwischen diesen Methoden noch eine methodische Anweisung, wie bei dem Auseinanderfallen der Antworten der unterschiedlichen Methodenfragen zu reagieren ist. Auch wissen wir, dass die RechtsentscheiderInnen oft auch ganz andere Methoden einsetzen, wie etwa die Berücksichtigung der Folgen eines bestimmten Ergebnisses.[149]

Deshalb erscheint es sinnvoller statt von dem vermeintlichen Kanon der vier Auslegungsmethoden von „Interpretationstopoi" als nicht festgelegten, sondern der Zahl nach offenen, wichtigen Argumenten für eine bestimmte Interpretationsauffassung zu sprechen, so wie etwa § 1 Abs. 6 BauGB beispielhaft wichtige Belange i.S.d. § 7 BauGB aufführt.

---

[147] Helmut Köhler, BGB, § 4 Rn. 14: Vier Auslegungsmethoden.
[148] Johannes Wessels / Werner Beulke, Strafrecht, Rn. 57: Vier Auslegungsmethoden.
[149] Siehe dazu etwa Niklas Luhmann, Recht der Gesellschaft, S. 378; Ulfrid Neumann, Theorie der juristischen Argumentation, S. 234.

Dies soll allerdings hier nicht weiterverfolgt werden, da dies eine Angelegenheit der Rechtsmethodik ist[150], deren Einzelheiten nicht zum Gegenstand dieser Einführung gehören.

8.4.6 Organisationsaspekte

Die meisten Rechtsentscheidungen werden im Rahmen von Organisationen, seien es Gerichte, Behörden, Kanzleien oder Unternehmen, getroffen. Die jeweiligen Organisations- und Arbeitsbedingungen sind für die Entscheidung von keineswegs zu unterschätzender Relevanz, was anhand des folgenden Schemas erläutert sei:[151]

---

[150] Siehe dazu etwa Reinhold Zippelius, Juristische Methodenlehre.
[151] Aus Hans Paul Prümm, Juristische Methodik, S. 71.

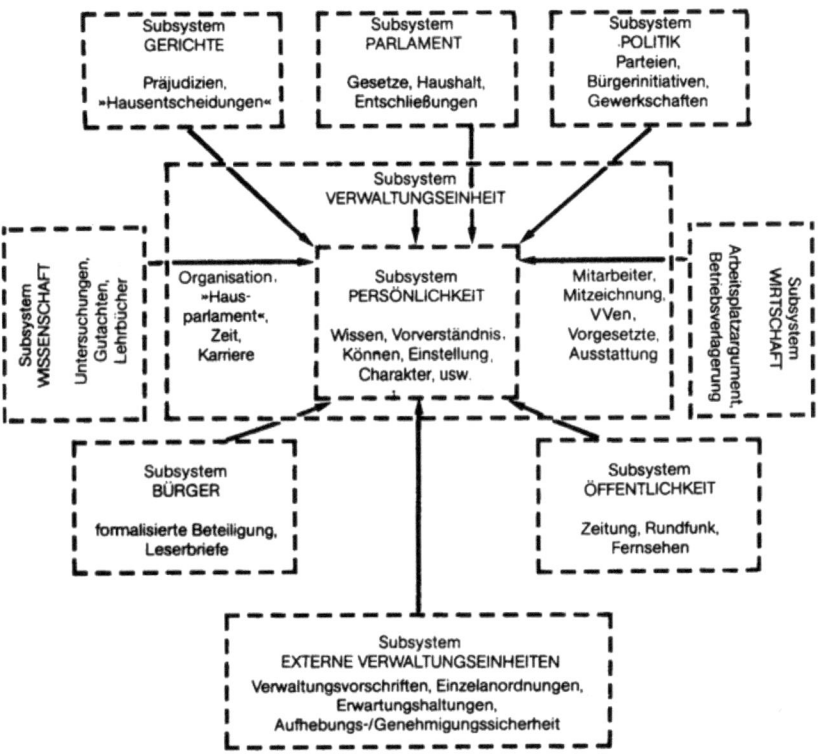

Gesamtsystem »Staat und Gesellschaft«

Subsystem
GERICHTE

Präjudizien,
»Hausentscheidungen«

Subsystem
PARLAMENT

Gesetze, Haushalt,
Entschließungen

Subsystem
POLITIK
Parteien,
Bürgerinitiativen,
Gewerkschaften

Subsystem
VERWALTUNGSEINHEIT

Subsystem
WISSENSCHAFT
Untersuchungen,
Gutachten,
Lehrbücher

Organisation,
»Haus-
parlament«,
Zeit,
Karriere

Subsystem
PERSÖNLICHKEIT

Wissen, Vorverständnis,
Können, Einstellung,
Charakter, usw.

Mitarbeiter,
Mitzeichnung,
VVen,
Vorgesetzte,
Ausstattung

Subsystem
WIRTSCHAFT
Arbeitsplatzargument,
Betriebsverlagerung

Subsystem
BÜRGER

formalisierte Beteiligung,
Leserbriefe

Subsystem
ÖFFENTLICHKEIT

Zeitung, Rundfunk,
Fernsehen

Subsystem
EXTERNE VERWALTUNGSEINHEITEN
Verwaltungsvorschriften, Einzelanordnungen,
Erwartungshaltungen,
Aufhebungs-/Genehmigungssicherheit

Abbildung 13 Entscheidungseinflüsse

Dieses Schaubild soll verdeutlichen, dass eine Rechtsentscheidung keineswegs nur von den einzelnen EntscheiderInnen abhängt, sondern dass sie von einer Vielzahl von Faktoren mitbestimmt wird.

> Beispiel: In einer kleineren Hochschule wird die Entscheidung, ob man auf Zulassungsklagen abgewiesener Studierender mit einem Klageabweisungsantrag oder mit einer Klaglosstellung durch Zulassung dieser Studierenden reagiert, davon abhängig gemacht, ob die Hoch-

schulverwaltung zurzeit in der Lage ist, die vom VG verlangten Statistiken zu erstellen.

8.4.7 Vorverständnis der EntscheiderInnen

Hier sei der Aspekt des Vorverständnisses etwas vertieft:

Bei der Anwendung des verdeutlichten Entscheidungsspielraums kommt vor allem dem Vorverständnis der jeweiligen EntscheiderIn ein enormes Gewicht zu. Insofern gilt für RechtsentscheiderInnen ebenso wenig wie das was Charles Darwin für Wissenschaftler forderte: „Ein wissenschaftlicher Mann sollt keine Wünsche haben, keine Gefühle – nichts als ein Herz aus Stein."[152]

Das Vorverständnis darf zunächst nicht mit dem Vorurteil gleichgesetzt werden.

Unter dem Vorverständnis versteht man den Verständnishorizont, die Einstellungen einer Person, während das Vorurteil umschrieben wird als eine vorweggenommene Bewertung.

Das Vorverständnis ist anthropologisch, d.h. es kann als solches nicht beseitigt werden. Dieses Vorverständnis hat viele Dimensionen, es unterscheidet sich nach politischen, religiösen und sozialen Einstellungen, nach Geschlecht und Lebensabschnitt oder auch nach Erfahrungshorizonten[153] (Migrationshintergrund, Auslandserfahrung usw.)[154],

Man kann und darf nicht alle diese Vorverständnisvarianten einebnen, allerdings kann man versuchen, durch die Ausbildung der späteren RechtsarbeiterInnen diese auf einen zumindest partiell gemeinsamen Kommunikationsstand zu bringen, weil das entsprechende „kollektive Hintergrund- und Kontextwissen von Sprechern und Hörern die Deutung ihrer expliziten Äußerungen in außerordentlich hohem Maße determinieren."[155]

---

[152] Zitiert nach: Andreas Weber, ZeitLiteratur, 19.
[153] Michael Anderheiden, Rechtsphilosophie, S. 47, spricht von der „Erfahrungswelt des Entscheidenden".
[154] Siehe dazu auch Ralf Dreier, Rechtsphilosophische Standortprobleme, S. 324; Johann Gottlieb Fichte, Erste Einleitung in die Wissenschaftslehre (1797), in: Ders., Werke, Erster Band, S. 417 (434), formulierte es so: „Was für eine Philosophie man wähle, hängt sonach davon ab, was für ein Mensch man sei."
[155] Jürgen Habermas, Theorie des kommunikativen Handelns, S. 449.

Aber trotzdem wird man zumindest mit zwei in der Literatur erwähnten Typen von RechtsarbeiterInnen rechnen müssen:

- Der von Oliver Wendell Holmes[156] zitierte distanzierte „bad man" und
- der idealistische „Hercules", wie ihn Ronald Dworkin konstruiert hat.[157]

Dass diese unterschiedlichen Vorverständnisse für die juristische Entscheidung eines Falles von großer Wichtigkeit sind, ist letztlich der Grund dafür, dass die jeweiligen Richter für die Entscheidung eines Falles gem. Art. 101 Abs. 1 S. 2 GG von vornherein nach generell-abstrakten Maßstäben für zuständig erklärt sein sollen.

Insofern ist es von besonderer Wichtigkeit, dass wir uns in Erinnerung rufen, dass der Rechtsanwendungsvorgang – abgesehen von den einfachen Fällen – keineswegs allein dem logischen Subsumtionsmodell folgt, sondern dass den jeweiligen RechtsanwenderInnen ein nicht unerheblicher Entscheidungsspielraum bleibt. Die jeweiligen EntscheiderInnen sind, auch bei gleicher juristischer Ausbildung, keineswegs gleich, sondern, da „der ganze Stoff des Denkens ... entweder aus der äußeren oder der inneren Sinnesempfindung abgeleitet" ist,[158] und diese sich von Mensch zu Mensch unabänderlich unterscheidet, ist auch der kreative Denkprozess von RechtsarbeiterIn zu RechtsarbeiterIn vollkommen unterschiedlich.

8.4.8 Begründung von Entscheidungen

Deshalb kommt auch der Begründung einer Entscheidung ein nicht zu unterschätzendes Gewicht zu. Nicht nur, weil etwa § 39 VwVfG ebenso grundsätzlich eine Begründung für Verwaltungsakte fordert wie etwa § 313 ZPO für Urteile, sondern auch aus erkenntnistheoretischen Gründen.

Zunächst liegt der Hintergrund darin, dass nur eine begründete Entscheidung dem Verdikt des Dezisionismus, d.h. des letztlich willkürlichen Entscheidens, entgehen kann.[159]

Zwar kennen wir den Unterschied zwischen dem context of discovery und dem context of justification und wissen, dass die Entscheidungsbegründung (Ent-

---

[156] Oliver Wendell Holmes, Harvard Review, S. 459.
[157] Ronald Dworkin, Bürgerrechte, S. 182.
[158] David Hume, Verstand, S. 33.
[159] Michael Anderheiden, Rechtsphilosophie, S. 36.

scheidungsdarstellung) nicht identisch ist mit der Entscheidungsfindung (Entscheidungsherstellung)[160], aber nur die Begründung ist in der Lage, die jeweilige Entscheidung in den Zusammenhang des Rechtskosmos zu stellen – und so eine entsprechende fach"männische" Überprüfung zu ermöglichen.

Sofern die Entscheidung sich relativ eindeutig aus den jeweiligen Normen ableiten lässt, ist die Begründung entsprechend einfach, da die „Gesetzesanwendung" an sich schon die Begründung liefert.[161]

Im Übrigen gilt, dass die Begründung den Anforderungen der Rationalität: Konsistenz, Kohärenz, Klarheit, Informiertheit, Überprüfbarkeit, und Wahrhaftigkeit entsprechen muss; insbesondere dürfen nur solche Argumente vorgebracht werden, die in der Lage sind, das zu Begründende tatsächlich zu begründen.[162]

Fragen

F 32:   Was versteht man unter Anstand?
F 33:   Was versteht man unter Brauch und Gewohnheit?
F 34:   Was versteht man unter Moral?
F 35:   Was versteht man unter Sitte?
F 36:   Was versteht man unter Sittlichkeit?
F 37:   Was besagt die formelle Rechtskonzeption?
F 38:   Was besagt die materielle Rechtskonzeption?
F 39:   Was ist der Unterschied zwischen einem hypothetischen und einem kategorischen Imperativ?
F 40:   Was ist der Unterschied zwischen Primär- und Sekundärnormen?
F 41:   Welche Stufen kennt der für die Bundesrepublik relevante Rechtskosmos?
F 42:   Was versteht man unter dem Gewohnheitsrecht?
F 43:   Was versteht man unter Präjudizien?
F 44:   Was versteht man unter dem Dekalog?
F 45:   Warum kann es kein von der Natur abgeleitetes Recht geben?
F 46:   Was besagt das Höhlengleichnis?
F 47:   Woher leitet Immanuel Kant den kategorischen Imperativ ab?
F 48:   Welche Arten von menschlichen Rechts-Kreationsakten gibt es?
F 49:   Welche grundsätzlichen gesellschaftsrelevanten Wirkungen kann Recht haben?

---

[160]   Ulfrid Neumann, Theorie der juristischen Argumentation, S. 236.
[161]   Vgl. Jürgen Habermas, Theorie 1, S. 354.
[162]   Ulfrid Neumann, Theorie der juristischen Argumentation, S. 238.

F 50:   Was versteht man unter einer Antwortnorm?
F 51:   Was versteht man unter einer Gegennorm?
F 52:   Was versteht man unter einer Hilfsnorm?
F 53:   Was versteht man unter dem normativen Wenn-Dann-Modell?
F 54:   Was versteht man unter dem Induktions- und Deduktionsmodell?
F 55:   Welches sind die Gegenstände der traditionellen Logik?
F 56:   Was versteht man unter dem Syllogismus?
F 57:   Was versteht man unter einem Konditional- bzw. einem Finalprogramm?
F 58:   Wie entsteht im Zusammenspiel zwischen Norm und Sachverhalt die Rechtsentscheidung?
F 59:   Welche Arten von juristischen Spielräumen gibt es bei der Rechtsentscheidung?
F 60:   Welche klassischen Auslegungskanones gibt es?
F 61:   Wer ist der Erfinder dieser klassischen Auslegungskanones?
F 62:   Worin liegen die Unterschiede zwischen den Auslegungskanones und Interpretationstopoi?
F 63:   Welche organisatorischen Rechtsentscheidungseinflüsse können Sie aufführen?
F 64:   Worin liegt der Unterschied zwischen dem Vorverständnis und dem Vorurteil?
F 65:   Wer ist Hercules i.S.v. Ronald Dworkin?
F 66:   Worin liegt der Unterschied zwischen dem context of discovery und dem context of justification?
F 67:   Welche Rationalitätsmerkmale muss eine Begründung einer komplizierten Rechtsentscheidung erfüllen?

9 Wichtige Fragestellungen der Rechtsethik

Hasso Hofmann titelt „Richtigkeit des Recht: Grundsätze der Rechtethik"[163]

Die im Rahmen der Rechtstheorie vorgestellte These von der Unmöglichkeit der syllogistischen Beantwortung von Rechtsfragen zumindest bei komplexeren Fragestellungen hat Konsequenzen für die Antwort auf die Frage, wer entscheidet denn eigentlich, was Recht und Unrecht ist.

9.1 Ethik

Die Ethik wird in eine Vielzahl von Subdisziplinen untergliedert:

- Individual- und Sozialethik
- Situations- und Wesensethik
- Gesinnungs- und Erfolgsethik
- Formale[164] und Materiale Ethik
- Evolutionistische und existentialistische Ethik
- Deskriptive (empirische), normative (deontische[165]) und Meta-ethik.

Während die Individualethik von Verpflichtungen des Individuums nur gegen sich selbst ausgeht,[166] formuliert die Sozialethik gesellschaftsbezogene Pflichten.[167]

Die Situationsethik geht davon aus, dass allein aus der jeweiligen konkreten Situation der Maßstab für das sittliche Handeln gefunden werden kann,[168] während die Wesensethik von allgemeinen, unabhängig vom Einzelfall bestehenden moralischen Prinzipien ausgeht.[169]

Die Gesinnungsethik (manchmal auch deontische[170] Ethik) wird vor allem von Max Weber (1864–1920) der Erfolgsethik entgegengesetzt:[171] Erstere stellt aus-

---

[163] Hasso Hofmann, Einführung, S. 34.
[164] Manchmal auch prozedural.
[165] Manchmal auch deontologisch: Das griechische Wort „deon" bedeutet Pflicht.
[166] Max Müller / Alois Halder, Stichwort Individualethik.
[167] Max Müller / Alois Halder, Stichwort Sozialethik; für die Sozialethik wird auch gelegentlich der Begriff der politischen Philosophie benutzt (Stichwort Sozialethik, in: Marcus Düwell / Christoph Hübenthal / Micha H. Werner (Hrsg.)..
[168] Max Müller / Alois Halder, Stichwort Situationsethik.
[169] Max Müller / Alois Halder, Stichwort Wesensethik.
[170] Manchmal auch deontologisch: Das griechische Wort „deon" bedeutet Pflicht.

schließlich auf den Willen des betreffenden Menschen ab, letztere dagegen auf den Erfolg des jeweiligen Verhaltens.[172]

Im Gegensatz zur formalen Ethik, die keinen inhaltlichen, moralischen Maßstab angeben kann, sondern die Moral nur durch eine faires Verfahren garantiert sieht, geht die materiale Ethik von inhaltlichen moralischen Standards aus.[173]

Während die empirische Ethik die reale Moral darstellt und die normative Ethik ethische Normen entwickelt und begründet, untersucht die Metaethik diese Normen kritisch.[174]

Die evolutionistische (evolutionäre) Ethik geht davon aus, dass die Moral sich analog zur Evolution entwickelt;[175] die existentialistische Ethik unterstellt die personale Abhängigkeit der Moral.[176]

Neben diesen unterschiedlichen Ethikarten, gibt es eine Vielzahl auf bestimmte Verhaltensfelder bezogene Bereichs-Ethiken wie[177]

- Bioethik
- Genethik
- Medienethik
- Medizinethik
- Politikethik
- Rechtsethik
- Sportethik
- Technikethik
- Tierethik
- Umweltethik
- Wirtschaftsethik
- Wissenschaftsethik.

[171] Max Weber, Politik als Beruf (1919), in: Ders., Politik und Gesellschaft, S. 565 (603 f.).
[172] Heinrich Weber-Grellet, Rechtsphilosophie, S. 162.
[173] Siehe dazu die Stichworte Wertethik (Die wichtigstgen Vertreter der materialen und der formalen Wertethik), Diskursethik, Kontraktualismus, in: Marcus Düwell / Christoph Hübenthal / Micha H. Werner (Hrsg.) Marcus Düwell / Christoph Hübenthal / Micha H. Werner (Hrsg.).
[174] Otfried Höffe (Hrsg.), Stichwort Ethik.
[175] Otfried Höffe (Hrsg.), Stichwort Evolutionistische Ethik.
[176] Otfried Höffe (Hrsg.), Stichwort Existentialistische Ethik.
[177] Siehe die entsprechenden Stichworte bei Otfried Höffe (Hrsg.) bzw. das Inhaltsverzeichnis III. bei Marcus Düwell / Christoph Hübenthal / Micha H. Werner (Hrsg.).

Was ist, wenn die moralischen Ansprüche dieser einzelnen Ethiken sich widersprechen?

Außerdem gibt es unterschiedliche religiöse oder kulturelle Ethiken:[178]

- Buddhistische Ethik
- Chinesische Ethik
- Christliche Ethik
- Hinduistische Ethik
- Islamische Ethik
- Jüdische Ethik

Hier stellt sich natürlich die Frage, welcher dieser Ethiken sich die jeweiligen RechtsentscheiderInnen zurechnen – und welche Konsequenzen dies für die Rechtsentscheidung hat.

Klar ist aber, dass die rechtliche Gerechtigkeit sich von diesen ethischen Gerechtigkeiten nicht abhängig machen darf, insbesondere dann, wenn die jeweilige Moral sich über das staatliche Recht stellt.[179]

In den letzten Jahren hat vor allem der Theologe Hans Küng in seinem Projekt Weltethos als Extrakt dieser verschiedenen Ethiken die Goldene Regel herausgearbeitet: „Was du selbst nicht wünschst, das tue auch nicht anderen Menschen."[180]

9.2 Recht und Moral

Hinsichtlich der Beziehung zwischen Recht und Moral wird zum einen eine Verbindungsthese formuliert, wonach das Recht notwendig mit der Moral verknüpft sei und zwar in dem Sinne, dass das Recht das moralische Minimum beschreibt.[181]

---

[178] Siehe die entsprechenden Stichworte bei Otfried Höffe (Hrsg.).
[179] Vgl. etwa Bibel, Apostelgeschichte 5, 29: „Man muss Gott mehr gehorchen als den Menschen."
[180] Hans Küng, Weltethos, S. 84.
[181] Siehe aber auch Baruch de Spinoza (1632–1677), Theologisch-politischer Traktat, in: Ders., Werke, Band 2, S. 285, der allerdings der Auffassung ist, „dass die Inhaber der Regierungsgewalt allein das Recht zu allem hätten und alles Recht allein von ihrem Beschluss abhängig sei, ... nicht nur das bürgerliche, sondern auch das geistliche Recht."

Die Trennungsthese geht davon aus, dass Moral und Recht grundsätzlich keine Beziehung zueinander hätten.[182]

Eine vermittelnde Position geht zwar von einer grundsätzlichen Trennung aus, sieht aber über so genannte Schleusen- oder Brückenbegriffe durchaus Beeinflussungen von Recht und Moral – und umgekehrt.

Man kann dies so darstellen:

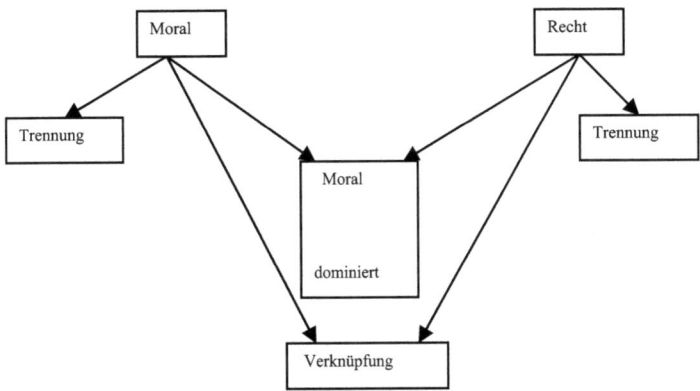

Abbildung 14 Beziehungen zwischen Recht und Moral

Recht und Moral, oder: Rechts- und moralische Normen können sich auf denselben Regelungsbereich beziehen. So ist die grundsätzliche Aussage: Du sollst einen anderen Menschen nicht töten, sowohl als rechtliche als auch als moralische Norm zu bewerten.[183] Beide Normarten stehen mithin nebeneinander.

Die Unterschiede zwischen beiden Normarten liegen darin, dass die Rechtsnormen grundsätzlich[184] in einem formalisierten Verfahren gesetzt und ebenfalls grundsätzlich vom Rechtsstab gegebenenfalls mit Zwang durchgesetzt werden.[185] Und genau darin liegt die Stärke des Rechts, dass es durch seine Setzung grundsätzlich präziser als die Moral und durch seine staatliche Durchsetzbarkeit im Kern auch verlässlicher ist.[186]

---

[182] Peter Koller, Der Begriff des Rechts und seine Konzeptionen, S. 159.
[183] Stephan Kirste, Recht als Transformation, S. 147.
[184] Ausnahme: Gewohnheitsrecht.
[185] Hans Kelsen, Reine Rechtslehre, S. 25 f.
[186] Stephan Kirste, Recht als Transformation, S. 154.

Anderseits ist eine Rechtsordnung, die sich nicht im Großen und Ganzen auf die Akzeptanz – und damit letztlich auf den Glauben an ihre Legitimität[187] – ihrer AdressatInnen stützen kann, auf Dauer nicht durchsetzbar,[188] weil die zwangsmäßige Durchsetzbarkeit zwar grundsätzlich gegeben sein muss, aber die zwangsmäßige Durchsetzung nicht der Regelzustand sein kann. Eine Rechtsordnung, die von ihren AdressatInnen im nuce nicht grundsätzlich befolgt wird, kann auf Dauer keine normative, präskriptive Wirkung entfalten.[189]

9.3 Gerechtigkeit und Moral

Einerseits meint Hans Kelsen: „Als moralische Kategorie bedeutet das Recht soviel wie Gerechtigkeit."[190]

Anderseits spricht Joachim Lege von der „Gerechtigkeit ... in der zivilen Form juristischer Richtigkeit. Diese juristische Gerechtigkeit ist in gewisser Weise ein Minus gegenüber unmittelbar erfahrbarer, vollkommener Gerechtigkeit."[191]

Diese beiden Zitate sollen darauf aufmerksam machen, dass Gerechtigkeit sowohl als ethischer als auch als rechtsdogmatischer Begriff verstanden werden kann. Hier geht es um die Gerechtigkeit als ethischer Begriff.

Joachim Christoph Horn und Nico Scarano listen sieben „institutionsethische Themen" der Gerechtigkeit auf:[192]

- Politische Gerechtigkeit
- Soziale und ökonomische Gerechtigkeit
- Gerechtigkeit zwischen den Geschlechtern
- Gerechtigkeit gegenüber gesellschaftlichen Minderheiten
- Intergenerationelle Gerechtigkeit
- Juridische Gerechtigkeit
- Internationale / globale Gerechtigkeit.

---

[187] Peter Koller, Der Begriff des Rechts und seine Konzeptionen, S. 178.
[188] Bernd Rüthers, Rechtstheorie, Rn. 343.
[189] Dementsprechend formuliert Peter Koller, Der Begriff des Rechts und seine Konzeptionen, S. 175, auch drei Merkmale des Rechtsbegriffs: (1) Erzeugung durch autorisierte Macht, (2) Verbundenheit mit organisiertem Zwang und (3) Anspruch auf Legitimität auf Seiten der AdressatInnen.
[190] Hans Kelsen, Reine Rechtslehre, S. 13.
[191] Joachim Lege, S. 208.
[192] Christoph Horn / Nico Scarano, Einführung, in: Dies., S. 9.

Damit ist das gesamte Spektrum der Rechtsethik skizziert. Hier liegt nun aber auch die Gefahr, dass nicht demokratisch legitimierte Ethiken ihre moralischen Positionen unter dem Mantel der Gerechtigkeit mit dem jeweiligen moralischen Anspruch geltend machen.

9.4 Werte, Prinzipien, Normen, Regeln

Sieht man die Gerechtigkeit als oberstes Ziel der Rechtsethik an, stellt sich die Frage, wie diese Gerechtigkeit auf konkreten Fallkonstellationen heruntergebrochen werden kann.

Um diese Frage zumindest theoretisch einer Lösung näher zu bringen, muss man sich darüber klar werden, dass es eine Abstufung zwischen den verschiedenen Begriffen dieser Überschrift gibt.

Zunächst sollen allerdings die Begriffe beschrieben werden[193]:

Unter einem Wert versteht man die Hochschätzung bestimmter Eigenschaften oder auch Orientierungsdirektiven; die Werte werden oft auch als Basis- oder Grundwerte bezeichnet.[194]

Ein Prinzip ist ein allgemeiner Grundsatz, der den Wert konkretisiert, jedoch nicht operationalisiert.[195]

Eine Norm oder Regel ist eine Verhaltensanweisung, sei es als Ge- oder Verbot, zur konkreten Absicherung des jeweiligen Grundsatzes.

> Beispiel: (1) Der oberste Wert in den Kulturen der westlichen Hemisphäre ist die Menschenwürde. (2) Ein Grundsatz zur Sicherung dieses obersten Wertes ist das Folterverbot. (3) Eine Norm zur Operationalisierung dieses Grundsatzes ist das Verbot unzulässiger Verhörmethoden in § 136a StPO.

Ziel der drei Begriffe ist es letztlich, bestimmte Verhaltensweisen herbeizuführen. Insofern lässt sich diese Stufung herstellen:

---

[193] Siehe dazu die Stichworte Prinzip / Maxime / Norm / Regel und Wert bei Marcus Düwell / Christoph Hübenthal / Micha H. Werner (Hrsg.).
[194] Heinrich Weber-Grellet, Rechtsphilosophie, S. 138 f.
[195] Heinrich Weber-Grellet, Rechtsphilosophie, S. 140 f.

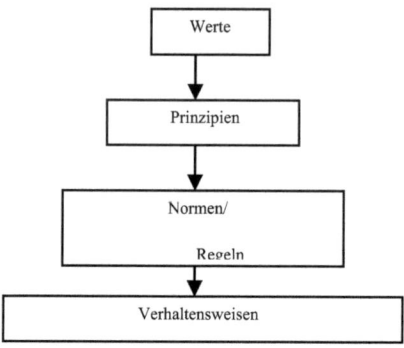

Abbildung 15 Stufung: Werte – Prinzipien – Normen / Regeln

Nicht zu diesen normativen Begriffen mit Sozialbezug gehören die Begriffe Interesse und Maxime, obwohl sie in diesem Zusammenhang oft erwähnt werden.[196]

Unter einem Interesse versteht man „potentielle Motivationsquellen des Handelns"[197]; es gibt materielle und ideelle Interessen. Wichtig ist, dass Interessen nicht unmittelbar zu Werten, Prinzipien oder Normen führen, sondern erst nach einer entsprechenden (politischen) Bewertung.[198]

Eine Maxime ist eine normative Position, die die Einzelperson nur für sich selbst setzt; ihr fehlt also der intentionale soziale Bezug. Dies macht Maximen keineswegs unwichtig, wie man an den drei Kant'schen „Maximen des gemeinen Menschenverstandes" sehen kann: „1. Selbstdenken; 2. An der Stelle jedes andern denken; 3. Jederzeit mit sich selbst einstimmig sein. Die erste ist die Maxime der vorurteilsfreien, die zweite der erweiterten, die dritte der konsequenten Denkungsart."[199]

---

[196]   Vgl. etwa Willy Brandt, S. 74: „Das Zusammenleben in unserer Welt hängt von Interessen ab, nicht von theoretischen Prinzipien … ."

[197]   Marcus Düwell / Christoph Hübenthal / Micha H. Werner (Hrsg.), Stichwort Bedürfnisse / Interessen.

[198]   Bernd Rüthers, Rechtstheorie, Rn. 526 ff.

[199]   Immanuel Kant, Kritik der Urteilskraft (1793), in: Ders., Band V, S. 235 (390).

9.5 Extralegale Gerechtigkeitstheorien

Dietmar von der Pfordten meint, die Rechtsethik unterziehe „das Recht … einer rechtsexternen normativen Rechtfertigung bzw. Kritik."[200]

Aus rechtspragmatischer Sicht ist die Erklärung eines der obersten deutschen Richter, Günter Hirsch, aus dem Jahre 2006 von großer Wichtigkeit: „Im Konfliktfall hat der Richter seine Entscheidung am (überpositiven) Recht auszurichten".[201]

Diese beiden Autoren gehen also davon aus, dass es über der Rechtsordnung, dem positiven Recht, noch eine übergesetzliche (extralegale) Gerechtigkeit gibt, die als Beurteilungsmaßstab für das gesetzte Recht dienen kann.

Es stellt sich dann sofort die Frage, woher die Rechtsethik die Legitimation für diesen Ansatz nimmt. Dabei ist es natürlich wissenschaftlich legitim, das Recht von jedem erdenklichen Ansatz her zu kritisieren und entsprechende Verbesserungsvorschläge zu machen. Allerdings muss klar sein, dass die WissenschaftlerInnen dann eben nur als solche, als Theoretiker sprechen. Da die jeweiligen theoretischen Ansätze über keine demokratische Legitimation verfügen, kann keine/r dieser WissenschaftlerInnen beanspruchen, dass die jeweiligen Vorschläge in Recht umgesetzt werden.

Das ist vielleicht auch der Grund, weshalb Immanuel Kant (1724–1804) in seiner „Metaphysik der Sitten" mit der Rechtslehre beginnt und die Tugendlehre eben erst im zweiten Teil entwickelt.[202]

Hier stellen sich zumindest zwei Fragen: Zum einen, ob es eine extralegale Gerechtigkeit gibt und – bejahendenfalls die Folgefrage, ob diese extralegale Gerechtigkeit die Anwendung des positiven Rechts beeinflusst.

Diese Frage hat sich für das deutsche Rechtssystem in der zweiten Hälfte des 20 Jahrhunderts gleich zweimal gestellt.[203] Zum einen ging es nach dem zweiten Weltkrieg um die (Weiter)Geltung nationalsozialistischen Rechts[204] und zum zweiten in 1990er Jahren um die Strafbarkeit tödlicher Schüsse an der innerdeutschen Grenze.[205]

---

[200] Dietmar von der Pfordten, JZ 2004, 160.
[201] Günter Hirsch: ZRP 2006, 161.
[202] Jan Schapp, Freiheit, Moral und Recht, S. 18.
[203] Siehe auch Ulfrid Neumann, Theorie der juristischen Argumentation, S. 234.
[204] BVerfGE 23, 98 (Erbberechtigung ausgebürgerter Juden).
[205] BVerfGE 95, 96 (Mauerschützenurteil)

Hier bleibt die Rechtsethik als nicht-verfassungsgemäß entsprechend eingesetzte Wissenschaft die Antwort nach ihrer demokratischen Legitimation schuldig.

Unabhängig von der Legitimationsproblematik extralegaler Gerechtigkeit stellt sich natürlich auch die Frage nach deren Konsistenz, und hier muss man mit Niklas Luhman nach wie vor konstatieren, dass der Ethik und der von ihr generierten Moral „alle deutlichen Konturen fehlen".[206]

9.6   Intralegale Gerechtigkeitstheorien

Niklas Luhmann hat es kurz und knapp formuliert: „Nur das Recht selbst kann sagen, was Recht ist."[207] Werner Krawietz weist darauf hin, dass das „Rechtssystem der modernen Gesellschaft selbstreferentiell (ist), unter laufender Bezugnahme des jeweiligen Rechtssystems auf sich selbst ..."[208]

Thomas Osterkamp hat dies dahin beschrieben, dass nur „das Rechtssystem selbst als Grundlage einer juristischen Gerechtigkeitsbegründung aufgefasst werden" darf.[209]

Danach wäre die Gerechtigkeit das „Derivat einer Rechtsordnung".[210]

Diese Aussagen scheinen auf den ersten Blick für ein autopoeitisches, d.h. ein sich selbst produzierendes und reproduzierendes, selbstreferentielles System zu sprechen. Diese Aussage scheint allerdings nur bedingt richtig.

Wenn ein Rechtssystem i.S.d. Kelsen'schen Normenpyramide installiert ist, dann reproduziert sich dieses System selbst.

---

[206]   Niklas Luhmann, Recht der Gesellschaft, S. 25.
[207]   Niklas Luhmann, Recht der Gesellschaft, S. 50.
[208]   Werner Krawietz, Juridische Kommunikation, S. 192.
[209]   Thomas Osterkamp, Juristische Gerechtigkeit, S. 5.
[210]   Christoph Horn / Nico Scarano, Einleitung, in: Dies., S. 17 (21).

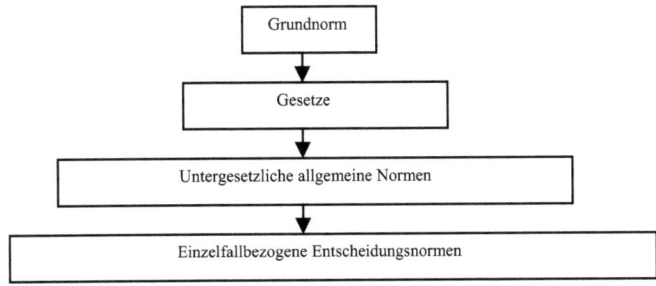

Abbildung 16 Normenpyramide

D.h. die obere(n) Normen in diesem Rechtssystem geben die formellen und materiellen Bedingungen für den Erlass und den Inhalt der unteren Normen vor.

Allerdings:

- Zum einen ist die Setzung der Grundnorm kein Rechtsakt, sondern ein ausschließlich politischer Akt, dem i.d.R. ein Umsturz des vorherigen Rechtssystems vorausgeht.
- Zum zweiten kann das Rechtssystem – allerdings nach eigener Bestimmung – sich außerrechtlichen Werte- und Normensysteme öffnen.

    - Dies kann unmittelbar inhaltlich geschehen, wenn etwa Art. 2 Abs. 1 GG sich auf das „Sittengesetz"[211] beruft oder § 17 Abs. 1 ASOG die „öffentliche Ordnung"[212] zum Tatbestandsmerkmal macht. Man spricht insofern auch von Schleusenbegriffen.[213]

      Allerdings muss man sehen, dass die Hereinnahme außerrechtlicher Wertungen in die Rechtsordnung einen Zirkelschluss impliziert, wie es das BVerfG schon im Jahre 1957 festgestellt hat:[214] „Für die Gesetzgebung in Ihrem Verhältnis

---

[211] Umschrieben als die „allgemein anerkannten Wertvorstellungen unserer Rechtgemeinschaft" (BVerfGE 6, 389 [435]).

[212] Das ist „die Gesamtheit der Regeln, die nach herrschender Auffassung für das gedeihliche Zusammenleben der Menschen erforderlich sind; mit Ausnahme der Rechtsordnung" (Prümm / Sigrist, Rn. 38).

[213] Ralf Dreier, Rechtsphilosophische Standortprobleme, S. 332.

[214] BVerfGE 6, 389 (434).

zur verfassungsmäßigen Ordnung bedeutet das zweierlei: einerseits darf sie selbst dem Sittengesetz nicht widersprechen – ‚unsittliche' Gesetze gehören nie zur verfassungsmäßigen Ordnung! – und andererseits kann das Sittengesetz ihr selbst zum Richtmaß dienen, insofern es einen sonst unzulässigen oder doch in seiner Zulässigkeit zweifelhaften Eingriff des Gesetzgebers in die menschliche Freiheit legitimieren kann."

-   Die Rechtsordnung kann andere Normensysteme auch verfahrensmäßig in das Rechtssystem integrieren, indem sie vor allem Gremien einsetzt, die entsprechende außerrechtliche Normen setzen können oder die Instanzen, die Rechtsnormen erlassen, vor der Rechtsetzung beraten. Das bekannteste Beispiel ist insofern der Deutsche Ethikrat, dessen Aufgaben in § 2 des Gesetzes zur Einrichtung des Deutschen Ethikrates (Ethikratgesetz – EthRG) vom 16. 7. 2007[215] so beschrieben werden:

„(1) Der Deutsche Ethikrat verfolgt die ethischen, gesellschaftlichen, naturwissenschaftlichen, medizinischen und rechtlichen Fragen sowie die voraussichtlichen Folgen für Individuum und Gesellschaft, die sich im Zusammenhang mit der Forschung und den Entwicklungen insbesondere auf dem Gebiet der Lebenswissenschaften und ihrer Anwendung auf den Menschen ergeben. Zu seinen Aufgaben gehören insbesondere:

1. Information der Öffentlichkeit und Förderung der Diskussion in der Gesellschaft unter Einbeziehung der verschiedenen gesellschaftlichen Gruppen;

2. Erarbeitung von Stellungnahmen sowie von Empfehlungen für politisches und gesetzgeberisches Handeln;

3. Zusammenarbeit mit nationalen Ethikräten und vergleichbaren Einrichtungen anderer Staaten und internationaler Organisationen.

(2) Der Deutsche Ethikrat führt jedes Jahr mindestens eine öffentliche Veranstaltung zu ethischen Fragen insbesondere

---

[215]   BGBl I 2007 I S. 1385.

im Bereich der Lebenswissenschaften durch. Darüber hinaus kann er weitere öffentliche Veranstaltungen, Anhörungen und öffentliche Sitzungen durchführen.

(3) Der Deutsche Ethikrat erarbeitet seine Stellungnahmen auf Grund eigenen Entschlusses, im Auftrag des Deutschen Bundestags oder im Auftrag der Bundesregierung. Er leitet seine Stellungnahmen dem Deutschen Bundestag und der Bundesregierung vor der Veröffentlichung zur Kenntnis zu.

(4) Der Deutsche Ethikrat berichtet dem Deutschen Bundestag und der Bundesregierung zum Ablauf jedes Kalenderjahres schriftlich über seine Aktivitäten und den Stand der gesellschaftlichen Debatte."

Die Konsequenz der intralegalen Gerechtigkeit ist die Negation einer universalen Gerechtigkeit und die Akzeptanz lokaler, regionaler oder ähnlich räumlich differenzierter Gerechtigkeiten, eine Auffassung, die Platon in seinem Dialog Theaitetos schon Protagoras zuschreibt, dass „(b)ei jenem vorher Erwähnten aber, dem Recht und Unrecht ..., dass nichts in dieser Art schon von Natur eine bestimmte Beschaffenheit habe; sondern, was gemeinsam vorgestellt werde, das werde wahr zu der Zeit, wann es dafür gehalten werde, und so lange, als es dafür gehalten werde."[216]

9.7 Gerechtigkeitskriterien

Unabhängig von der Frage, wo die Gerechtigkeit ihren letztlichen Sitz hat – innerhalb der Rechtsordnung oder außerhalb derselben –, wer sie konstituiert – Gott, die Natur, eine a-priorische Vernunft oder die Menschen (und hier wieder: die Klugen [Plato], die Mächtigen [Marx], das Volk [von Savigny einerseits und Habermas anderseits] –, sind ganz unterschiedliche Gerechtigkeitsoder – was für unseren Zusammenhang dasselbe meint – Moralkriterien festzuhalten. Es geht also darum herauszubekommen, was das eigentliche Ziel bzw. die Intention von Recht ist. Hier sollen die folgenden referiert werden:

9.7.1 Das Gute

Platon (427 bis 347 v.Chr.) sieht als letztes Ziel von Recht die Annäherung an die Idee des Guten.[217] Dieser Idee kommt man dann am nächsten, wenn man

---

[216] Platon, Theaitetos, in: Ders., Band II S. 561 (606).
[217] Christoph Horn / Nico Scarano, Einleitung, in: Dies., S. 17 (26)

das tut, was man am besten kann. So heißt es in Platons „Staat": (D)aß man das Seinige tut, scheint mir, ... die Gerechtigkeit zu sein."[218]

9.7.2 Gleichheit

Aristoteles (384–322 v.Chr.) sieht letztlich in der Gleichbehandlung das fundamentalste Gleichbehandlungsprinzip[219], wenn er von der Unrechtsseite her schreibt: „Dieses, die Gesetzeswidrigkeit oder die Ungleichheit, umfasst jede Ungerechtigkeit und ist jeder Ungerechtigkeit gemeinsam."[220] Er formuliert später so: „Ist demnach das Unrecht ungleich, so ist das Recht gleich, wie übrigens auch jedem ohne Beweis einleuchtet."[221]

Diese Gleichheit, wird durch zwei Arten der Gerechtigkeit hergestellt: Durch die iustitia distributiva als die verteilende Gerechtigkeit und die iustitia commutativa als die ausgleichende Gerechtigkeit (vor allem bei der Abwicklung von Verträgen nach dem Motto: do ut des, und dem Schadensausgleich etwa bei unerlaubten Handlungen).

9.7.3 Gemeinwohl

Thomas von Aquin (1225–1274) beschreibt als Ziel des Rechts „nichts anderes als eine gewisse auf das Gemeinwohl gehende Verordnung der Vernunft".[222] D.h. im Vordergrund dieser Zweckbestimmung steht nicht der einzelne Mensch, sondern eben das gemeine Wohl.

9.7.4 Selbsterhaltung

Thomas Hobbes (1588 – 1679) sieht in der Selbsterhaltung den obersten Zweck von Recht[223]: „Die Menschen, die von Natur aus Freiheit und Herrschaft über andere lieben, führten die Selbstbeschränkung, unter der sie, wie wir wissen, in Staaten leben, letztlich allein mit dem Ziel und der Absicht ein, dadurch für ihre Selbsterhaltung zu sorgen und ein zufriedeneres Leben zu führen – das heißt, dem elenden Kriegszustand zu entkommen...."

---

[218]   Platon, Der Staat, in: Ders., Band II, S. 5 (142).
[219]   So auch Joachim Lege, S. 225.
[220]   Aristoteles, Nikomachische Ethik, in: Ders., Band 3, S. 102.
[221]   Aristoteles, Nikomachische Ethik, in: Ders., Band 3, S. 106.
[222]   Thomas von Aquin, Summe, Band 2, S. 433.
[223]   Thomas Hobbes, Leviathan, S. 131.

Hier liegt dem Recht also keine moralische Verbindlichkeit zugrunde, sondern ausschließlich ein vernünftiger Grund: Die Selbsterhaltung.

9.7.5 Sicherung des Eigentums

John Locke (1632–1704) erklärt die Sicherung des Eigentums zum obersten Ziel des Rechtssystems:[224] „Das große und *hauptsächliche Ziel*, weshalb Menschen sich zu einem Staatswesen zusammenschließen und sich unter eine Regierung stellen, ist also *die Erhaltung ihres Eigentums.*"

Dies sieht auch Jean-Jacques Rousseau (1712–1778) so, da er aber den Naturzustand als eigentumslosen Zustand beschreibt, sieht er in dem Vertragsschluss, der den Naturzustand in den Zustand zur Absicherung des Eigentums durch Recht überführt, als Betrug an denjenigen an, die eben kein Eigentum hatten.[225]

9.7.6 Vertragskonformität

Der Vertragstheoretiker Thomas Hobbes ist der Auffassung, die Frage von Recht oder Unrecht beantworte sich ausschließlich nach dem Prinzip „volenti non fit iniuria". Die geschlossenen Verträge seien zu halten.[226] Dies muss dann allerdings auch für den grundlegenden Sicherheitsvertrag gelten: Wenn der Leviathan seiner Sicherungsfunktion nicht nachkommt, verhält er sich rechtswidrig[227] und verliert den Anspruch auf Gehorsam.[228]

9.7.7 Nützlichkeit

David Hume (1711–1776) hält die Nützlichkeit für den alleinigen Ursprung der Gerechtigkeit. Er hält die Darstellungen des Naturzustandes der verschiedenen Schriftsteller (Hobbes, Locke, Rousseau) ebenso für Fiktionen wie die sich daran angeblich anschließenden Gesellschafts- und Staatsverträge.[229] Er meint, dass man auf solche (Re)Konstruktionen verzichten könne und ist der Auffassung, die Gerechtigkeit habe sich im Laufe der Zeit als ein nützliches Instrument zu Klärung von Problemkonstellationen herausgestellt.[230] Er weist aus-

---

224 John Locke, Zwei Abhandlungen, S. 278; Hervorhebung im Original.
225 Jean-Jacques Rousseau, Abhandlung über den Ursprung und die Grundlagen der Ungleichheit unter den Menschen (1755), in: Ders., S. 59 (93).
226 Thomas Hobbes, Leviathan, S. 110.
227 Christoph Horn und Nico Scarano, Einleitung, in: Dies., S. 151(153).
228 Jan Ross, Die Zeit vom 16. 10. 2008, 5.
229 David Hume, Die wertlose Fiktion vom Gesellschaftsvertrag, S. 163.
230 David Hume, Moral, 101 ff.

drücklich darauf hin: „Diese Überlegungen sind weit davon entfernt, die Verpflichtungen gegenüber der Gerechtigkeit zu schwächen oder die heiligste Achtung vor dem Eigentum irgendwie zu schwächen."[231]

9.7.8 Maximierung des Glücks

John Stuart Mill (1806–1873) sieht das letztliche Kriterium für die Moral oder die Gerechtigkeit, in der „Nützlichkeit oder (dem) Prinzip des größten Glücks ... (wonach) Handlungen insoweit und in dem Maße moralisch richtig sind, als sie die Tendenz haben, Glück zu befördern, und insoweit moralisch falsch, als sie die Tendenz haben, das Gegenteil von Glück zu bewirken. Unter ‚Glück' ist dabei Lust und das Freisein von Unlust, unter ‚Unglück' Unlust und das Fehlen von Lust verstanden."[232]

Immerhin wird dieser Aspekt in der Formel des „pursuit of happiness" in der amerikanischen Unabhängigkeitserklärung vom 4. Juli 1776 wirkungsmächtig zum Ausdruck gebracht.

9.7.9 Willkürbeschränkung

Immanuel Kant (1724–1804) sah letztlich den Sinn des Rechts darin, dass „die Willkür des einen mit der Willkür des anderen nach einem allgemeinen Gesetz der Freiheit vereinigt werden kann."[233]

9.7.10 Interessensicherung

Schon Platon ließ Thrasymachos in seinem „Staat" darauf hinweisen, „dass in allen Staaten das nämliche gerecht ist, nämlich das der bestehenden Regierung Zuträgliche."[234] Dies präzisiert Thrasymachos später, wenn er ausführt, dass „die Gerechtigkeit und das Gerechte in Wahrheit das Beste eines andern ist, nämlich das dem Überlegenen und Regierenden Zuträgliche, für den Gehorchenden und Dienenden aber der eigene Schaden".[235]

Nach Karl Marx (1818–1883) und Friedrich Engels (1820–1895) ist das Recht wie der gesamte Überbau Ausdruck von Klasseninteressen. In der bürgerlichen Gesellschaft dient es zur Absicherung der Herrschaft der bürgerlichen Klasse

---

[231] David Hume, Moral, 121.
[232] John Stuart Mill, Utilitarismus, S. 13.
[233] Immanuel Kant, Die Metaphysik der Sitten (1798), in: Ders., Band IV, S. 301 (337).
[234] Platon, Der Staat, in: Ders., Band II, S. 5 (23).
[235] Platon, Der Staat, in: Ders., Band II, S. 5 (29 f.).

sowie es in der sozialistischen Gesellschaft zur Affirmation der Interessen der Arbeitnehmer eingesetzt wird.[236]

9.7.11 Interessenausgleich

Rudolf von Jhering (1818–1892) hat in seiner Schrift „Der Kampf ums Recht" 1872 wie Karl Marx darauf hingewiesen, dass das Recht eben das Ergebnis des entsprechenden Kampfes unterschiedlicher Interessen oder Belange ist. Dementsprechend meint auch Stephan Kirste, dass „Interessen …, selektiert durch rechtliche Verfahren und bestehende rechtliche Wertentscheidungen, zu rechtlichen Regelungen" werden.[237]

Aber – anders als Marx – ist für Rudolf von Jhering das Ergebnis keineswegs immer eine Absicherung der Interessen der Mächtigen, sondern grundsätzlich ein Ausgleich der unterschiedlichen Interessen.[238]

9.7.12 Solidarität

Spätestens seit die französische Revolution nicht mehr ausschließlich Abwehrrechte der Gesellschaft gegenüber dem aristokratischen System forderte, sondern vom Staat unter dem Banner von „liberté, égalité, fraternité" auch soziale Leistungen verlangte, stand Solidarität auf der rechtsethischen Tagesordnung. Noch deutlicher wird Art. 21 der Jakobinischen Verfassung aus dem Jahre 1793, in dem wohl erstmals ein soziales Grundrecht normiert ist: „Die öffentliche Unterstützung ist eine heilige Schuld. Die Gesellschaft schuldet ihren unglücklichen Bürgern den Unterhalt, indem sie ihnen entweder Arbeit verschafft oder denen, die außerstande sind zu arbeiten, die Mittel für ihr Dasein sichert."[239]

9.7.13 Rassenerhalt[240]

Adolf Hitler hat den Kampf gegen die jüdische Rasse als Naturgesetz formuliert, denn: „Siegt der Jude mit Hilfe seines marxistischen Glaubensbekenntnisses über die Völker dieser Welt, dann wird seine Krone der Totentanz der Menschheit sein … Die ewige Natur rächt unerbittlich die Übertretung ihrer

---

236 Anatol Rappoport, Die marxistische Rechtsauffassungs, S. 45 ff.
237 Stephan Kirste, Recht als Transformation, S. 152.
238 Rudolf von Jhering, Der Kampf ums Recht (1872), in: Ders., S. 188 (194).
239 Zitiert nach Ulrich M. Gassner (Hrsg.), Verfassungstexte, S. 36.
240 Siehe dazu auch Bernd Rüthers, Rechtstheorie, Rn. 546 ff.

Gebote."[241] Die rechtliche Konsequenz ist, dass der Staat für die Reinhaltung der Rasse zu sorgen hat, „der gegenüber der Wunsch und die Eigensucht des einzelnen als nichts erscheinen und sich zu beugen haben."[242]

9.7.14 Menschenwürde

Wir haben uns heute daran gewöhnt, Menschenwürde als Rechtsbegriff zu verstehen.

Allerdings geht schon die amerikanische Unabhängigkeitserklärung vom 4. Juli 1776 von staats- und damit auch rechtsunabhängigen Menschen"rechten" aus: "We hold these truths to be self-evident, that all men are created equal, that they are endowed by their Creator with certain unalienable Rights, that among these are Life, Liberty and the pursuit of Happiness[243]. – That to secure these rights, Governments are instituted among Men, deriving their just powers from the consent of the governed, – That whenever any Form of Government becomes destructive of these ends, it is the Right of the People to alter or to abolish it, and to institute new Government, laying its foundation on such principles and organizing its powers in such form, as to them shall seem most likely to effect their Safety and Happiness."

Heute geht es nicht mehr ausschließlich um die Unantastbarkeit der Menschenwürde, wie sie in Art. 1 Abs. 1 GG angesprochen ist, sondern die UN beschreiben die Menschenwürde heute umfassender als:[244]

- Freedom from Want
- Freedom from Fear.

9.7.15 Fairness

John Rawls (1921–2002) formuliert zwei Gerechtigkeitsgrundsätze:[245]

„Erster Grundsatz:
Jedermann hat gleiches Recht auf das umfangreichste Gesamtsystem gleicher Grundfreiheiten, das für alle möglich ist.

---

[241] Adolf Hitler, Erster Band, 2. Kapitel.
[242] Adolf Hitler, Zweiter Band, 2. Kapitel.
[243] Wichtig ist der Hinweis, das hier nicht Glück, sondern das Streben nach dem Glück gemeint ist.
[244] Siehe We the Peoples: Executive Summary unter:
http://www.un.org/millennium/sg/report/summ.htm [28. 9. 2008].
[245] John Rawls, Eine Theorie der Gerechtigkeit, S. 336.

Zweiter Grundsatz:
Soziale und wirtschaftliche Ungleichheiten müssen folgendermaßen beschaffen sein:

(a) sie müssen unter der Einschränkung des gerechten Spargrundsatzes den am wenigsten Begünstigten den größtmöglichen Vorteil bringen, und

(b) sie müssen mit Ämtern und Positionen verbunden sein, die allen gemäß fairer Chancengleichheit offen stehen."

Dementsprechend lautet auch die Überschrift des Ersten Kapitels der „Theorie der Gerechtigkeit" von John Rawls: „Gerechtigkeit als Fairness".[246]

Fragen

F 68: Worin liegt der Unterschied zwischen Individual- und Sozialethik?

F 69: Worin liegt der Unterschied zwischen Gesinnungs- und Erfolgsethik?

F 70: Worin liegt der Unterschied zwischen formaler und materialer Ethik?

F 71: Worin unterscheiden sich empirische, normative und Metaethik?

F 72: Worin liegt der Unterschied zwischen evolutionistischer und existentialistischer Ethik?

F 73: Welche Handlungsfeld-bezogenen Ethiken kennen Sie?

F 74: Welche religiösen Ethiken kennen Sie?

F 75: Was versteht man unter der Goldenen Regel?

F 76: Was besagen Trennungs- und Verbindungsthese über das Verhältnis zwischen Recht und Moral?

F 77: Worin liegen die beiden großen Vorteile des Rechts gegenüber der Moral?

F 78: Welche institutionsethischen Gerechtigkeitsthemen kennen Sie?

F 79: Was versteht man unter „Wert"?

F 80: Was versteht man unter „Prinzip"?

F 81: Was versteht man unter „Norm" oder „Regel"?

F 82: Was versteht man unter „Interesse"?

F 83: Was versteht man unter „Maxime"?

F 84: Gibt es eine extralegale Gerechtigkeit mit Relevanz für das Rechtssystem?

F 85: Was versteht man unter einem „autopoeitischen System"?

F 86: Welche Funktionen haben „Schleusenbegriffe" für das Verhältnis Recht – Moral?

F 87: Welche Gerechtigkeitskriterien kennen Sie?

---

[246] John Rawls, Eine Theorie der Gerechtigkeit, S. 19.

10 KlassikerInnen[247] der Rechtsphilosophie

Rechtsphilosophie, Rechtstheorie und Rechtsethik werden mehr als andere Fächer im juristischen Kontext mit prominenten AutorInnen und deren quasi kanonischen Texten in Verbindung gebracht. Man spricht insofern auch von den Klassikern.[248] Deshalb sollen auf den folgenden Seiten wichtige AutorInnen aus den vorgenannten Bereichen unter Hinweis auf deren Schlüsseltexte in unserem Kontext vorgestellt werden.

Hier berühren sich unter dem Aspekt der Ideengeschichte der rechtsphilosophische mit dem rechtsgeschichtlichen Part dieses Moduls, was es im Übrigen relativ leicht macht, dass beide juristische Grundlagenfächer nicht nur in einem Modul unterrichtet, sondern auch in mündlichen Prüfungen und Klausuren gemeinsam examiniert werden.

Die Auswahl der folgenden AutorInnen und Texte ist nicht völlig willkürlich, sondern beruht auf einem Kanon, der im Wesentlichen von den meisten WissenschaftlerInnen, die sich mit Rechtsphilosophiegeschichte beschäftigen, eingehalten wird. Man spricht deshalb auch von dem Kanon der KlassikerInnen.

Dieser rechts-ideengeschichtliche Abriss soll nicht den Eindruck erwecken, als sei die Rechtsphilosophie eine konsequente Geschichte der Entwicklung vom Einfachen zum Besseren i.S.v. Evolution, vielmehr soll sie belegen, dass die nachfolgenden RechtsphilosophInnen nicht größer als ihre Vorgänger sind, sondern dass „wir ... Zwerge (sind), die auf den Schultern von Riesen stehen. Wir sehen also mehr, als sie gesehen haben, und wir sehen weiter als sie, nicht weil unser Auge schärfer oder unser Wuchs höher wäre, sondern weil sie uns in der Luft tragen und zu ihrer vollen Riesenhöhe emporheben."[249]

Auflistungen wie die folgende finden sich auch unter der Überschrift „Staatstheoretiker"[250]. Dies ist keineswegs verwunderlich, hat doch in Deutschland die Verknüpfung von Staat und Recht eine geradezu definitorische Tradition. So hat etwa Immanuel Kant (1724–1804) den Zusammenhang beider Begriffe so umschrieben: „Ein Staat (civitas) ist die Vereinigung einer Menge von Men-

---

[247] Die Suche nach „klassischen" Rechtsphilosophinnen fällt relativ erfolglos aus: Marit Rullmann, Philosophinnen, weist auf S. 275 ff. eine entsprechende Rolle nur Harriet Hardy Taylor-Mill zu.

[248] Siehe bei Klaus Adomeit / Susanne Hähnchen, Rechtstheorie, S. 100, die Liste der „Klassiker der Rechtstheorie".

[249] Bernhard von Chartres, zitiert nach: Bernard Cottret, S. 42.

[250] Siehe etwa Gerd Becher / Elmar Treptow (Hrsg.); Ernst-Wolfgang Böckenförde, Geschichte; Hasso Hofmann, Einführung.

schen unter Rechtsgesetzen."[251] Ähnlich äußert sich auch Georg Wilhelm Friedrich Hegel: „Denn die Gerechtigkeit in ihrer Realität und Wahrheit ist allein im Staate."[252]

Man könnte eine solche Skizze über die Entwicklung der Auffassung über die Wirkung und Wirkweise von Recht einerseits und die Gerechtigkeit anderseits auch anhand praktischer Entscheidungen und Normen entwickeln, etwa von einer der ältesten Normsammlungen, dem Codex des babylonischen Königs Hammurapi (1810–1750 v.Chr.) mit seinen Spiegelstrafen[253]; der Erklärung der Menschenrechte der französischen Revolution; den divergierenden Urteilen des u.s.-amerikanischen Supreme Court zur Frage der Rassendiskriminierung oder den Mauerschützenurteilen des BVerfG. Denn hinter diesen tragenden praktischen, juristischen Entscheidungen stehen immer auch bestimmte theoretische Positionen.

Da vor allem bei den älteren Autoren keine Trennung zwischen Rechtstheorie und -ethik vorgenommen wird, finden sich in den folgenden Vorstellungen sowohl rechtsethische als auch rechtstheoretische, also im klassischen Sinne: rechtsphilosophische Aussagen.

10.1 Platon

Platon, der von 427 bis 347 v.Chr. im Wesentlichen in Athen lebte, wird als der Begründer der Philosophie bezeichnet. Er hat wohl viele seiner Gedanken Sokrates (ca. 469–399 v.Chr.) zu verdanken.

Sein Hauptwerk unter rechtsphilosophischen Aspekten ist „Der Staat". Hier entwickelt Platon die Auffassung, dass es allgemeingültige Ideen vom Richtigen gibt. In der Erinnerung an die schon vor unserer Geburt bekannten Ideen vom Richtigen, könnten die Philosophen bei entsprechender Schulung und Anstrengung erfahren, welches Recht eine Gemeinschaft braucht. Konsequent sollten diese Philosophen auch die Führer dieser hierarchisch strukturierten Gemeinschaft sein.

---

[251] Immanuel Kant, Die Metaphysik der Sitten (1798), in: Ders., Band IV, S. 301 (431); siehe aber auch schon Marcus Tullius Cicero, Der Staat (57 v. Chr.), 5. Aufl., 1993, S. 67: „Was ist denn der Staat, wenn nicht die Rechtsgemeinschaft der Bürger?"

[252] Georg Wilhelm Friedrich Hegel, Vorlesungen über die Geschichte der Philosophie, in: Ders., Band 19, S. 107.

[253] Auf den das BVerfG noch zuletzt in seiner Entscheidung vom 26. 2. 2008 (2 BvR 392/07) – Inzestverbot – rekurriert (Gründe A I 1.).

10.2 Aristoteles

Aristoteles, der von 384–322 v.Chr. in Griechenland lebte, war nicht nur der Erzieher Alexander des Großen (356–323 v.Chr.), sondern gilt als der erste systematisch und empirisch arbeitende Philosoph. Seine rechtsphilosophischen Hauptwerke sind die „Nikomachische Ethik" und die „Politik".

Er ist der Auffassung, das Rechte lasse sich aus der menschlichen Natur ableiten, die man aber intensiv genug erforschen müsse. Aristoteles hält den Menschen für ein Gemeinschaftswesen, das auf die Zusammenarbeit mit anderen angewiesen ist. Er hält die Aristokratie für die beste Staatsform und Sklaverei – als Kind seiner Zeit – für natürlich und damit für richtig.

Er differenziert die Gerechtigkeit in die iustitia distributiva und die iustitia commutativa. Die iustitia distributiva lässt sich als austeilende Gerechtigkeit übersetzen[254] und hat ihren Geltungsbereich vorwiegend in Über- / Unterordnungsverhältnissen, während die iustitia commutativa als ausgleichende Gerechtigkeit vor allem in Vertrags-, Verletzungsverhältnissen ihre Wirkung entfaltet[255].

Basis und letztes Ziel der Gerechtigkeit ist die Gleichheit.[256] Dieser egalitaristische Ansatz ist bis heute virulent.[257]

Aristoteles hat erkannt, dass allgemeine Normen keineswegs alle Fälle gerecht regeln können, sei es weil die Normsetzer Fehler gemacht haben, sei es weil später Fallkonstellationen auftauchen, an die die Normsetzer noch gar nicht denken konnten. In diesen Konstellationen ist es notwendig, unter Billigkeitsaspekten unabhängig von oder unter Umständen auch unter Berichtigung der jeweiligen Norm, eine angemessene Lösung zu suchen.[258]

Dieser Ansatz findet im deutschen Recht vor allem in § 242 BGB seinen Niederschlag; das anglo-amerikanische Rechtssystem kennt ausdrücklich das Instrument der „equity" als „the application of general principles of justice to correct or supplement the law".[259]

---

[254] Aristoteles, Nikomachische Ethik, in: Ders., Band 3, S. 107.
[255] Aristoteles, Nikomachische Ethik, in: Ders., Band 3, S. 108.
[256] Aristoteles, Nikomachische Ethik, in: Ders., Band 3, S. 105.
[257] Christoph Horn / Nico Scarano, Einführung, in: Dies., S. 9 (12).
[258] Aristoteles, Nikomachische Ethik, in: Ders., Band 3, S. 125 f.
[259] Dorling Kindersley, Illustradet Oxford Dictionary, 2003, Stichwort „equity".

10.3 Aurelius Augustinus

Aurelius Augustinus (354 – 430), ist einer der ersten systematisch arbeitenden, christlichen Rechtsphilosophen. Er war Bischof von Hippo (heute Annaba in Algerien) und sein Hauptwerk ist der „Gottesstaat". Augustinus geht im Wesentlichen von einer göttlichen Rechtsordnung aus, die allerdings nur im Glauben erkannt werden kann. In der Konsequenz sind die Kirche und die den Willen Gottes verwirklichenden Fürsten die Institutionen, die das göttliche Gesetz auf die Gesellschaft herunterbrechen.

Den Staat sieht Augustinus unmittelbar mit dem Recht verknüpft, und bringt dies in die berühmte Formulierung, „Was anders sind also Reiche, wenn ihnen die Gerechtigkeit fehlt, als große Räuberbanden? Sind doch auch Räuberbanden nichts anders als kleine Reiche. Auch da ist eine Schar von Menschen, die unter Befehl eines Anführers steht, sich durch Verabredung zu einer Gemeinschaft zusammenschließt und nach einer festen Übereinkunft die Beute teilt."[260]

10.4 Thomas von Aquin

Thomas von Aquin (1225–1274), wurde von der katholischen Kirche zum Kirchenlehrer erhoben. Sein Hauptwerk ist die „Summa theologica". Hier geht er von der Lex divina aus, die sich den Menschen als Lex naturalis zeigt und in die Lex humana umgesetzt werden muss[261]: „Das natürliche Gesetz ist namlich ein Teilnehmen an dem ewigen Gesetz, wie gesagt worden ist. Nun ist aber durch das ewige Gesetz ‚alles in beste Ordnung gebracht', wie Augustinus ... sagt. Also reicht das natürliche Gesetz hin, alles Menschliche zu ordnen"; mit der Konsequenz, dass ein Verstoß von Normen der unteren Ebene gegen solche der oberen Ebene die rangniederen Normen ungerecht macht.[262]

Als Gerechtigkeitskriterium sieht Thomas wie auch Aristoteles die Gleichheit an: „Nun ist aber der Wesungsstoff der Gerechtigkeit die äußere Werktätigkeit, sonach sie selbst oder das Ding, das sie gebraucht, das schuldige Maßverhältnis zu der anderen Person besitzt. Deshalb besteht das Mittlere für die Gerechtigkeit in einer gewissen Gleichheit im Maßverhältnis zwischen Ding draußen und Person draußen. Das Gleiche ist nun aber dinglich das Mittlere zwischen Größer und Kleiner."[263]

---

[260] Aurelius Augustinun, Vom Gottesstaat, Buch 1 bis 10, S. 173; vgl. aber auch Art. 6 der am 26. August 1789 von der französischen Nationalversammlung verkündeten Erklärung der Menschen- und Bürgerrechte: „Toute société dans laquelle la garantie des droits n'est pas assurée, ni la séparation des pouvoirs déterminée, n'a pas de Constitution."

[261] Thomas von Aquin, Summe, Band 2, S. 435.

[262] Thomas von Aquin, Summe, Band 2, S. 449.

[263] Thomas von Aquin, Summe, Band 3, S. 267.

10.5 Thomas Hobbes

Thomas Hobbes (1588–1679) lebte in England; während des englischen Bürgerkriegs (1642–1649), in dem ca. 10% der Bevölkerung umkam[264] und der englische König Charles I. hingerichtet wurde, ist er in die Niederlande geflohen. Er entwickelte seine Rechtsphilosophie aus der damit verbundenen lebensgefährlichen Unsicherheitssituation. Er ist – jedenfalls in der Wirkungsgeschichte – der erste Rechtsphilosoph, der die Entstehung des Staates und damit auch des Rechts nicht auf göttliche oder natürliche Vorgaben, sondern auf entsprechende Verträge zwischen den Menschen zurückführt, die sich von Gewalt („homo homini lupus"[265]) bedroht fühlen und Einen zum Herrscher machen, damit er sie schützt. Deshalb nannte Thomas Hobbes sein rechtsphilosophisches Hauptwerk auch „Leviathan"[266]. Recht ist in diesem Zusammenhang letztlich alles, was dieser Sicherheit dient.

10.6 John Locke

Der Engländer John Locke (1632–1704) sieht den Grund für die Installation des Staates darin, dass es diesem obliegt das „Eigentum, d.h. sein Leben, seine Freiheit und seinen Besitz gegen die Schädigungen und Angriffe anderer Menschen zu schützen".[267] Hinsichtlich dieser Rechte gilt: „Der Mensch wird ... mit einem Rechtsanspruch auf vollkommene Freiheit und uneingeschränkten Genuss aller Rechte und Privilegien des natürlichen Gesetzes in Gleichheit mit jedem anderen Menschen ... geboren."[268]

In seinen „Two Treatises on Government" entwickelt er 1690 die These, dass man zur Sicherung von Freiheit und Eigentum der Bürger dem Staat keine grenzenlose Allmacht zuerkennen muss, sondern diese Rechte dadurch gewahrt werden, dass man die Staatsgewalt[269] in dem Vertrag über ihre Installation beschränkt, indem man sie nach dem Prinzip von „checks and balances" teilt.[270]

---

[264] K. A. Appiah, S. 171.

[265] Generalisiert von Charles Darwin: „Alle Natur befindet sich im Krieg miteinander oder mit der äußeren Natur." (zitiert nach: Andreas Weber, ZeitLiteratur, S. 18).

[266] Der Leviathan ist ein biblisches Fabelwesen, ein Riesenfisch.

[267] John Locke, Zwei Abhandlungen, S. 253.

[268] John Locke, Zwei Abhandlungen, S. 253.

[269] Als „die vereinigte Gewalt aller Glieder der Gesellschaft" (John Locke, Zwei Abhandlungen, S. 284).

[270] John Locke, Zwei Abhandlungen, S. 283 ff.

10.7 Jean-Jacques Rousseau

In seinem Diskurs über die Ungleichheit schätzte der gebürtige Genfer Jean-Jacques Rousseau (1712–1778) schon 1755 die Menschen ursprünglich, anders als Hobbes, nämlich als gesellige und im Kern gleichberechtigte Wesen ein, jedoch haben sich einige Menschen gleichheitswidrig Eigentum angeeignet und damit den entscheidenden Grund für die Ungleichheit der Menschen gelegt: „Der erste, welcher ein Stück Land einzäunte, es sich in den Sinn kommen ließ, zu sagen: Dieses ist mein, und einfältige Leute fand, die es ihm glaubten, der war der wahre Stifter der bürgerlichen Gesellschaft. Wie viele Verbrechen, Kriege, Morde, wie viel Elend und Greuel hätte der dem Menschengeschlecht erspart, der die Pfähle herausgerissen, den Graben zugeschüttet und seinen Mitmenschen zugerufen hätte: ‚Glaubt diesem Betrüger nicht; ihr seid verloren, wenn ihr vergesst, dass die Früchte allen gehören, der Boden aber niemandem.‘"[271]

Darauf aufbauend erkannte Rousseau 1762 in seinem relativ kurzen Essay über den „Contrat social", dass das Recht diese Ungleichheit absichere, allerdings durch den Volkswillen jederzeit abänderbar sei[272].

10.8 Immanuel Kant

Der Königsberger Immanuel Kant (1724–1804) hat seine Auffassung zur Rechtsphilosophie vor allem in seiner „Metaphysik der Sitten" niedergelegt. Er definiert Recht als „den Inbegriff der Bedingungen, unter denen die Willkür des einen mit der Willkür des anderen nach einem allgemeinen Gesetz der Freiheit vereinigt werden kann."[273].

Den eigentlichen Grund des Rechts sieht er in der menschlichen Vernunft. Obwohl selbst gläubig, kann er das Recht in seinem Ursprung nicht mehr auf metaphysische Gründe stützen.

Als wichtigsten inhaltlichen Satz prägt er den kategorischen Imperativ: „Handle so, dass die Maxime deines Willens jederzeit zugleich als Prinzip einer allgemeinen Gesetzgebung dienen können."[274]

---

[271] Jean-Jacques Rousseau, Abhandlung über den Ursprung und die Grundlagen der Ungleichheit unter den Menschen (1755), in: Ders., S. 59 (93).

[272] Jean-Jacques Rousseau, Vom Gesellschaftsvertrag oder Grundsätze des Staatsrecht (1762), in: Ders., S. 267 (346).

[273] Immanuel Kant, Die Metaphysik der Sitten (1798), in: Ders., Band IV, S. 301 (337).

[274] Immanuel Kant, Kritik der praktischen Vernunft, in: Ders., Band IV, S. 103 (140); weitere Beschreibungen findet man bei Immanuel Kant, Metaphysik der Sitten (1798), in: Ders., Band IV, S. 301 (331, 332).

Allerdings gilt dieser Satz nicht für die praktischen RechtsentscheiderInnen; hier verfolgt Kant einen rechtspositivistischen Standpunkt:[275] „Der schriftgelehrte Jurist sucht die Gesetze … nicht in seiner Vernunft, sondern im öffentlich gegebenen und höchsten Orts sanktionierten Gesetzbuch. Den Beweis der Wahrheit und Rechtmäßigkeit derselben, ingleichen die Verteidigung wider die dagegen gemachte Einwendung der Vernunft, kann man billigerweise von ihm nicht fordern. Denn die Verordnungen[276] machen allererst, dass etwas recht ist, und nun nachzufragen, ob auch die Verordnungen selbst recht sein mögen, muss von den Juristen als ungereimt gerade zu abgewiesen werden. Es wäre lächerlich, sich dem Gehorsam gegen einen äußeren und obersten Willen, darum, weil dieser, angeblich nicht mit der Vernunft übereinstimmt, entziehen zu wollen."

Kant hat auch schon eines der grundlegenden Prinzipien des Völkerrechts beschrieben, als er in seiner Schrift „Zum ewigen Frieden" 1776 forderte: „Kein Staat soll sich in die Verfassung und Regierung eines anderen Staats gewalttätig einmischen."[277]

10.9 Johann Gottlieb Fichte

Johann Gottlieb Fichte (1762–1814), kam aus ärmlichen Verhältnissen und hat die entsprechenden Erfahrungen offensichtlich nicht vergessen. Er war als einer der Ersten der Ansicht, dass die Sorge um das Wohlergehen der Bürger zu den wichtigen Staatsaufgaben gehöre[278] und kann damit als Vorläufer des Sozialstaats gesehen werden. In seinem „Geschlossenen Handelstaat" führte er 1800 aus: „Jeder will so angenehm leben, als möglich: und da jeder dies als Mensch fordert, und keiner mehr oder weniger Mensch ist, als der andere, so haben in dieser Forderung alle gleich Recht. Nach dieser Gleichheit ihres Rechts muss die Theilung gemacht werden, so, dass alle und jeder so angenehm leben können, als es möglich ist, wenn so viele Menschen, als ihrer vorhanden sind, in

---

[275]   Immanuel Kant, Der Streit der Fakultäten in drei Abschnitten (1798), in: Ders. Band VI, S. 263 (287).
[276]   Diesen Begriff darf man nicht i.S.d. der bundesdeutschen Systematik: Verfassung – Gesetz – Verordnungen – Satzungen, verstehen.
[277]   Immanuel Kant, Zum ewigen Frieden. Ein philosophischer Entwurf, neue Auflage, (1776), in: Ders., Band VI, 1998, S. 191 (199).
[278]   Rudolf Weber-Fas, Staatsdenker der Moderne, S. 184.

der vorhandenen Wirkungssphäre nebeneinander bestehen sollen; also, dass alle ohngefähr gleich angenehm leben können.[279]"

10.10 Georg Wilhelm Friedrich Hegel

Der gebürtige Schwabe Georg Wilhelm Friedrich Hegel (1770–1831), der zuletzt Professor an der Universität von Berlin war, hat vor allem in seinem Buch „Philosophie des Rechts oder Naturrecht und Staatswissenschaft im Grundrisse" seine Rechtsphilosophie zusammengefasst. Er postulierte dort, dass das Recht einer gebildeten Nation ein „System in sich selbst sein" müsse.[280]

Georg Wilhelm Friedrich Hegel beschreibt Recht als „das unmittelbare Dasein, welches sich die Freiheit auf unmittelbare Weise gibt".[281]

10.11 David Hume

Der Engländer David Hume (1711–1776) hat sich als Rechtsphilosoph vor allem durch seine „Untersuchung über die Prinzipien der Moral" einen Namen gemacht.

David Hume ist der Auffassung, der Mensch neige aus seiner Natur heraus zum Guten[282], freut sich über den „Zauber der sozialen Tugenden"[283] und formuliert dementsprechend das Gesetz der „sozialen Sympathie in der menschlichen Natur".[284]

10.12 John Stuart Mill

John Stuart Mill, der von 1806–1873 lebte, ist einer der bekanntesten Vertreter des Utilitarismus – so auch der Titel seiner bekanntesten Schrift. Danach ist eine Gesellschaftsordnung dann gerecht, wenn sie die größte Summe der Befriedigung für die Gesamtheit ihrer Mitglieder hervorbringt.[285]: „Gerechtigkeit (ist) der Name für bestimmte moralische Forderungen …, die als Ganzes be-

[279] Johann Gottlieb Fichte, Der geschlossene Handelsstaat. Ein philosophischer Entwurf als Anhang zur Rechtslehre und Probe einer künftig zu liefernden Politik, in: Ders., Werke, Dritter Band, S. 387 (402).

[280] Georg Friedrich Wilhelm Hegel, Grundzüge der Philosophie des Rechts oder Naturrecht und Staatswissenschaft im Grundrisse (1821), in: Ders., Band 7, S. 364.

[281] Georg Wilhelm Friedrich Hegel, Grundzüge der Philosophie des Rechts oder Naturrecht und Staatswissenschaft im Grundrisse (1821), in: Ders., Band 7, S. 98.

[282] Nach John Rawls, Moralphilosophie S. 52: „Humes Natur-Fideismus".

[283] David Hume, Moral, S. 95.

[284] Formulierung von David Denby, S. 262; in der Sache David Hume, Moral, S. 158.

[285] Nach John Rawls, Eine Theorie der Gerechtigkeit, S. 40.

trachtet, auf der Skala der sozialen Nützlichkeit einen höheren Platz einnehmen und deshalb in höherem Maße verpflichtend sind als alle anderen, obgleich es Fälle geben mag, in denen eine andere soziale Pflicht so sehr ins Gewicht fällt, dass sie vor allen anderen Gerechtigkeitsgrundsätzen Vorrang genießt."[286]

Mill leitet also die Gerechtigkeit in erster Linie aus dem Prinzip der Nützlichkeit ab.

John Stuart Mill, der sein Werk „On Liberty" ausdrücklich seiner Frau Herriet Taylor-Mill verdankte, geht davon aus, dass dieser größt-mögliche Nutzen durch die größt-mögliche Freiheit der Individuen erreicht werden kann: In „On liberty" heißt es:[287] „Dies Prinzip lautet: dass der einzige Grund, aus dem die Menschheit, einzeln oder vereint, sich in die Handlungsfreiheit eines ihrer Mitglieder einzumengen befugt ist, der ist: sich selbst zu schützen. Daß der einzige Zweck, um dessentwillen man Zwang gegen den Willen eines Mitglieds einer zivilisierten Gesellschaft rechtmäßig ausüben darf, der ist: die Schädigung anderer zu verhüten." [288]

John Stuart Mill hat wohl als einer der ersten den Begriff der „sozialen Gerechtigkeit" eingeführt:[289] „(D)aß wir jeden gleich gut behandeln sollen (solange es keine höhere Pflicht verbietet), der sich um uns in gleichem Maße verdient gemacht hat, und daß die Gesellschaft jeden gleich gut behandeln soll, der sich um sie in gleichem Maße verdient gemacht hat, d.h., der sich im absoluten Sinne gleichermaßen verdient gemacht hat. Dies ist das oberste allgemeine Prinzip der sozialen oder austeilenden Gerechtigkeit, auf das hin alle gesellschaftlichen Institutionen und die Bemühungen aller aufrechten Bürger im höchstmöglichen Maße ausgerichtet werden sollten."

---

[286] John Stuart Mill, Utilitarismus, S. 110.
[287] John Stuart Mill, Freiheit, 16.
[288] John Stuart Mill, Freiheit, S. 18.
[289] John Stuart Mill, Utilitarismus, S. 107 f.

10.13   Karl Marx und Friedrich Engels

Karl Marx (1818–1883) und Friedrich Engels (1820–1895) sehen das Recht als Bestandteil des Überbaus: „Das Recht kann nie höher sein als die ökonomische Gestaltung und dadurch bedingte Kulturentwicklung der Gesellschaft."[290]

Marx und Engels beschäftigen sich mit dem Recht der „bürgerlichen Klasse" und bezeichnen deren Recht als „nur der zum Gesetz erhobene Wille eurer Klasse, ein Wille, dessen Inhalt gegeben ist in den materiellen Lebensbedingungen eurer Klasse."[291]

Dieser negative Ansatz wurde dann dort, wo der sog. real existierende Sozialismus die Staatmacht erlangt hatte, umgekehrt und das Recht zum Kampfbegriff der Arbeiterpartei erklärt[292]. Dieser Interessengegensatz soll sich erst im Kommunismus – allerdings quasi naturgesetzlich - auflösen[293].

10.14 Oliver Wendell Holmes, Jr.

Oliver Wendell Holmes, Jr. lebte von 1841–1935. Er war von 1902 bis 1932 (!) Richter am us-amerikanischen Supreme Court und seit 1882 Professor an der Harvard Universität. Er gilt als der klassische Vertreter des Pragmatismus in Theorie und Praxis.[294]

Den Ansatz des vor allem in den USA entwickelten Pragmatismus[295] bildet der Satz von William James (1842–1910), des älteren Bruders von Henry James:

---

[290]   Karl Marx, Randglossen zum Programm der deutschen Arbeiterpartei (1875), in: Karl Marx / Friedrich Engels, Band IV, S. 382 (389).

[291]   Karl Marx / Friedrich Engels, Manifest der kommunistischen Partei (1848), in: Dies., Band I S. 415 (433).

[292]   Vgl. dazu Anatol Rappoport, Die marxistische Rechtsauffassung; siehe auch die Aussage des Chefanklägers Andrei Januarjewitsch Wyschinskij in den Moskauer Schauprozessen in den Jahren 1936 bis 38 über „die Notwendigkeit des Rechts als eines Mittels im Kampf für den Sozialismus zur Umformung der menschlichen Gesellschaft auf sozialistischer Basis." (zitiert nach Hasso Hofmann, Einführung, S. 109).

[293]   So formulierte der Präsident des sowjetischen Obersten Gerichtshofs 1927: „Kommunismus bedeutet nicht den Sieg des sozialistischen Rechts, sondern den Sieg des Sozialismus über jedes Recht, da mit der Abschaffung der Klassen mit entgegengesetzten Interessen das Recht überhaupt verschwinden wird." (zitiert nach F. A. von Hayek, S. 328).

[294]   Lorenz Schulz, Recht und Pragmatismus, S. 293 ff.; vgl. aber auch Karl Marx, Brief an Wilhelm Bracke vom 5. 5. 1875, in: Karl Marx / Friedrich Engels, Band IV, S. 379 (380): Jeder Schritt wirklicher Bewegung ist wichtiger als ein Dutzend Programme."

[295]   Siehe dazu Ekkehard Martens, Pragmatismus.

„In the end it had come to our empiristic criterion: By their fruits ye shall know then, not by their roots."[296]

Dieser mehr an Konkretheit und weniger auf abstrakte Ideengebäude orientierte Ansatz wurde im 20. und 21. Jahrhundert untermauert durch die Auffassung von Richard Rorty (1931–2007), dass mangels eines allgemein anerkannten objektiven Wahrheitskriteriums das Suchen nach absoluten Gewissheiten erfolglos bleibe. Er meinte, es sei wichtiger von der Erfahrung als von abstrakten Begriffen und Ideen auszugehen.

Der rechtstheoretische Ansatz des Pragmatismus zielt in erster Linie auf möglichst präzise Beschreibungen, was von den BürgerInnen unter Rechtsaspekten erwartet wird, und Voraussagen, wie gerichtliche Prozesse enden werden.

Dementsprechend meinte Holmes auch zum einen, „The life of the law has not been logic: it has been experience"[297], sowie zum anderen "The prophecies of what the courts will do in fact, and nothing more pretentious, are what I mean by the law" und sah es als eine Aufgabe der Rechtswissenschaft an, "to make theses prophecies more precise".[298]

10.15 Hans Kelsen

Der gebürtige Österreicher, in die USA emigrierte Hans Kelsen (1881–1973), hat in seinem Hauptwerk „Reine Rechtslehre" erstmals 1934 versucht eine wertfreie juristische Wissenschaft und ein entsprechendes Rechtssystem zu konstruieren:

Sein Rechtssystem geht von einer Grundnorm aus, von der alle anderen Normen ihre Legitimation ableiten.

Welche Inhalte diese Grundnorm und die anderen Normen haben, ist nach Kelsen keine rechtswissenschaftliche, sondern eine (rechts)politische Frage. Kelsen konzediert, dass also bei Einhaltung der entsprechenden Formalien, „jeder beliebige Inhalt ... Recht sein" kann.[299]

---

[296]   William James, The varieties of religious experience, S. 29 f.
[297]   Oliver Wendell Holmes, Jr., Common Law, S. 1.
[298]   Oliver Wendell Holmes, Jr., Harvard Review.
[299]   Hans Kelsen, Reine Rechtslehre, S. 63.

Kelsen geht von einer „Eigengesetzlichkeit" des Rechts aus,[300] um eine „saubere Trennung" von Rechtswissenschaft und Rechtpolitik[301] unter „Selbstbeschränkung der Rechtswissenschaft"[302] zu erreichen.

Recht ist dann gegeben, wenn die unteren Normen/ Entscheidungen sich in dem von den oberen Normen, und letztlich der Grundnorm, vorgegebenen Deutungsschema bewegen.[303]

Hans Kelsen hat deutlich gemacht, dass die Schaffung von Normen/ Entscheidungen auf der unteren Ebene keineswegs als (reiner) Erkenntnisvorgang, sondern – zumindest in den nicht ganz einfachen Fällen (hard cases) – als Erkenntnis- und Willensakt zu verstehen ist.[304]

Er weist damit zugleich darauf hin, dass nicht nur der Erlass von Gesetzen unterhalb der Grundnorm, sondern auch die Gewinnung von Einzelentscheidungen nach Vorgabe der Gesetze – zumindest in den nicht ganz einfachen Fällen – ein rechtspolitisches Problem impliziert.[305]

10.16 Hermann Heller

Herrmann Heller (1891–1933) war einer der großen Antipoden[306] zu dem anschließend zu besprechenden Carl Schmitt und verließ Deutschland im Jahre 1933.

Er untersetzte die Vertragstheorie durch die These, dass ein Staat nur durch den „habituellen Zustand eines mehr oder minder klaren und festen Wir-Bewußtseins" seiner Bürger geformt wird.[307]

In seinem grundlegenden Aufsatz „Rechtsstaat oder Diktatur"[308] kreierte er den Begriff des „sozialen Rechtsstaat(s)" – d.h. des Rechtsystems, das nicht unter Beachtung der „rule of law" die „anarchistische Raserei unserer kapitalistischen

[300] Hans Kelsen, Reine Rechtslehre, S. III.
[301] Hans Kelsen, Reine Rechtslehre, S. V.
[302] Hans Kelsen, Reine Rechtslehre, S. VI.
[303] Hans Kelsen, Reine Rechtslehre, S. 84 ff.
[304] Hans Kelsen, Reine Rechtslehre, S. 7, 97 ff.
[305] Hans Kelsen, Reine Rechtslehre, S. 98.
[306] Konkretisiert darin, dass in dem Prozess um den sog. Preußenschlag (RGZ 138, Anhang S. 1) 1932 Schmitt das Reich und Heller die SPD-Landtagsfraktion vor dem Staatsgerichtshof für das Deutsche Reich vertrat.
[307] Hermann Heller, Staatslehre (1934), in: Ders., Dritter Band, S. 79 (346).
[308] Hermann Heller, Rechtsstaat oder Diktatur (1929), in: Ders., Zweiter Band 3, S. 443 (462).

Produktion" zulässt,[309] sondern dessen Aufgabe darin liegt, dass sich der Staat zur Sicherung „unserer Kultur" aktiv an der Gestaltung der Wirtschaft beteiligt.[310]

10.17 Carl Schmitt

Carl Schmitt lebte von 1888 bis 1985 und ist wohl eine der schillerndsten Personen im deutschen Rechtsleben. Er war nicht nur ein profilierter Professor des öffentlichen Rechts in der Weimarer Republik, sondern vertrat 1932 auch die Reichsregierung in dem Prozess vor dem Staatsgerichtshof um den sog. Preußenschlag.

Schmitt vertrat eine Freund-Feind-Theorie und war ein entschiedener Anhänger des Führer-Dezisionismus[311], wonach Adolf Hitler alle Entscheidungen begründungslos treffen konnte.

In der Konsequenz veröffentlichte Schmitt zur Verteidigung der Morde des NS-Regimes im Zusammenhang mit der Röhm-Affäre 1934 den berühmt-berüchtigten Aufsatz „Der Führer schützt das Recht", in dem er u.a. ausführte: „Das politische Gesetz ist also unmittelbarer Ausdruck der politischen Führungsgewalt; es ist kein gesellschaftlicher Kompromiß, sondern eine politische Entscheidung, die der Führer trifft, um die Ordnung des Volkes zu schaffen, den Bestand des Volkes zu wahren und die Macht zu Größe des Volkes zu entfalten."[312]

Hatte er damit dem puren Dezisionismus das Wort geredet, bewerte er mit seinem fast zeitgleich veröffentlichten Beitrag „Nationalsozialismus und Rechtsstaat" das Verhältnis zwischen Recht und (nationalsozialistischer) Politik vollkommen neu: „Wir bestimmen also nicht den Nationalsozialismus von einem ihm vorgehenden Begriff des Rechtsstaates, sondern umgekehrt den Rechtsstaat vom Nationalsozialismus her."[313]

Das Ergebnis liest sich dann so: „Es kann keinem Zweifel unterliegen, daß der Führer in der gegenwärtigen Zeit des Krieges, in der das deutsche Volk in ei-

---

[309] Hermann Heller, Rechtsstaat oder Diktatur (1929), in: Ders., Zweiter Band 3, S. 443 (462).
[310] Hermann Heller, Rechtsstaat oder Diktatur (1929), in: Ders., Zweiter Band 3, S. 443 (461).
[311] Siehe dazu Adolf Hitler, Band 2, Kapitel 4: „Der völkische Staat hat, angefangen bei der Gemeinde bis hinauf zur Leitung des Reichs, keinen Vertretungskörper, der etwas durch Majorität beschließt, sondern nur Beratungskörper, die dem jeweilig gewählten Führer zur Seite stehen …".
[312] Carl Schmitt, DJZ 1934, 955.
[313] Carl Schmitt, JW 1934, 716.

nem Kampf um Sein oder Nichtsein steht, das von ihm in Anspruch genomme-
ne Recht besitzen muß, alles zu tun, was zur Erringung des Sieges dient oder
dazu beiträgt. Der Führer muss daher – ohne an bestehende Rechtsvorschriften
gebunden zu sein – in seiner Eigenschaft als Führer der Nation, als Oberster
Befehlshaber der Wehrmacht, als Regierungschef und oberster Inhaber der
vollziehenden Gewalt, als oberster Gerichtsherr und als Führer der Partei jederzeit in der Lage sein, nötigenfalls jeden Deutschen … mit allen ihm geeignet
erscheinenden Mitteln zur Erfüllung seiner Pflichten anzuhalten …"[314]

Carl Schmitt hat sich nicht von seinen Aktivitäten im Dritten Reich distanziert.

10.18 Gustav Radbruch

Gustav Radbruch (1878–1949) war sowohl Rechtsphilosoph als auch als sozialdemokratischer Justizminister in der Weimarer Republik tätig. In seinem
wohl bekanntesten Aufsatz „Gesetzliches Unrecht und übergesetzliches Recht"
aus dem Jahre 1946, entwickelte er die später so genannte Radbruch'sche Formel:[315] „Der Konflikt zwischen der Gerechtigkeit und der Rechtssicherheit
dürfte dahin zu lösen sein, daß das positive, durch Satzung und Macht gesicherte Recht auch dann den Vorrang hat, wenn es inhaltlich ungerecht und un-
zweckmäßig ist, es sei denn, daß der Widerspruch des positiven Gesetzes zur
Gerechtigkeit ein so unerträgliches Maß erreicht, daß das Gesetz als ‚unrichti-
ges Recht' der Gerechtigkeit zu weichen hat."

Diese Formulierung ist durch die Erfahrungen der nationalsozialistischen Diktatur bedingt, hatte Gustav Radbruch doch noch 1934 einen Beitrag „Der Relativismus in der Rechtsphilosophie" veröffentlicht, in dem es heißt. „Der rechtsphilosophische Relativismus geht also von der These aus, dass jede inhaltliche
Auffassung des gerechten Rechts nur unter der Voraussetzung einer bestimmten Lage der Gesellschaft und eines bestimmten Systems der Werte gültig
sei."[316]

---

[314] Beschluss des Großdeutschen Reichstages vom 26. 4. 1942, RGBl. 1942 I 247.
[315] Gustav Radbruch, Gesetzliches Unrecht und übergesetzliches Recht, (1946), in: Ders.,
       Rechtsphilosophie, S. 211 (216) ähnlich auch Art. 7 Abs. 2 EMRK (1950): „Dieser Arti-
       kel schließt nicht aus, dass jemand wegen einer Handlung oder Unterlassung verurteilt oder
       bestraft wird, die zur Zeit ihrer Begehung nach den von den zivilisierten Völkern anerkannten
       allgemeinen Rechtsgrundsätzen strafbar war."
[316] Gustav Radbruch, Der Relativismus in der Rechtsphilsophie (1934), S. 299.

10.19 John Rawls

Das bekannteste Werk des u.s.-amerikanischen Philosophen John Rawls (1921–2002) „Eine Theorie der Gerechtigkeit" stammt aus dem Jahre 1971. Mit diesem Buch will Rawls die Gesellschaftsvertragstheorien neu beleben, indem er nicht nur einen auf Sicherheitsgewährung abzielenden Gesellschaftsvertrag, sondern einen – natürlich fiktiven – Güterverteilungsvertrag konstruiert, der von folgenden Prämissen ausgeht:[317]

„1. Jedermann soll gleiches Recht auf das umfangreichste System gleicher Grundfreiheiten haben, das mit dem gleichen System für alle anderen verträglich ist.

2. Soziale und wirtschaftliche Ungleichheiten sind so zu gestalten, dass

(a) vernünftigerweise zu erwarten ist, dass sie zu jedermanns Vorteil dienen, und
(b) sie mit Positionen und Ämtern verbunden sind, die jedem offen stehen."

10.20 Ronald Dworkin

Der 1931 geborene Ronald Dworkin ist einer der bekanntesten u.s.-amerikanischen Rechtsphilosophen. Er geht ganz realistisch vom Rechtsverweigerungsverbot aus. D.h. der in einem Rechtsstreit angerufene Richter, den er als in Anlehnung an den gleichnamigen griechischen Halbgott Hercules nennt, weil er Übermenschliches leisten muss, hat die Pflicht, die Rechtsfrage zu entscheiden, auch wenn die Rechtsregeln für den Fall keine unmittelbare Antwort anbieten. In dieser Situation muss Hercules auf die Rechtsprinzipien zurückgreifen.

Während – so Dworkin – Rechts-Regeln einen Fall nach dem Ja-Nein-Kriterium entscheiden, sind Rechts-Prinzipien nur Grundsätze, die den einzelnen Fall nicht unmittelbar entscheiden, sondern erst nach einer entsprechenden Abwägung / Gewichtung eine Antwort geben.[318]

Wichtig ist in unserem Zusammenhang, dass Ronald Dworkin diese Rechts-Prinzipien als Bestandteil der Rechtsordnung ansieht, aber dass über ihre kon-

---

[317] John Rawls, Eine Theorie der Gerechtigkeit, S. 81.
[318] Ronald Dworkin, Bürgerrechte, S. 182 ff.

krete Geltung die „politische Moral (entscheidet), die von den Gesetzen und Institutionen der Gemeinschaft vorausgesetzt wird."[319]

10.21 Jürgen Habermas

Der 1929 geborene Jürgen Habermas ist wohl der zurzeit bekannteste deutsche Philosoph. Nicht nur, aber besonders in seinem Buch „Faktizität und Geltung. Beiträge zur Diskurstheorie des Rechts und des demokratischen Rechtsstaats" beschäftigte er sich mit den Problemen der Rechtsphilosophie. Habermas geht davon aus, dass Recht sich letztlich nur als das Ergebnis eines (demokratischen) Diskurses legitimieren lässt, da andere Legitimitätsgrundlagen (Gott, Natur, Legalität) nicht mehr allgemein akzeptiert werden. „Die einzige nachmetaphysische Quelle der Legitimität bildet offensichtlich das demokratische Verfahren der Rechtserzeugung."[320]

Der eigentliche Grund für dieses Diskursmodell liegt in der grundsätzlichen Vernünftigkeit aller Diskursanten einerseits und dem damit über das Recht verbundenen demokratischen Prinzip: „Indem das Diskursprinzip rechtliche Gestalt annimmt, verwandelt es sich zum Demokratieprinzip."[321]

Die Diskurstheorie hat mit zwei Grundsatzproblemen zu kämpfen:

Das eine Problem besteht darin, dass die idealen Diskursvoraussetzungen realiter nicht herstellbar sind, da immer ein Machtgefälle zwischen den Diskursanten besteht. Allerdings besteht ein wichtiges Korrektiv insofern, als die jeweiligen Normen für alle Mitglieder der Gesellschaft gelten.[322]

Das andere Problem ergibt sich daraus, dass grundsätzlich jeder beliebige Inhalt unter Einhaltung der Diskursregeln Recht werden könnte.[323] Allerdings ist diesem Beliebigkeitskonzept in der Bundesrepublik durch Art. 79 Abs. 3 GG ein Riegel vorgeschoben.

---

[319] Ronald Dworkin, Bürgerrechte, S. 215.
[320] Jürgen Habermas, Faktizität und Geltung, S. 662.
[321] Jürgen Habermas, Faktizität und Geltung, S. 670; dieses Prinzip findet seinen Niederschlag in den verschiedenen Verfahrensarten bei dem Zustandekommen von Rechtsentscheidungen (Gesetzgebungs-, Gerichts- oder Verwaltungsverfahren) – vgl. dazu auch Niklas Luhmann, Legitimation durch Verfahren.
[322] Jürgen Habermas, Faktizität und Geltung, S. 138.
[323] Stephan Kirste, Recht als Transformation, S. 144.

10.22 Martha C. Nussbaum

Die 1947 geborene Martha C. Nussbaum firmiert als „Professor of Law and Ethics" an der University of Chicago.

Sie hat sich in ihrer Studie „Der aristotelische Sozialdemokratismus" den Ansatz von Aristoteles zu Eigen gemacht, der Staat müsse „jedem Bürger die materiellen, institutionellen und pädagogischen Bedingungen zur Verfügung stellen, die ihm einen Zugang zum guten Leben eröffnen und ihn in die Lage versetzen, sich für ein gutes Leben und Handeln zu entscheiden."[324]

Sie zeigt damit zum einen – methodisch –, dass die Beschäftigung mit den Klassikern keineswegs nur eine intellektuelle Angelegenheit ist, sondern dass daraus auch für uns Heutige wichtige Handlungsempfehlungen erwachsen können.

Sie weist des Weiteren – inhaltlich – darauf hin, dass der „Aristotelische Sozialdemokratismus" nicht nur in der Kategorie der pekuniären Transferleistungen zu verstehen ist, sondern die Menschen in die Lage versetzen muss, ihre „Grundfähigkeiten" ([1] Volles Menschenleben führen; [2] guter Gesundheit erfreuen; [3] keine unnötigen Schmerzen leiden; [4] die fünf Sinne benutzen, denken und beurteilen; [5] Bindungen aufnehmen und pflegen; [6] Vorstellung vom Guten entwickeln und kritisch denken; [7] für andere leben; [8] in Verbundenheit mit der Natur leben; [9] Freude haben; [10] sein eigenes Leben führen) zu leben.[325]

Fragen

F 88: Was versteht man unter der Evolution der Rechtsphilosophie?
F 89: Wie äußert sich enge Verknüpfung von Staat und Recht?
F 90: Wer erkennt nach Platon die eigentliche Gerechtigkeit; welche Auswirkungen hat dies für die Staatsorganisation?
F 91: Was versteht man unter iustitia distributiva und iustitia commutativa?
F 92: Was versteht man unter dem Egalitarismus?
F 93: Was versteht man unter equity?
F 94: Wie verhalten sich lex divina, lex naturalis und lex humana nach Thomas von Aquin zueinander?

---

[324] Martha C. Nussbaum, Der aristotelische Sozialdemokratismus, in: Dies., Gerechtigkeit, S. 24; das entsprechende Aristoteles-Zitat findet man bei Aristoteles, Politik, in: Ders., Band 4, S. 258, 260.
[325] Martha C. Nussbaum, Der aristotelische Sozialdemokratismus, in: Dies., Gerechtigkeit, S. 24 (57 f.); hingewiesen sei in diesem Zusammenhang auf den Grundsatz der neuen Verfassung von Ecuador:: „Gutes, harmonisches Leben" (Die Zeit vom 16.10.2008, 23).

F 95:	Was versteht Thomas Hobbes unter dem Leviathan?
F 96:	Worin liegt der Unterschied in den Vertragskonzeptionen von John Locke und Jean-Jacques Rousseau?
F 97:	Was besagt der kategorische Imperativ Immanuel Kants?
F 98:	Was versteht man unter dem (moralischen) Utilitarismus?
F 99:	Welche Funktionen hat Recht nach Karl Marx und Friedrich Engels?
F100:	Welches ist der erkenntnistheoretische Ansatz des Pragmatismus?
F101:	Warum ist die „Reine Rechtslehre" rein?
F102:	Wie hat Hermann Heller die staatsbezogene Vertragstheorie weiterentwickelt?
F103:	Was versteht man unter „Dezisionismus"?
F104:	Was besagt die Radbruch'sche Formel?
F105:	Was ist der Kern des Rawls'schen Güterverteilungsvertrags?
F106:	In welchem Verhältnis sieht Ronald Dworkin „Regeln" und „Prinzipien"?
F107:	Was sind die Schwächen der Diskurstheorie; wie werden sie in der Bundesrepublik „entschärft"?
F108:	Was versteht man unter dem aristotelischen Sozialdemokratismus?

11   Glossar

Hier sind einige Worte, deren Bedeutungen sich nicht unmittelbar erschließen, erläutert. Die Erläuterungen orientieren sich an den üblichen Bedeutungen. Sonderbegrifflichkeiten bestimmter Philosophen (wie etwa bei Hegel, Kant oder Marx) werden grundsätzlich nicht dargestellt.

- Analytisch: Auseinander nehmend, auflösend
- Anthropologie: Wissenschaft vom Menschen
- Anthropologisch: Eigenschaften und Verhaltensweisen, die in der menschlichen Natur begründet sind.
- A priori: von vornherein
- Aussage: Inhalt eines Satzes, der wahr oder unwahr ist.
- Autopoiesis: Selbsterschaffung und -erhaltung eines Systems
- Axiom: Grundsatz, der als evident ohne Beweis allgemein akzeptiert wird

- Bedeutung: Inhalt eines Wortes
- Begriff: Gedanklicher Gehalt, Bedeutungsinhalt eines Wortes
- Brauch: Die in einer bestimmten Gemeinschaft gewachsene Tradition

- Common sense: Grundsätzliche Übereinstimmung

- Deduktion: Schluss vom Allgemeinen auf das Besondere
- Definition: Möglichst eindeutige Bestimmung eines Begriffs.
- Denkgesetze: (1) Der Satz von der Identität, wonach jeder Gegenstand mit sich selbst identisch ist. (2) Der Satz vom Widerspruch, wonach zwei einander widersprechende Urteile nicht beide wahr sein können. (3) Der Satz vom ausgeschlossenen Dritten, wonach von zwei kontradiktorisch entgegengesetzten Urteilen eines notwendig wahr ist; ein Drittes scheidet aus. (4) Der Satz vom zureichenden Grunde, wonach jedes Urteil, um wahr zu sein, eines zureichenden Grundes bedarf.
- Deontisch (auch deontologisch): Auf ein Sollen bezogen
- Deskriptiv: Beschreibend
- Dezisionismus: Auffassung, dass es keine allgemein verbindlichen Werte gibt, nach denen sich Entscheidungen richten, und dass deshalb nur die Entscheidung an sich wichtig ist.
- Dogma (Plural: Dogmen): Lehrsatz; verbindliche Aussage

- Effektivität: Ein vorgegebenes Ziel soll mit dem geringst-möglichen Mitteleinsatz erreicht werden (Sparsamkeit); hier wird also das Ziel als gegeben vorausgesetzt.

- Effizienz: Mit einem vorgegebenen Mittel soll das höchstmögliche Ziel erreicht werden (Wirtschaftlichkeit i.e.S.); hier wird das Mittel als gegeben vorausgesetzt.
- Egalitarismus: Politische Position, die durch Herstellung möglichst gleicher Lebensbedingungen die gesellschaftlichen Widersprüche zumindest minimieren will.
- Entscheidungsnorm: Die auf den Sachverhalt zugerichtete um die Hilfs- und Gegennormen ergänzte Antwortnorm
- Epikie: Billigkeit
- Epistemologie: Erkenntnistheorie
- Ethos: Gesamtheit der Einstellungen
- Etikette: Legt die guten Umgangsformen fest
- Evidenz: Augenscheinlichkeit, unbezweifelbare Einsichtigkeit

- Finalprogramm: Die Norm setzt nur Ziele, überlässt Mittel und Wege zur Zielerreichung dem Normvollzieher. Das Finalprogramm lässt sich auch als Prinzip beschreiben.

- Gegenstand: Alles was ist: reale ebenso wie irreale, ideale Gegebenheiten
- Gewohnheit: Brauch

- Hermeneutik: Wissenschaft vom Verstehen von Sachverhalten, Texten und Zeichen

- Induktion: Schluss vom Besonderen auf das Allgemeine
- Institution: Denkmuster, das eine Vielzahl von Einzeldaten unter einem abstrakten Oberbegriff zusammenfasst und zu einem Handlungsmuster bündelt.
- Intelligibel: Gestände, die nur mit der Vernunft oder dem Verstand erfasst werden können
- Interdisziplinarität: Wissenschaftlicher Ansatz, bei dem verschiedene Fachdisziplinen miteinander zum Einsatz kommen
- Interesse: Ziel oder Vorteil, das oder den eine Person oder Gruppe verfolgt.
- Iura: Rechte
- Ius: Recht

- Kardinaltugenden: (1) Vier Grundhaltungen des abendländischen Ethos: Klugheit, Gerechtigkeit, Tapferkeit, Besonnenheit; (2) Drei christliche Grundtugenden: Glaube, Liebe, Hoffnung
- Kasuistik: Ein an Einzelfällen orientiertes Verhaltensanleitungssystem
- Kodifikation: Zusammenfassung zusammengehörender Normen in einem Gesetzeswerk

- Kohärent: zusammenhängend
- Konditionalprogramm: Die Norm formuliert nicht nur die Tatbestandsvoraussetzungen, sondern auch die Rechtsfolgen (ziemlich) konzis. Das Konditionalprogramm lässt sich auch als Regel beschreiben.
- Konklusion: Schlussfolgerung des Syllogismus
- Konsistent: zusammenstehend, widerspruchsfrei
- Kontextualismus: Äußerungen können nur aus dem Kontext mit anderen Umständen erschlossen werden.
- Kontingent: zufällig

- Law in action: Das gelebte Recht, wie es sich in der Praxis der Gerichte, Verwaltungen, Anwaltskanzleien, aber auch im übrigen gesellschaftlichen Leben darstellt.
- Law in books: Das Recht, wie es in den Normtexten beschrieben ist.
- Logik: (1) Die traditionelle Logik ist die Lehre von den Zeichen, Begriffen, Sätzen, Aussagen, Definitionen, Urteilen, Denkgesetzen und Schlüssen. (2) Die Aussagenlogik verbindet die Aussagen mit logischen Partikeln (Junktoren) – z. B. → für „wenn ... dann" oder v für „oder". (3) Die deontische Logik (Normenlogik) analysiert die Verknüpfungen zwischen Normen.
- Logischer Schluss: Denkvorgang, bei dem aus Prämissen ein Ergebnis abgeleitet wird; Herstellen von Folgerungsbeziehungen zwischen Aussagen

- Maxime: Grundsatz für das eigene Handeln
- Mereologisch: Verhältnis zwischen dem Teil und dem Ganzen
- Metaphysik: Lehre von Gegenständen jenseits der Natur
- Methode: Ein bestimmtes Instrumentarium innerhalb einer Methodik
- Methodik: Zusammenfassender Begriff der Instrumente einer bestimmten Wissenschaft oder eines Wissenschaftssystems
- Methodologie: Theoretische, kritische Reflexion der Methodik
- Moral: Sittengesetz, sittliche Norm, System von sittlichen Normen
- Mulitdisziplinarität: Wissenschaftlicher Ansatz, bei dem verschiedene Fachdisziplinen nebeneinander zum Einsatz kommen

- Norm: Regel
- Normativ: Anweisend, befehlend

- Ontologie: Lehre von dem Sein als solchem
- Operationalisierung: Anwendbarmachung

- Prädikat: Satzaussage, die das Subjekt näher bestimmt

- Pragmatismus: Philosophische Richtung, die als Kriterium der Wahrheit die Praktikabilität (Dienlichkeit für die Bewältigung praktischer Aufgaben) ansieht
- Präjudiz: Tragender Grund der Entscheidung eines Gerichts, der von demselben und anderen Gerichten wie gesetzliche Normen bei vergleichbaren Fallkonstellationen beachtet wird.
- Präskriptiv: Vorschreibend, befehlend
- Prinzip: (1) Anfang; (2) Generelle Richtschnur des Verhaltens

- Rechtsfolge: Verhaltensanordnung einer Rechtsnorm
- Rechtspositivismus: Juristische Richtung, die ausschließlich das gesetzte Recht (evtl. einschließlich des Gewohnheitsrechts) als Bestandteil der Rechtsordnung ansieht
- Regel: (1) Norm, Vorschrift; (2) Grundsatz
- Relation: (1) Beziehung; (2) Gutachtliche Technik zur Vorbereitung von Entscheidungen

- Sachverhalt: Lebensausschnitt unter der Sichtweise einer Rechtnorm
- Satz: Wortfolge mit einer Aussage
- Schluss: Aus Prämissen wird eine Konklusion gefolgert
- Selbstreferenz: Selbstbezug eines Systems
- Sensibel: Gegenstand, der durch die Sinne wahrgenommen wird.
- Sitte: Gewohnheit, die sich zur verpflichtenden Verhaltensanweisung verdichtet hat.
- Sittengesetz: (allgemeine) Moral, sittliche Norm
- Sittlichkeit: Ausrichtung von Verhalten an Sittengesetz, Moral oder sittlicher Norm
- Subjekt: (1) Wort, (2) ein Teil der Subjekt-Objekt-Beziehung
- Subsumtion: (1) Ordnung eines Begriffs oder einer Aussage unter einen anderen Begriff oder Aussage; (2) Anwendung einer Norm auf einen Sachverhalt (verkürzte Darstellung)
- Syllogismus: Schlussfolgerung aus zwei Prämissen (Ober- und Untersatz)
- System: Zusammenstellung von Einzelheiten nach einer gegliederten Ordnung

- Tatbestand: Beschreibung der Anwendungsbedingungen einer Rechtsnorm
- Technik: Kunstfertigkeit
- Terminus: Festgesetzter Bedeutungsinhalt von Begriffen
- Theorie: Systematische Zusammenfassung von wissenschaftlichen Einzelgesetzen (Theoremen)
- Transdisziplinarität: Wissenschaftlicher Ansatz, bei dem verschiedene Fachdisziplinen integrativ zum Einsatz kommen

- Tugend: Stärke in der Befolgung moralischer Pflichten; Charakterdisposition eines moralisch Handelnden

- Urteil: (1) Bestimmte Entscheidung eines Gerichts; (2) logische Aussage; (3) Zuordnung eines Prädikats zu einem Subjekt

- Vernunft: Geistiges Vermögen des Menschen (oft = Verstand)
- Verstand: Geistiges Vermögen des Menschen (oft = Vernunft)
- Vorurteil: Vorweggenommenes Urteil
- Vorverständnis: Einstellung einer Person

- Wert: (1) Die zwischen einem Gegenstand und einem Maßstab durch die jeweiligen BewerterInnen hergestellte Beziehung; (2) Grad der Geschätztheit
- Wertrationalität: Orientierung an Werten und Prinzipien ohne Rücksicht auf die Handlungssituation

- Zeichen: Physikalischer Gegenstand, dem eine Bedeutung zugeordnet wird.
- Zweckrationalität: Orientierung an dem handlungssituativen Kosten-Nutzen-Kalkül

12 Quellenverzeichnis

Adomeit, Klaus / Susanne Hähnchen: Rechtstheorie für Studenten, 5. Aufl., 2008

Albers, Marion: Die Institutionalisierung von Ethik-Kommissionen: Zur Renaissance der Ethik im Recht, KritV 2005, 419

Alexy, Robert: Theorie der juristischen Argumentation: Die Theorie des rationalen Diskurses als Theorie der juristischen Begründung, 1983

Alexy, Robert: Die Natur der Rechtsphilosophie, in: Winfried Brugger/ Ulfrid Neumann / Stephan Kirste (Hrsg.), S. 11

Anderheiden, Michael: Rechtsphilosophie, in Winfried Brugger / Ulfrid Neumann / Stephan Kirste (Hrsg.), S. 26

Appiah, Kwame Anthony: Der Kosmopolit. Philosophie des Weltbürgertums, 2007

Aristoteles: Philosophische Schriften in sechs Bänden, 1995

Arzt, Clemens: Grenzen polizeilicher Eingriffsbefugnisse in der Wahrnehmung von angehenden Polizeibeamten und Polizeibeamtinnen. Zur Akzeptanz des Art. 20 Abs. 3 Grundgesetz in der Polizeiausbildung, in: Jochen Christe-Zeyse (Hrsg.), S. 217

Augustinus, Aurelius: Vom Gottesstaat (425), eingeleitet und kommentiert von C. Andresen, 1977

Bacon, Francis: Neues Organ der Wissenschaften (1620), übersetzt und hrsgg. von Brück (1830), 1981

Becher, Gerd / Elmar Treptow (Hrsg.): Die gerechte Ordnung der Gesellschaft. Texte vom Altertum bis zur Gegenwart, 2000

Bibel, Die heilige Schrift des alten und neuen Bundes. Deutsche Ausgabe mit den Erläuterungen der Jerusamler Bibel, hrsgg. von D. Arenhoevel /A. Deissler / A. Vögtle, 10. Aufl., 1968

Bibliographisches Institut & F. A. Brockhaus AG (Hrsg.), Recht A–Z. Fachlexikon für Studium und Beruf, 2007

Böckenförde, Ernst-Wolfgang, Geschichte der Rechts- und Staatsphilosophie. Antike und Mittelalter, 2002

Brandt, Willy: Erinnerungen (1989), 2006 / 2007

Brugger, Winfried: Würde, Recht und Rechtsphilosophie im anthropologischen Kreuz der Entscheidung, in: Winfried Brugger / Ulfrid Neumann / Stephan Kirste (Hrsg.), S. 50

Brugger, Winfried / Ulfrid Neumann / Stephan Kirste (Hrsg.), Rechtsphilosophie im 21. Jahrhundert, 2008

Bung, Jochen: Das Bett[326] des Karneades, in: Winfried Brugger / Ulfrid Neumann / Stephan Kirste (Hrsg.), 72
Bydlinski, Franz: Juristische Methodenlehre und Rechtsbegriff, 2. Aufl., 1991

Chalmers, Alan F.: Wege der Wissenschaft. Einführung in die Wissenschaftstheorie, 5. Aufl., 2001
Christe-Zeyse, Jochen (Hrsg.): Die Polizei zwischen Stabilität und Veränderung. Ansichten einer Organisation, 2006
Cicero, Marcus Tullius: Der Staat (57 v.Chr.), 1993
Cottret, Bernard: Calvin. Eine Biographie, 1998

Dante Alighieri, Monarchia (1317), Studienausgabe, 1989
De Cervantes Saavedra, Miguel: Leben und Taten des scharfsinnigen Edlen Don Quixote von la Mancha (1605–1615), übersetzt von Ludwig Tieck, 2008
De Spinoza, Baruch: Werke in drei Bänden, 2006
Denby, David: Große Bücher. Meine Abenteuer mit Meisterwerken aus drei Jahrtausenden, 1996
Dreier, Horst (Hrsg.): Rechtssoziologie am Ende des 20. Jahrhunderts. Gedächtnisschrift für Edgar Michael Wenz, 2000
Dreier, Ralf: Zur Theoriebildung in der Jurisprudenz, in: Ralf Dreier: Recht – Moral – Ideologie, S. 70
Dreier, Ralf: Recht – Moral – Ideologie. Studien zur Rechtstheorie, 1981
Dreier, Ralf: Rechtsphilosophische Standortprobleme, in: Winfried Brugger / Ulfrid Neumann / Stephan Kirste (Hrsg.), S. 317
Düwell, Marcus / Christoph Hübenthal / Micha H. Werner (Hrsg.), Handbuch Ethik, 2002
Dworkin, Ronald: Bürgerrechte ernstgenommen (1979), 1990

Eidenmüller, Horst: Effizienz als Rechtsprinzip: Möglichkeiten und Grenzen der ökonomischen Analyse des Rechts, 3. Aufl., 2005
Engel, Christoph / Wolfgang Schön (Hrsg.): Das Proprium der Rechtswissenschaft, 2007
Engisch, Karl: Logische Studien zur Gesetzesanwendung, 3. Aufl., Heidelberg, 1963
Epikur, Vor der Überwindung der Furcht. Katechismus, Lehrbriefe, Spruchsammlung, Fragmente, 1968

Fichte, Johann Gottlieb, Sämtliche Werke, hrsgg. von J. H. Fichte, o.J.

---

[326] Druckfehler (?).

Frisch, Wolfgang: Wesenszüge rechtswissenschaftlichen Arbeitens – am Beispiel und aus der Sicht des Strafrechts, in: Christoph Engel / Wolfgang Schön (Hrsg.), S. 156

Gassner, Ulrich M.: (Hrsg.), Verfassungstexte der Neuzeit, 2006
Gröschner, Rolf: Dialogik der Rechtsverhältnisse, in: Winfried Brugger/ Ulfrid Neumann / Stephan Kirste (Hrsg), S. 90

Habermas, Jürgen: Faktizität und Geltung, Beiträge zur Diskurstheorie des Rechts und des demokratischen Rechtsstaats, 1998
Habermas, Jürgen: Theorie des kommunikativen Handelns. Band 1 Handlungsrationalität und gesellschaftliche Rationalisierung, 3. Aufl., 1999
Hart, Herbert Lionel Adolphus: Der Begriff des Rechts, 1973
Hassemer, Winfried: Rechtssystem und Kodifikation: Die Bindung des Richters an das Gesetz, in: Athur Kaufmann / Winfried Hassemer / Ulfrid Neumann (Hrsg.), S. 251
Hattenhauer, Hans (Hrsg.): Thibaut und Savigny. Ihre programmatischen Schriften, 1973
Hegel, Georg Wilhelm Friedrich: Werke in zwanzig Bänden, Redaktion E. Moldenhauer / K. M. Michel, 1973
Heller, Hermann: Gesammelte Schriften, 1971
Hilgendorf, Ernst: Zur Lage der juristischen Grundlagenforschung in Deutschland heute, in: Winfried Brugger / Ulfrid Neumann / Stephan Kirste (Hrsg), S. 111
Hirsch, Günter: Zwischenruf. Der Richter wird's schon richten, ZRP 2006, 161
Hitler, Adolf: Mein Kampf. 1925 und 1927
Hobbes, Thomas: Leviathan, oder Stoff, Form und Gewalt eines kirchlichen und bürgerlichen Staates (1651) hrsgg. und eingeleitet von Iring Fetscher (1976)
Hoerster, Norbert (Hrsg.), Klassische Texte der Staatsphilosophie, 12. Aufl., 2004
Höffe, Otfried (Hrsg.): Lexikon der Ethik, 6. Aufl., 2002
Hofmann, Hasso: Einführung in die Rechts- und Staatsphilosophie, 2000
Holmes, Oliver Wendell; Jr.: The Common Law (1881), 36. Aufl., 1944
Holmes, Oliver Wendell; Jr.: The Path of the law, Harvard Review 10 (1897), 457
Horn, Christoph / Nico Scarano (Hrsg.): Philosophie der Gerechtigkeit. Texte von der Antike bis zur Gegenwart, 2002
Horn, Norbert: Einführung in die Rechtswissenschaft und Rechtsphilosophie, 2. Aufl., 2001
Hume, David: Eine Untersuchung über den menschlichen Verstand, (1758) hrsgg. von Herbert Herring, 1967

Hume, David: Eine Untersuchung über die Prinzipien der Moral (1777), hrsgg. von Gerhard Streminger, 2. Aufl., 1996

Hume, David: Die wertlose Fiktion vom Gesellschaftsvertrag, in Norbert Hoerster, S. 163

James, William: The varieties of religious experience. A study in human nature (1902), 2004

Jestaedt, Matthias: „Öffentliches Recht" als wissenschaftliche Disziplin, in: Christoph Engel / Wolfgang Schön (Hrsg.), S 241

Jestaedt, Matthias / Oliver Lepsius: (Hrsg.), Rechtswissenschaftstheorie, 2008

Joerden, Jan C.: Logik im Recht. Grundlagen und Anwendungsbeispiele, 2004

Johannes vom Kreuz, Lebendige Liebesflamme (1584), 1999

Kant, Immanuel: Werke in sechs Bänden, hrsgg. von Wilhelm Weischedel, 1998

Kaufmann, Arthur: Das Verfahren der Rechtsgewinnung. Eine rationale Analyse, 1999

Kaufmann, Arthur: Rechtsphilosophie, Rechtstheorie, Rechtsdogmatik, in: Athur Kaufmann / Winfried Hassemer / Ulfrid Neumann (Hrsg.), S. 1

Kaufmann, Arthur / Winfried Hassemer / Ulfrid Neumann (Hrsg.): Einführung in die Rechtsphilosophie und Rechtstheorie der Gegenwart, 7. Aufl., 2004

Kelsen, Hans: Reine Rechtslehre, (1934), zitiert nach der Studienausgabe, hrsgg. von Matthias Jestaedt, 2008

Kirste, Stephan: Recht als Transformation, in: Winfried Brugger / Ulfrid Neumann / Stephan Kirste (Hrsg.), S. 134

Kirstein, Denis: Ethik und Bürokratie, apf Berlin 2004, 1

Klenner, Hermann: Recht und Unrecht, S. 2004

Köbler, Gerhard: Wie werde ich Jurist? Eine Einführung in das Studium des Rechts, 5. Aufl., 2007

Köhler, Helmut: BGB Allgemeiner Teil, 31. Aufl., 2007

Koller, Peter: Der Begriff des Rechts und seine Konzeptionen, in: Winfried Brugger / Ulfrid Neumann / Stephan Kirste (Hrsg.), S. 157

Koran. Das heilige Buch des Islam, hrsgg. von Murad Wilfried Hofmann, 3. Aufl., 2001

Kramer, Ernst A.: Juristische Methodenlehre, 1998

Krawietz, Werner: Juridische Kommunikation im modernen Rechtssystem in rechtstheoretischer Perspektive, in: Winfried Brugger / Ulfrid Neumann / Stephan Kirste (Hrsg), S. 181

Küng, Hans: Projekt Weltethos, 3. Aufl., 1991

Lege, Joachim: Was Juristen wirklich tun. Jurisprudential Realism, in: Brugger, Winfried / Ulfrid Neumann / Stephan Kirste (Hrsg.), S. 207

114

Lerch, Kent D. (Hrsg.): Recht verhandeln. Argumentieren, Begründen und Entscheiden im Diskurs des Rechts, 2005
Locke, John: Zwei Abhandlungen über die Regierung (1690), hrsgg. und eingeleitet von Walter Euchner, 1977
Luhmann, Niklas: Rechtssoziologie 1 und 2, 1972
Luhmann, Niklas: Legitimation durch Verfahren, 2. Aufl., 1975
Luhmann, Niklas: Das Recht der Gesellschaft, 1995

Martens, Ekkehard: Pragmatismus. Ausgewählte Texte von Ch. S. Peirce, W. James, F.C.S. Schiller, J. Dewey, 2002
Martinek, Michael / Jürgen Schmidt / Elmar Wadle (Hrsg.): Festschrift für Günther Jahr zum siebzigsten Geburtstag. Vestigia iuris, 1993
Marx, Karl / Friedrich Engels: Ausgewählte Werke in sechs Bänden, 1979
Mastronardi, Philippe: Juristisches Denken. Eine Einführung, 2001
Mill, John Stuart: Über die Freiheit (1859), hrsgg. von Manfred Schlenke, 1974
Mill, John Stuart: Der Utilitarismus (1861), 1985
Moore, George Edward: Prinicipia Ethica. Erweiterte Ausgabe (1903), 1996
Müller, Max / Alois Halder: Kleines Philosophisches Wörterbuch, 12. Aufl., 1985

Neumann, Ulfrid: Rechtstheorie und allgemeine Wissenschaftstheorie, in: Martinek, Michael / Jürgen Schmidt / Elmar Wadle (Hrsg.), S. 157
Neumann, Ulfrid: Theorie der juristischen Argumentation, in: Brugger, Winfried / Ulfrid Neumann / Stephan Kirste (Hrsg.), S. 233
Nussbaum, Martha C.: Gerechtigkeit oder das gute Leben, 1999

Osterkamp, Thomas: Juristische Gerechtigkeit. Rechtswissenschaft jenseits von Positivismus und Naturrecht, 2005

Pareto, Vilfredo: Allgemeine Soziologie, 1955
Platon: Sämtliche Werke in drei Bänden, hrsgg. von E. Loewenthal, 2004
Popper, Karl R.: Alles Leben ist Problemlösen. Über Erkenntnis, Geschichte und Politik, 2003
Poser, Hans: Wissenschaftstheorie. Eine philosophische Einführung, 2001
Prümm, Hans Paul: Ermessen, in: Peter Heinrich / Jochen Schulz zur Wiesch (Hrsg.), Wörterbuch der Mikropolitik, 1998, S. 70
Prümm, Hans Paul: Einführung in die Methodik der Rechtsanwendung (juristische Methodik) anhand des EU- und des nationalen deutschen Rechts, 2002
Prümm, Hans Paul / Hans Sigrist: Allgemeines Sicherheits- und Ordnungsrecht, 2. Aufl., 2003

Radbruch, Gustav: Der Relativismus in der Rechtsphilosophie (1934), in: Christoph Horn / Nico Scarano, S. 299.

Radbruch, Gustav: Rechtsphilosophie (1950). Studienausgabe, hrsgg. von Ralf Dreier / Stanley L. Paulson, 2. Aufl., 2003

Raiser, Thomas: Rechtssoziologie als Grundlagenfach in der Juristenausbildung, in: Horst Dreier (Hrsg.): Rechtssoziologie am Ende des 20. Jahrhunderts. S. 323

Rappoport, Anatol: Die marxistische Rechtsauffassung, (1927), 1972

Rawls, John: Eine Theorie der Gerechtigkeit (1971), 1979

Rawls, John: Geschichte der Moralphilosophie. Hume – Leibniz – Kant - Hegel, 2002

Riehm, Thomas: Abwägungsentscheidungen in der praktischen Rechtsanwendung. Argumentation – Beweis – Wertung, 2006

Röd, Wolfgang: Erkenntnistheorie, in: Helmut Seiffert / Gerard Radnitzky (Hrsg.), S. 52

Röhl, Klaus F.: Allgemeine Rechtslehre. Ein Lehrbuch, 2. Aufl., 2001

Römelt, Josef: Menschenwürde und Freiheit. Rechtsethik und Theologie des Rechts jenseits von Naturrecht und Positivismus, 2006

Ross, Jan: Von wegen Gerechtigkeit, Die Zeit vom 16.10.2008, 4

Rousseau, Jean-Jacques: Sozialphilosophische und Politische Schriften, 2001

Rullmann, Marit: Philosophinnen. Erster Band: Von der Antike bis zur Aufklärung, 1998; Zweiter Band: Von der Romanik bis zur Moderne, 1998

Rüthers, Bernd: Rechtstheorie. Begriff, Geltung und Anwendung des Rechts, 1999

Sandkühler, Hans Jörg: (Hrsg.), Philosophie, wozu?, 2008

Schapp, Jan: Freiheit, Moral und Recht. Grundzüge einer Philosophie des Rechts, 2005

Schmitt, Carl: Nationalsozialismus und Rechtstaat, JW 1934, 712

Schmitt, Carl: Der Führer schützt das Recht, DJZ 1934, 945

Schnädelbach, Herbert: Erkenntnistheorie zur Einführung, 2002

Schneider, Egon / Friedrich E. Schnapp: Logik für Juristen, 6. Aufl., 2006

Schulz, Lorenz: Recht und Pragmatismus, in: Winfried Brugger / Ulfrid Neumann / Stephan Kirste (Hrsg), S. 286

Schurz, Gerhard: Einführung in die Wissenschaftstheorie, 2006

Seiffert, Helmut / Gerard Radnitzky (Hrsg.): Handlexikon zur Wissenschaftstheorie, 1992

Seneca: Philosophische Schriften, übersetzt, mit Einleitungen und Anmerkungen versehen von Otto Apelt, 1993

Stekeler-Weithofer, Pirmin: Wie soll man heute die Philosophie verteidigen? in: Hans Jörg Sandkühler (Hrsg.), S. 40

Strauch, Hans-Joachim: Rechtsprechungstheorie, in: Kent D. Lerch (Hrsg.), S. 479

Streminger, Gerhard: Einleitung, in: David Hume, Moral, S. 3

Ströker, Elisabeth: Einführung in die Wissenschaftstheorie, 4. Aufl., 1992

Thomas von Aquin: Summe der Theologie (1267–1273), zusammengefasst, eingeleitet und erläutert von J. Bernhart, 3. Aufl., 1985

Vesting, Thomas: Rechtstheorie. Ein Studienbuch, 2007

Vico, Giovanni Batista: Vom Wesen und Weg der geistigen Bildung (1708), hrsgg. von Fritz Schalk, 1947

Von der Pfordten, Dietmar: Rechtsethik, 2001

Von der Pfordten, Dietmar: Was ist und wozu Rechtsphilosophie?, JZ 2004, 157

Von der Pfordten, Dietmar: Was ist Recht? Eine philosophische Perspektive, in: Winfried Brugger / Ulfrid Neumann / Stephan Kirste (Hrsg), S. 261

Von Hayek, Friedrich August: Die Verfassung der Freiheit, 4. Aufl., 2005

Von Jhering, Rudolf: Der Geist des Rechts. Eine Auswahl aus seinen Schriften, hrsgg. von Fritz Buchwald, 1965

Von Kirchmann, Julius Hermann: Die Grundbegriffe des Rechts und der Moral als Einleitung in das Studium rechtsphilosophischer Werke, 2. Aufl., 1873

Von Savigny, Friedrich Carl: Vom Beruf unserer Zeit für Gesetzgebung und Rechtswissenschaft, in: Hans Hattenhauer (Hrsg.), S. 95

Von Savigny, Friedrich Carl: System des heutigen römischen Rechts, Band 1, Berlin, 1840, Nachdruck 1981

Weber, Andreas: Hat Charles Darwin Recht behalten? Ja. Aber!, ZeitLiteratur Okotber 2008, 17

Weber, Max: Politik und Gesellschaft, 2006

Weber, Max: Wirtschaft und Gesellschaft. Grundriss der verstehenden Soziologie (posthum, 1921), 5. Aufl., hrsgg. von Winckelmann, 1972

Weber-Fas, Rudolf (Hrsg.): Staatsdenker der Moderne. Klassikertexte von Machiavelli bis Max Weber, 2003

Weber-Grellet, Heinrich: Rechtsphilosophie, 3. Aufl., 2006

Weitling, Wilhelm: Garantien der Harmonie und Freiheit (1842), hrsgg. von Ahlrich Meyer, 1974

Weitlin, Wilhelm: Das Evangelium des armen Sünders. Die Menschheit, wie sie ist und wie sie sein sollte, hrsgg. von Wolf Schäfer, 1971

Wesel, Uwe: Juristische Weltkunde. Eine Einführung in das Recht, 1984

Wessels, Johannes / Werner Beulke: Strafrecht Allgemeiner Teil, 36. Aufl., 2006

Wöhe, Günter / Ulrich Döring: Einführung in die Allgemeine Betriebswirtschaftslehre, 23. Aufl., 2008

Zippelius, Reinhold: Juristische Methodenlehre, 10. Aufl., 2006

13 Anhang

13.1 Aristoteles: Nikomachische Ethik, Buch 5

Erstes Kapitel.

(1129a) In Bezug auf die *Gerechtigkeit* und die *Ungerechtigkeit* ist zu untersuchen, mit was für Handlungen sie es zu tun hat, was für eine Mitte die Gerechtigkeit ist, und wovon das Gerechte die Mitte ist Bei dieser Untersuchung wollen wir dasselbe Verfahren wie bei den vorhergehenden beobachten Dasselbe Verfahren, einmal indem das Wahre nur allgemein und ohne den Anspruch auf absolute Gültigkeit dargelegt wird, dann, weil von dem , nicht von dem ausgegangen wird.

Wir sehen, daß jedermann mit dem Worte Gerechtigkeit einen Habitus bezeichnen will, vermöge dessen man fähig und geneigt ist, gerecht zu handeln, und vermöge dessen man gerecht handelt und das Gerechte will, und ebenso mit dem Worte Ungerechtigkeit einen Habitus, vermöge dessen man ungerecht handelt und das Ungerechte will. Dieses gelte denn auch uns als erste und allgemeinste Voraussetzung. Denn mit einem Habitus hat es eine andere Bewandtnis als mit den Wissenschaften und Vermögen. Ein und dasselbe Vermögen und ein und dasselbe Wissen umfaßt die Gegensätze; ein Habitus aber, der es mit dem einen Glied des Gegensatzes zu tun hat, hat es nicht auch mit dem anderen zu tun. Von der Gesundheit z. B. kann nicht Entgegengesetztes ausgehen, sondern nur Gesundes. Wir sprechen von gesundem Gange, wenn Einer so geht, wie es ein gesunder Mensch tut. Demgemäß wird ein Habitus bald aus dem entgegengesetzten Habitus, bald aus seinem Subjekt erkannt. Weiß man was guter Stand der Gesundheit ist, so weiß man auch was schlechter Stand der Gesundheit ist, und ebenso wird aus dem was Gesundheit schafft, die Gesundheit und aus dieser jenes erkannt. Ist guter Stand der Gesundheit so viel als Festigkeit des Fleisches, so muß ihr schlechter Stand Schwammigkeit des Fleisches, und was Gesundheit schafft das sein, was dem Fleische Festigkeit gibt.

Wird das eine Glied eines Gegensatzes vieldeutig ausgesagt, so folgt meistens, daß auch das andere so ausgesagt wird; ist z. B. das Wort Recht vieldeutig, so ist es auch das Wort Unrecht.

Zweites Kapitel.

Man scheint nun tatsächlich von Gerechtigkeit und Ungerechtigkeit in mehrfachem Sinne zu sprechen, nur daß diese Homonymie, diese Verschiedenheit der Bedeutung bei Gleichheit des Wortes, nicht groß ist und sich darum versteckt oder nicht so offen hervortritt wie bei Dingen, die weit von einander liegen. Der Unterschied ist ja groß, wenn er in der Gestalt liegt, wenn z. B. das Wort Schlüssel gleichzeitig den Knochen unter dem Halse der Tiere und das Werkzeug zum Schließen der Türen bezeichnet.

Bestimmen wir also, wie viele Bedeutungen der Ausdruck »der Ungerechte« hat. Ungerecht scheint zu sein: einmal der *Gesetzesübertreter*, sodann zweitens der *Habsüchtige*, der andere übervorteilt, endlich drittens der *Feind der Gleichheit*. Hieraus erhellt denn auch, daß gerecht sein wird, wer die Gesetze beobachtet und Freund der Gleichheit ist. Mithin ist das Recht das Gesetzliche und das der Gleichheit (1129b) Entsprechende, das Unrecht das Ungesetzliche und das der Gleichheit Zuwiderlaufende.

Da nun in der einen Klasse der Ungerechten der Habsüchtige steht, so wird derselbe es mit den Gütern zu tun haben, nicht mit allen, sondern mit denen, die äußeres Glück und Unglück bedingen, die zwar schlechthin und an sich immer gut sind, aber nicht immer für den Einzelnen. Die Leute aber beten und bemühen sich einzig um sie. Das sollte nicht sein. Sie sollten vielmehr beten, daß das schlechthin Gute auch ihnen gut sein möge, und sollten erwählen was für sie gut ist.

Der Ungerechte will aber nicht immer zu viel haben, sondern unter Umständen auch zu wenig, nämlich von dem, was an sich ein Übel ist. Da aber das kleinere Übel gewissermaßen als ein Gut erscheint und die Habsucht auf Güter gerichtet ist, so scheint ein solcher Mensch habsüchtig zu sein. In Wirklichkeit aber ist er ein Freund der Ungleichheit. Das ist nämlich der weitere und gemeinsame Begriff.

Auch der Gesetzesübertreter ist ungerecht. Dieses, die Gesetzwidrigkeit oder die Ungleichheit, umfaßt jede Ungerechtigkeit und ist jeder Ungerechtigkeit gemeinsam .

Drittes Kapitel.

Da uns der Gesetzesübertreter als ungerecht und der Beobachter des Gesetzes als gerecht galt, so ist offenbar alles Gesetzliche in einem bestimmten Sinne gerecht und Recht. Was nämlich von der gesetzgebenden Gewalt vorgeschrieben ist, ist gesetzlich, und jede gesetzliche Vorschrift bezeichnen wir als gerecht oder Recht. Die Gesetze handeln aber von allem, indem sie entweder den allgemeinen Nutzen verfolgen oder den Nutzen der Aristokraten oder den der Herrscher, mögen sie dies dank ihrer Tugend oder sonst einer auszeichnenden Eigenschaft sein. Und so nennen wir in einem Sinne gerecht *was in der staatlichen Gemeinschaft die Glückseligkeit und ihre Bestandteile hervorbringt und erhält.*

Das Gesetz schreibt aber vor, sowohl die Werke des Mutigen zu verrichten, z. B. seinen Posten nicht zu verlassen, nicht zu fliehen, nicht die Waffen von sich zu werfen, als auch die Werke des Mäßigen, z. B. nicht Ehebruch zu treiben und keine Gewalttat zu begehen, und die des Sanftmütigen, z. B. nicht zu schlagen oder zu schimpfen. Und ebenso verfährt es bezüglich der anderen Tugenden und Laster, hier gebietend, dort verbietend, und zwar tut es das in der rechten Weise, wenn es selbst gut gefaßt ist, dagegen schlechter, wenn es nachlässig, wie aus dem Stegreif entworfen ist.

Diese Gerechtigkeit ist die vollkommene Tugend, nicht die vollkommene Tugend überhaupt, sondern so weit sie auf andere Bezug hat – deshalb gilt sie oft für die vorzüglichste unter den Tugenden, für eine Tugend so wunderbar schön, daß nicht Abend- nicht Morgenstern gleich ihr erglänzt; daher auch das Sprüchwort: in der Gerechtigkeit ist jegliche Tugend enthalten; und sie gilt als die vollkommenste Tugend, weil sie die Anwendung der vollkommenen Tugend ist –. Vollkommen ist sie aber, weil ihr Inhaber die Tugend *auch gegen andere ausüben kann* und nicht bloß für sich selbst. Denn viele können die Tugend in ihren eigenen Angelegenheiten ausüben, aber in dem, was auf andere (1130a) Bezug hat, können sie es nicht. Darum scheint es ein treffender Spruch von *Bias* zu sein: »Erst das Amt zeigt den Mann«. Denn der Amtsinhaber hat es ja mit anderen zu tun und gehört der Gemeinschaft an. Eben darum scheint auch die Gerechtigkeit allein unter den Tugenden ein fremdes Gut zu sein, weil sie sich auf andere bezieht. Denn sie tut was anderen frommt, sei es dem Herrscher, sei es dem gemeinen Wesen. Der Schlimmste ist also wer seine Schlechtigkeit sowohl gegen sich selbst wie gegen seine Freunde kehrt, der Beste aber wer seine Tugend nicht sowohl sich als anderen zugute kommen läßt. Denn dieses ist ein schweres Ding.

Die gesetzliche Gerechtigkeit ist demnach klein bloßer Teil der Tugend, sondern sie ganz, und die ihr entgegengesetzte Ungerechtigkeit kein Teil der Schlechtigkeit, sondern wieder sie ganz.

Wie die Tugend und diese Gerechtigkeit sich trotzdem unterscheiden, erhellt aus dem Gesagten. Beide sind dasselbe, ihr Begriff aber ist nicht derselbe, sondern insofern es sich um die Beziehung auf andere handelt, redet man von Gerechtigkeit, insofern es sich aber um einen Habitus handelt, der sich in den Akten der Gerechtigkeit auswirkt, redet man von Tugend schlechthin.

Viertes Kapitel.

Jedoch wir fragen nach der Gerechtigkeit als Teil der Tugend; eine solche gibt es nämlich, behaupten wir; und desgleichen nach der Ungerechtigkeit als besonderem Laster. Ein Zeichen für das Vorhandensein beider ist folgendes. Wer eine dem Gebiete anderer Verkehrtheiten angehörende Handlung begeht, tut zwar Unrecht, macht sich aber keiner Habsucht schuldig; z. B. wenn er aus Feigheit seinen Schild wegwirft oder in der Bosheit schimpft oder aus Geiz nicht mit Geld aushelfen will; handelt er aber habsüchtig, so begeht er oft keine von diesen Verkehrtheiten und auch gewiß nicht alle möglichen, und doch begeht er eine bestimmte Schlechtigkeit – denn man tadelt ihn – und zwar eine Ungerechtigkeit. Mithin gibt es noch eine andere Ungerechtigkeit, als einen besonderen Teil der ganzen, und ein Unrecht als einen besonderen Teil des Unrechts, des Ungesetzlichen, überhaupt.

Ferner, wenn der eine einem Gewinne zuliebe Ehebruch begeht und noch Geld dazu bekommt, der andere dasselbe Verbrechen aus Wollust verübt, so daß er Geld dafür ausgibt und Einbuße erleidet, so scheint der letztere vielmehr zuchtlos als habsüchtig zu sein, der erstere dagegen ungerecht, nicht zuchtlos; dies also offenbar des Gewinnes wegen.

Ferner, alle anderen Verstöße gegen die Gerechtigkeit lassen sich immer auf eine bestimmte Untugend zurückführen, z. B. der Ehebruch auf Zuchtlosigkeit, das Entweichen aus Reih und Glied auf Feigheit, Mißhandlung auf Zorn, unerlaubter Gewinn aber auf keine andere Untugend als auf Ungerechtigkeit.

So leuchtet denn ein, daß es außer der allgemeinen Gerechtigkeit noch eine andere, partikuläre gibt, die ihr darum synonym ist, weil in ihrer Begriffsbestimmung dieselbe (1130b) Gattung wiederkehrt. Beide bedeuten nämlich etwas, was auf andere Bezug hat, nur bezieht sich die eine auf Ehre oder Eigentum oder Gesundheit oder in welchen Ausdruck wir das alles zusammenfassen mögen, und entspringt aus der unordentlichen Freude am Gewinn, während sich die andere auf alles bezieht, womit der Tugendhafte es zu tun hat.

Fünftes Kapitel.

Daß es also mehrere Gerechtigkeiten gibt und noch eine Gerechtigkeit neben der ganzen Tugend, ist klar. Bestimmen wir also, was und welcher Art sie ist.

Das Ungerechte zerfällt in das Ungesetzliche und das der Gleichheit Widerstreitende, das Gerechte in das Gesetzliche und das der Gleichheit Entsprechende. Dem Ungesetzlichen entspricht nun diejenige Ungerechtigkeit, von der vorhin die Rede war. Da aber das der Gleichheit Zuwiderlaufende und das Ungesetzliche nicht dasselbe, sondern verschieden sind wie Teil und Ganzes – denn alles, was wider die Gleichheit verstößt, ist ungesetzlich, aber nicht alles Ungesetzliche streitet mit der Gleichheit, grade wie auch alles Zuviel die Gleichheit verletzt, aber nicht alles, was die Gleichheit verletzt, auch ein Zuviel ist –, so folgt, daß auch das Ungerechte und die Ungerechtigkeit hierin nicht dasselbe, sondern verschieden sind. Denn jene Ungerechtigkeit ist ein Teil der ganzen Ungerechtigkeit, und ebenso ist die Gerechtigkeit, nach der wir gegenwärtig fragen, ein Teil der ganzen Gerechtigkeit. Mithin müssen wir uns auch mit der Gerechtigkeit und Ungerechtigkeit und mit Recht und Unrecht *im engeren Sinne* beschäftigen. Jene Gerechtigkeit und Ungerechtigkeit also, die sich auf den ganzen Umfang der Tugend bezieht und die die Anwendung der ganzen Tugend, beziehungsweise des ganzen Lasters, auf unser Verhältnis zu anderen Menschen ist, möge als erledigt gelten. Ebenso ist leicht zu ersehen, wie das diesen entsprechende Recht und Unrecht zu bestimmen ist. Der größte Teil der Gesetzesvorschriften nämlich betrifft Handlungen der ganzen Tugend. Denn das Gesetz gebietet, im Leben jede Tugend zu üben und verbietet, irgend welchem Laster Raum zu geben. Das Mittel aber diese ganze Tugend zu verwirklichen sind jene gesetzlichen Bestimmungen, die die Erziehung für das Gemeinwesen regeln. Was freilich die Einzelerziehung betrifft, die da zum tugendhaften Manne schlechthin bildet, so ist die Frage, ob sie zur Staatslehre oder zu einer anderen Disziplin gehört, weiter unten zu erledigen. Denn vielleicht ist es nicht dasselbe, ein guter Mensch und ein guter Bürger eines beliebigen Staates zu sein.

Von der *partikulären Gerechtigkeit* aber und dem ihr entsprechenden Rechte ist eine Art die, die sich bezieht auf die *Zuerteilung* von Ehre oder Geld oder anderen Gütern, die unter die Staatsangehörigen zur Verteilung gelangen können – denn hier kann der eine ungleich viel und gleich viel erhalten wie der andere –; eine andere (1131a) ist die, die *den Verkehr* der Einzelnen unter einander regelt. Die letztere hat zwei Teile. Es gibt nämlich einen freiwilligen Verkehr und einen unfreiwilligen. Zum freiwilligen Verkehre gehören z. B. Kauf, Verkauf, Darlehen, Bürgschaft, Nießbrauch, Hinterlegung, Miete. Hier spricht man von freiwilligem Verkehr, weil das Prinzip der genannten Verträge beiderseits der freie Wille ist. Zu dem unfreiwilligen Verkehr gehören teils heimliche Handlungen, wie Diebstahl, Ehebruch, Giftmischerei, Kuppelei, Sklavenverführung, Meuchelmord, falsches Zeugnis, teils gewaltsame, wie Mißhandlung, Freiheitsberaubung, Todtschlag, Raub, Verstümmelung, Scheltreden, Herabwürdigung.

Sechstes Kapitel.

Da aber der Ungerechte wie das Unrecht die Gleichheit verletzen, so gibt es offenbar auch ein Mittleres zwischen dem Ungleichen. Es ist das Gleiche. Denn bei jeder Handlung, bei der es ein Mehr und ein Weniger gibt, gibt es auch ein Gleiches. Ist demnach das Unrecht ungleich, so ist das Recht gleich, wie übrigens auch jedem ohne Beweis einleuchtet. Da aber das Gleiche ein Mittleres ist, so ist also auch das Recht ein Mittleres.

Gleiches kann sich in nicht weniger Dingen finden als in zweien. Nun muß das Recht ein Mittleres, Gleiches und Relatives sein, das heißt eine Beziehung auf bestimmte Personen haben. Also muß es als ein Mittleres die Mitte zwischen bestimmten Momenten, dem Mehr und dem Weniger, sein; als ein Gleiches muß es ein Gleiches von zweien Dingen, und als Recht muß es ein solches für gewisse Personen sein. Somit fordert das Recht mindestens eine Vierheit. Denn zwei sind der Personen, für die es ein Recht gibt, und zwei der Sachen, in denen ihnen ihr Recht wird. Und es muß dieselbe Gleichheit bei den Personen, denen ein Recht zusteht, vorhanden sein, wie bei den Sachen, worin es ihnen zusteht: wie die Sachen, so müssen auch die Personen sich verhalten. Sind sie nämlich einander nicht gleich, so dürfen sie nicht gleiches erhalten. Vielmehr kommen Zank und Streit eben daher, daß entweder Gleiche nicht Gleiches oder nicht Gleiche Gleiches bekommen und genießen. Das ergibt sich auch aus dem Moment der Würdigkeit. Denn darin, daß eine gewisse Würdigkeit das Richtmaß der distributiven Gerechtigkeit sein müsse, stimmt man allgemein überein, nur versteht nicht jedermann unter Würdigkeit dasselbe, sondern die Demokraten erblicken sie in der Freiheit, die oligarchisch Gesinnten in Besitz oder Geburtsadel, die Aristokraten in der Tüchtigkeit.

Das Recht ist demnach etwas *Proportionales*. Proportionalität findet sich nämlich nicht blos bei der aus Einheiten bestehenden Zahl, sondern auch bei der Zahl überhaupt. Proportionalität ist Gleichheit der Verhältnisse und verlangt mindestens eine Vierheit, worin sie sich finde. Daß die diskrete Proportionalität sich in mindestens vier Gliedern finden muß, ist klar; aber es gilt ebenso von der kontinuierlichen. (1131b) In ihr wird eins wie zwei verwandt und zweimal gesetzt, z. B. in der Proportion: wie die Linie *a* zu *b*, so verhält sich die Linie *b* zu *c*. Hier wird *b* zweimal genannt, und so bekommt man, wenn man *b* doppelt zählt, vier Glieder.

So setzt also auch das Recht mindestens vier Glieder voraus, unter denen dasselbe Verhältnis besteht. Denn die Personen sind nach demselben Verhältnis unterschieden wie die Sachen. Es verhalte sich also wie Glied *a* zu *b*, so Glied *c* zu *d*, und also auch umgekehrt, wie Glied *a* zu *c*, so Glied *b* zu *d*. So wird sich denn auch in derselben Weise das Ganze zum Ganzen verhalten, und das ist die Verbindung, die die Zuerteilung vornimmt, und wenn sie die Personen und Sachen so zusammenstellt, so geschieht die Verbindung in gerechter Weise.

Siebentes Kapitel.

Mithin liegt darin, daß *a* mit *c* und *b* mit *d* verbunden wird, das Gerechte der Verteilung, und dieses Gerechte ist das Mittlere zwischen dem, was der Proportionalität zuwiderläuft. Denn das Proportionale ist die Mitte, und das Gerechte ist das Proportionale. Eine solche Proportion nennen die Mathematiker eine geometrische. Denn in der geometrischen Proportion verhält sich das Ganze zum Ganzen wie das Glied zum Gliede. Diese Proportionalität ist keine kontinuierliche, da die Person, der zugeteilt wird, und die Sache, die zugeteilt wird, nicht der Zahl nach eines sind.

Das *Recht* ist also dieses Proportionale, das *Unrecht* aber ist was wider die Proportionalität anläuft. Es ist also teils ein Mehr, teils ein Weniger, wie es auch tatsächlich zutrifft. Denn wer Unrecht tut, eignet sich vom Guten zuviel an, und wer Unrecht leidet, bekommt davon zuwenig. Beim Übel aber ist es umgekehrt. Denn das kleinere Übel kann im Vergleich zum größeren Übel als ein Gut gelten, da das kleinere Übel vor dem größeren der Vorzug hat, und was den Vorzug hat, ein Gut ist, und zwar ein um so größeres, je mehr es den Vorzug hat.

Das ist also die eine Art des Rechtes. Die noch übrige ist die *ausgleichende*, die im Verkehr, dem freiwilligen wie dem unfreiwilligen, Anwendung findet. Dieses Recht hat eine andere Form als das erstere. Die das Gemeinsame austeilende Gerechtigkeit verfährt immer nach der angegebenen Proportionalität; wenn z. B. eine Geldverteilung aus öffentlichen Mitteln stattfindet, so muß sie nach dem Verhältnisse geschehen, das die Leistungen der Bürger zu einander haben; und das diesem Rechte entgegengesetzte Unrecht ist was diesem Verhältnisse zuwiderläuft. Dagegen ist das Recht im Verkehr zwar auch ein Gleiches und das Unrecht im Verkehr ein Ungleiches, aber nicht nach Maßgabe (1132a) der genannten, sondern gemäß der arithmetischen Proportionalität. Es trägt ja nichts aus, ob ein guter Mann einen schlechten verkürzt oder ein schlechter einen guten, oder ob ein guter oder ein schlechter Mann einen Ehebruch begeht; vielmehr sieht das Gesetz nur auf den Unterschied des Schadens, und es behandelt die Personen als gleiche, wenn die eine Unrecht getan, die andere es erlitten, die eine Schaden zugefügt hat, die andere geschädigt worden ist. Daher versucht der Richter dieses Unrecht, als welches in der Ungleichheit besteht, auszugleichen. Denn wenn der eine geschlagen worden ist, der andere geschlagen hat, oder auch der eine getödtet hat, der andere getödtet worden ist, so ist dieses Leiden und jenes Tun in ungleiche Teile geteilt; aber der Richter sucht durch die Strafe einen Ausgleich herbeizuführen, indem er dem Täter seinen Vorteil entzieht.

In diesen Dingen redet man nämlich ganz allgemein von Vorteil, wenn auch der Ausdruck für einzelne Verhältnisse nicht eigentlich paßt, wie wenn z. B. der Schläger Vorteil und der Geschlagene Nachteil haben soll; aber bei Abmessung erlittenen Unrechtes ist es nun einmal so, daß man dasselbe Nachteil, das zugefügte Unrecht aber Vorteil nennt.

So ist denn das Gleiche die Mitte zwischen dem Zuviel und dem Zuwenig, der Vorteil und Nachteil aber sind in entgegengesetzter Weise ein Zuviel und ein Zuwenig, indem der Vorteil ein Zuviel des Guten und ein Zuwenig des Übels, der Nachteil aber das Umgekehrte ist. Zwischen ihnen war die Mitte das Gleiche, das wir als das Recht bezeichnen. Und so wäre denn das ausgleichende oder wiederherstellende Rechtdie Mitte zwischen Nachteil und Vorteil.

Deshalb nimmt man auch in zweifelhaften Fällen seine Zuflucht zum Richter. Zum Richter gehen heißt aber soviel, als zur Gerechtigkeit gehen, da der Richter gleichsam die lebendige Gerechtigkeit sein soll. Auch sucht man in dem Richter einen Mann der Mitte, und Manche nennen sie Mittelsmänner, als träfen sie, wenn sie die Mitte treffen, das Recht. So ist denn das Recht ein Mittleres, wie es ja auch der Richter ist. Der Richter stellt die Gleichheit her und macht es, wie wenn er eine in ungleiche Teile geteilte Linie vor sich hätte, von deren größerem Teile er das Stück, um welches derselbe größer ist als die Hälfte, wegnähme und zu dem kleineren Teile hinzutäte. Wenn aber das Ganze in zwei Teile geteilt ist, so sagt man;»jeder hat sein Teil«, wenn sie gleiches bekommen haben. Das Gleiche aber ist die Mitte zwischen dem zu Großen und dem zu Kleinen nach der arithmetischen Proportion. Darum heißt es auch »dikaion« (gerecht), weil es »dicha« (zweiteilig) ist, wie wenn man sagte »dichaion« und statt »dikastes« (Richter) »dichastes« (Zweiteiler). Denn wenn man von zwei gleichen Großen die eine um ein Stück vermindert und die andere um dasselbe Stück vermehrt, so übertrifft diese jene um diese beiden Stücke. Würde die eine nur vermindert, ohne daß die andere vermehrt (1132b) würde, so würde diese jene nur um das einfache Stück übertreffen. So aber übertrifft sie die Mitte um das einfache Stück, und die Mitte wieder die verminderte Größe um dasselbe. Hieraus also mögen wir erkennen, was man dem, der zu viel hat, wegnehmen und dem, der zu wenig hat, hinzugeben muß. Dem, der zu wenig hat, muß man so viel hinzugeben, als die Mitte sein Teil übertrifft, und dem, der das Meiste hat, so viel wegnehmen, als die Mitte von seinem Teil übertroffen wird.

Die Linien *aa*, *bb*, *cc* seien einander gleich. Von *aa* werde *ae* genommen und zu *cc* als *cd* hinzugesetzt, so daß die ganze Linie *dcc* die Linie *ea* um das Stück *cd* und *ef* übertrifft, und mithin die Linie *bb* um das Stück *cd*.

Das Gesagte muß auch noch in anderer Hinsicht, bei den Leistungen der verschiedenen Künste, vor Augen gehalten werden. Es wäre um sie geschehen, wenn der Künstler nicht tätig ein Produkt schüfe, das sich quantitativ und qualitativ bewerten ließe, und nicht leidend dafür sowohl quantitativ als qualitativ entsprechend ausgelohnt würde.

Die Ausdrücke Verlust (Einbuße, Nachteil) einerseits und Gewinn (Zubuße, Vorteil) anderseits stammen aus dem freiwilligen Verkehr. Gewinnen bedeutet nämlich eigentlich mehr erhalten, als man hatte, und Verlieren bedeutet weniger erhalten, als man vorher besaß, wie bei Kauf und Verkauf und jedem solchen gesetzlich erlaubten Verkehr. Und wenn nicht mehr und nicht weniger vereinnahmt wird, sondern gleiches um gleiches, dann sagt man, man erhalte das Seinige und erleide weder Verlust noch mache man Gewinn.

So ist denn dieses Recht eine Mitte zwischen einem nicht auf freiem Willen beruhenden Gewinn und Verlust, also dies, daß man vor wie nach das Gleiche hat.

Achtes Kapitel.

Einige Philosophen vertreten aber auch die Ansicht, die *Wiedervergeltung* sei das Recht schlechthin. So die *Pythagoreer*, die schlechthin das Recht als das bestimmten, was man von einem anderen wiedererleide. Allein die Wiedervergeltung stimmt mit der ausgleichenden Gerechtigkeit so wenig wie mit der austeilenden überein, obschon man in diesem Sinne das Recht des *Rhadamanthys* deuten möchte: »Leidest du was du getan, so ist richtiges Recht dir geworden.« Denn sie steht vielfach mit ihr in Widerspruch. Wenn z. B. eine obrigkeitliche Person jemanden geschlagen hat, so darf sie nicht wiedergeschlagen werden, und wenn jemand eine solche Person geschlagen hat, so muß er nicht blos geschlagen, sondern auch außerdem noch bestraft werden. Sodann trägt auch das Freiwillige und das Unfreiwillige der Handlung viel aus.

In jedem auf Gegenseitigkeit beruhenden Verkehr freilich begreift die Wiedervergeltung das fragliche Recht in sich, jedoch eine Wiedervergeltung nach Maßgabe der Proportionalität, nicht nach Maßgabe der Gleichheit. Denn dadurch, daß nach Verhältnis vergolten wird, bleibt der Bürgerschaft ihr Zusammenhalt gewahrt. Entweder nämlich sucht man das Böse zu vergelten, und ohne diese Vergeltung hätte (1133a) man den Zustand der Knechtschaft, oder das Gute, und ohne das wäre keine Gegenleistung, auf der doch die Gemeinschaft beruht. Darum errichtet man auch das Heiligtum der Chariten auf öffentlichen Plätzen, damit man der Gegenleistung gedenke, die der Dankbarkeit eigen ist. Denn man muß dem, der uns gefällig gewesen ist, Gegendienste erweisen und auch selbst wieder zuerst ihm gefällig sein.

Der Entgelt nach Verhältnis kommt zustande durch eine Verbindung der Daten nach Maßgabe der Diagonale; z. B. *a* sei Baumeister, *b* Schuster, *c* Haus und *d* Schuh. Der Baumeister muß nun vom Schuster dessen Arbeit bekommen und selbst ihm die seinige dafür zukommen lassen. Wenn nun zuerst die Gleichheit im Sinne der Proportionalität bestimmt ist, und dann der Ausgleich nach diesem Verhältnisse stattfindet, so geschieht das, was wir meinen. Geschieht jenes aber nicht, so ist keine Gleichheit da, und ein geordneter Verkehr und Austausch kann nicht stattfinden. Denn nichts hindert, daß die Leistung des einen wertvoller sei als die des anderen, und folglich muß hier ein Ausgleich geschafft werden. Dasselbe Verhältnis findet sich bei den anderen Künsten und Handwerken. Es wäre um sie geschehen, wenn der Werkmeister nicht tätig ein Produkt schüfe, das sich quantitativ und qualitativ bewerten ließe, und nicht leidend dafür sowohl quantitativ als qualitativ entsprechend ausgelohnt würde. Denn aus zwei Ärzten wird keine Gemeinschaft, sondern aus Arzt und Bauer, und überhaupt aus verschiedenen und ungleichen Personen, zwischen denen aber eine Gleichheit hergestellt werden soll.

Daher muß alles, was untereinander ausgetauscht wird, gewissermaßen gleich den Zahlen addierbar sein, und dazu ist nun das *Geld* bestimmt, das sozusagen zu einer Mitte wird. Denn das Geld mißt alles und demnach auch den Überschuß und den Mangel; es dient also z. B. zur Berechnung, wie viel Schuhe einem Hause oder einem gewissen Maße von Lebensmitteln gleich kommen. Es kommen also nach Maßgabe des Verhältnisses eines Baumeisters zu einem Schuster so und so viel Schuhe auf ein Haus oder auf ein gewisses Maß von Lebensmitteln. Ohne solche Berechnung kann kein Austausch und keine Gemeinschaft sein. Die Berechnung ließe sich aber nicht anwenden, wenn nicht die fraglichen Werte in gewissem Sinne gleich wären. So muß denn für alles ein Eines als Maß bestehen, wie vorhin bemerkt worden ist. Dieses Eine ist in Wahrheit das *Bedürfnis*, das alles zusammenhält. Denn wenn die Menschen nichts bedürften oder nicht die gleichen Bedürfnisse hätten, so würde entweder kein Austausch sein oder kein gegenseitiger. Nun ist aber kraft Übereinkunft das Geld gleichsam Stellvertreter des Bedürfnisses geworden, und darum trägt es den Namen Nomisma (Geld), weil es seinen Wert nicht von Natur hat, sondern durch den Nomos, das Gesetz, und es bei uns steht, es zu verändern und außer Umlauf zu setzen.

So hat man denn eine wirkliche Wiedervergeltung, wenn eine Gleichung von der Art durchgeführt wird, daß wie der Bauer zum Schuster, so die Leistung des Schusters sich zu der des Bauers verhält. Man muß aber bei Herstellung (1133b) des Ausgleiches die verschiedenen Glieder des Verhältnisses nach dem Schema der Proportionalität einsetzen, weil sonst auf das eine der beiden Extreme ein doppeltes Plus entfiele. Dagegen wenn jeder das Seine bekommt, dann stehen sie sich gleich, und es kann ein geregelter Verkehr stattfinden, weil diese Gleichheit zwischen ihnen verwirklicht werden kann.

Gesetzt wir haben Bauer a, einen Schäffel Getreide c, Schuster b, seine nach der Regel des Ausgleichs bemessene Leistung d. Ließe sich die Wiedervergeltung nicht in dieser Weise durchführen, so gäbe es keine Gemeinschaft des Verkehrs.

Daß aber das Bedürfnis als eine verbindende Einheit die Menschen zusammenhält, erhellt daraus, daß wenn kein Teil des anderen bedarf, oder auch nur der eine des anderen nicht, sie in keinen Verkehr des Austausches treten, wie sie es tun, wenn der eine Teil dessen benötigt, was der andere hat, z. B. Wein, und darum die Getreideausfuhr freigibt. Hier ist also eine Gleichheit herzustellen.

Für einen späteren Austausch ist uns, wenn kein augenblickliches Bedürfnis dafür vorliegt, das Geld gleichsam Bürge, daß wir ihn im Bedürfnisfalle vornehmen können. Denn wer mit Geld kommt, muß nach Bedarf erhalten können. Freilich geht es mit dem Gelde, wie mit anderen Dingen: es behält nicht immer genau seinen Wert. Jedoch ist derselbe naturgemäß mehr den Schwankungen entzogen.

Daher muß alles seinen Preis haben; denn so wird immer Austausch und somit Verkehrsgemeinschaft sein können. Das Geld macht also wie ein Maß alle Dinge kommensurabel und stellt dadurch eine Gleichheit unter ihnen her. Denn ohne Austausch wäre keine Gemeinschaft und ohne Gleichheit kein Austausch und ohne Kommensurabilität keine Gleichheit. In Wahrheit können freilich Dinge, die so sehr von einander verschieden sind, nicht kommensurabel sein, für das Bedürfnis aber ist es ganz gut möglich. Es muß also ein Eines geben, welches das gemeinsame Maß vorstellt, und zwar kraft positiver Übereinkunft vorstellt, weshalb es auch Nomisma heißt, gleichsam vom Gesetz, Nomos, aufgestelltes Wertmaß. Denn alles wird nach ihm gemessen.

a sei ein Haus, b zehn Minen, c ein Bett, a ist nun ½ b, wenn das Haus fünf Minen wert oder ihnen gleich ist. Das Bett c sei $^1/_{10}$ b. So sieht man denn, wie viel Betten dem Hause gleich sind, nämlich fünf. Daß in dieser Weise der Austausch vor sich ging, bevor das Geld aufkam, ist klar. Denn es trägt nichts aus, ob man fünf Betten für ein Haus gibt oder den Geldwert der fünf Betten.

Neuntes Kapitel.

So wäre denn erklärt, was das Unrecht und was das Recht ist. – Auf grund der gegebenen Bestimmungen sieht man nun auch, daß die Ausübung der Gerechtigkeit die Mitte ist zwischen Unrecht tun und Unrecht leiden. Jenes heißt zu viel, dieses zu wenig haben. Die Gerechtigkeit ist aber nicht in derselben Weise eine Mitte wie die übrigen Tugenden, doch ist sie es insofern, als sie die Mitte herstellt, während die Ungerechtigkeit die Extreme hervorbringt.

(1134a) Näherhin ist die Gerechtigkeit jene Tugend, *kraft deren der Gerechte nach freier Wahl gerecht handelt und bei der Austeilung, handele es sich nun um sein eigenes Verhältnis zu einem anderen oder um das Verhältnis weiterer Personen zu einander, nicht so verfährt, daß er von dem Begehrenswerten sich selbst mehr und den anderen weniger zukommen läßt und es beim Schädlichen umgekehrt macht, sondern so, daß er die proportionale Gleichheit wahrt, und dann in gleicher Weise auch einem anderen mit Rücksicht auf einen Dritten zuerteilt.*

Die *Ungerechtigkeit* ist umgekehrt jenes Laster, *das freiwillig ungerecht handeln und ungerecht austeilen macht.* Das Ungerechte liegt aber in einem der Proportionalität zuwiderlaufenden Zuviel und Zuwenig des Nützlichen oder Schädlichen. Darum ist die Ungerechtigkeit gleichzeitig ein Zuviel und ein Zuwenig, weil sie nämlich auf das Zuviel und das Zuwenig gerichtet ist, so zwar, daß sie für sich selbst ein Plus des schlechthin Nützlichen und ein Minus des Schädlichen vorsieht, bei Anderen aber im Ganzen gleich ungerecht verfährt, nur daß es vom Zufall abhängt, wie auf beiden Seiten das richtige Verhältnis verletzt wird. Beim ungerechten Hergang liegt das Zuwenig im Unrechtleiden, das Zuviel im Unrechttun.

So viel sei denn gesagt über die Gerechtigkeit und Ungerechtigkeit und die Natur beider, und ebenso über Recht und Unrecht im allgemeinen.

Zehntes Kapitel.

Da man ein Unrecht begehen kann, ohne schon ein Ungerechter zu sein, so fragt es sich, durch was für ungerechte Handlungen man nach den einzelnen Arten der Ungerechtigkeit ein Ungerechter wird, ein Dieb z. B. oder ein Ehebrecher oder ein Räuber. Oder sollte etwa der Unterschied überhaupt darin nicht liegen? Kann man doch mit einem Weibe verkehren, wohl wissend, daß sie einem Anderen angehört, aber nicht aus prinzipieller Schlechtigkeit, sondern von der Leidenschaft verführt. Man begeht dann ein Unrecht und ist doch kein Ungerechter: man kann also stehlen, ohne ein Dieb, die Ehe brechen, ohne ein Ehebrecher zu sein, und so weiter.

Wie nun die Wiedervergeltung sich zum Recht verhält, ist vorhin erklärt worden. Man bemerke aber, daß es sich um das Recht schlechthin, nämlich *das politische Recht*, fragt. Dieses Recht hat seine Stelle, *wo eine Anzahl freier und gleichgestellter Menschen zwecks vollkommenen Selbstgenügens in Lebensgemeinschaft stehen, und richtet sich teils nach der Regel der Proportionalität* (distributive Gerechtigkeit), *teils nach der Regel der Zahl* (kommutative Gerechtigkeit); unter Menschen also, bei denen die Voraussetzung der Freiheit oder der Gleichheit nicht zutrifft, gibt es kein politisches Recht, immerhin aber noch ein gewisses, diesem ähnliches Recht. Ein eigentliches Recht ist da vorhanden, wo ein Gesetz ist, das das gegenseitige Verhältnis bestimmt; ein Gesetz wieder da, wo Personen sind, bei denen sich Ungerechtigkeit finden kann; denn der gesetzliche Rechtsspruch ist nichts anderes als ein Urteil über Recht und Unrecht. Bei wem sich aber Ungerechtigkeit findet, bei dem findet sich auch Unrechttun, wenn auch nicht immer umgekehrt bei dem, der Unrecht tut, Ungerechtigkeit vorhanden ist. Das Unrecht aber besteht darin, daß man sich selbst zu viel des schlechthin Guten und zu wenig des schlechthin Übeln zuteilt.

Darum lassen wir keinen Menschen, sondern die Vernunft herrschen, weil der Mensch sich in der bezeichneten Weise (1134b) zuteilt und ein Tyrann wird. Der wahre Herrscher ist Wächter des Rechtes und mit dem Rechte auch der Gleichheit. Und da er vor den Anderen nichts voraus zu haben meint, wenn er anders gerecht ist – denn er teilt sich selber kein Plus vom schlechthin Guten zu, außer etwa nach dem bei ihm in Betracht kommenden Verhältnis, und wirkt darum für einen Anderen, daher der oben schon berührte Ausspruch, die Gerechtigkeit sei ein fremdes Gut –, so muß ihm also ein gewisser Lohn zugestanden werden, und dies ist die Ehre und der Ruhm. Wem aber dieses nicht genügt, der wird ein Tyrann.

Das Recht *des Herrn* über den Sklaven und des *Vaters* über das Kind ist dem politischen Rechte nicht gleich, sondern ähnlich. Gibt es ja doch keine Ungerechtigkeit in Bezug auf das, was schlechthin unser eigen ist. Der häusliche Besitz und das Kind, solange es noch in einem bestimmten Alter steht und nicht selbständig geworden ist, sind wie ein Teil der eigenen Person. Sich selbst aber zu schaden hat niemand die Absicht. Darum kann man auch gegen sich selbst nicht eigentlich ungerecht sein, und kann es in Bezug auf einen selbst kein politisches Recht oder Unrecht geben. Denn ein solches beruhte uns ja auf dem Gesetze und galt uns nur für solche, bei denen es nach der Natur der Sache ein Gesetz geben kann, das heißt für Personen, die sich in Bezug auf Befehlen und Gehorchen gleich stehen.

Daher gibt es eher ein Recht *gegenüber der Frau* als gegenüber den Kindern und Sklaven, das ökonomische oder *häusliche Recht* nämlich, das aber auch von dem politischen verschieden ist.

Das politische Recht zerfällt in das *natürliche* und das *gesetzliche* (positive). Natürlich ist jenes, das überall die nämliche Geltung hat, unabhängig davon, ob es den Menschen gut scheint oder nicht; gesetzlich jenes, dessen Inhalt ursprünglich indifferent ist, das aber, einmal durch Gesetz festgelegt, seinen bestimmten Inhalt hat, z. B. die Anordnung, daß das Lösegeld für einen Gefangenen eine Mine betragen, oder daß man eine Ziege, keine zwei Schafe, opfern soll, ferner gesetzliche Bestimmungen, die für einzelne Fälle getroffen werden, z. B. daß dem Brasides geopfert werden soll, und endlich alles, was durch Plebiscite festgesetzt wird.

Einige sind aber der Meinung, alles Recht sei von dieser letzteren Art, weil alles Natürliche unbeweglich ist und überall dieselbe Kraft hat – wie z. B. das Feuer bei uns so gut wie bei den Persern brennt –, während man das Recht der Bewegung und dem Wandel unterworfen sieht. Allein es ist damit doch nicht grade so, wie man sagt, sondern nur mit Unterschied. Bei den Göttern freilich mag sich gar keine Bewegung finden. Bei uns dagegen ist zwar auch ein Naturbereich, derselbe steht aber ganz unter dem Gesetze der Bewegung. Und doch bleibt der Unterschied dessen, was von Natur und dessen, was nicht von Natur ist, aufrecht. Welches Recht aber in den Dingen, die auch anders sein können, natürlich ist und welches es nicht ist, sondern auf Gesetz und Übereinkunft beruht, obschon beides gleichermaßen beweglich ist, ist von selbst einleuchtend. Diese Unterscheidung gilt ja auch sonst. Die rechte Hand ist z. B. von Natur stärker, und doch kann es Menschen geben, die beide Hände gleich gut gebrauchen. (1135a) Mit denjenigen Rechtsbestimmungen aber, die auf der Übereinkunft und dem Nutzen beruhen, verhält es sich ähnlich wie mit den Maßen. Die Maße für Öl und Getreide sind nicht überall gleich, sondern da, wo diese Erzeugnisse gekauft werden, sind sie (wegen des größeren Vorrats) größer, dagegen wo sie wieder verkauft werden, kleiner. Ebenso sind die nicht natürlichen, sondern vom menschlichen Willen getroffenen Rechtsbestimmungen nicht allerorts dieselben, grade so, wie es auch die Staatsverfassungen nicht sind, und doch ist eine allein von Natur die beste, finde sie sich, wo sie wolle.

Jede einzelne Bestimmung des Rechtes und Gesetzes verhält sich wie das Allgemeine zum Besonderen. Der konkreten praktischen Fälle sind ja viele, jene Bestimmungen sind aber je eine einzelne, weil sie allgemein für alle einschlägigen Fälle gelten.

Es ist ein Unterschied zwischen ungerechter Handlung und Unrecht, so wie zwischen gerechter Handlung und Recht. Unrecht ist etwas von Natur oder kraft Verordnung. Eben dieses ist, wenn es getan wird, eine ungerechte Handlung; bevor es getan wird, ist es das noch nicht, sondern Unrecht. Dasselbe gilt von der gerechten Handlung. Als gemeinsame Bezeichnung ist das Wort »Dikaiopragema« gebräuchlicher, während der Ausdruck »Dikaioma« speziell für die Berichtigung des Unrechts gebraucht wird.

Welcherlei und wie viele Unter-Arten der beiden Rechte es im einzelnen gibt, und mit was für Gegenständen diese es zu tun haben, werden wir später (in der *Politik*) betrachten.

Da es mit Recht und Unrecht so bestellt ist, so wird eine ungerechte oder eine gerechte Handlung nur dann begangen, wenn man freiwillig recht oder unrecht tut. Geschieht es unfreiwillig, so kommt nur zufällig oder mitfolgend eine ungerechte oder eine gerechte Handlung zustande, indem man nämlich tut was mitfolgend recht oder unrecht ist. Über die ungerechte und gerechte Handlung aber entscheidet das Moment der Freiwilligkeit und Unfreiwilligkeit. Erst wenn ein Unrecht freiwillig ist, unterliegt es dem Tadel, und dann liegt zugleich eine ungerechte Handlung vor, so daß etwas so lange blos Unrecht und noch keine ungerechte Handlung ist, als nicht die Freiwilligkeit herzutritt.

Als *freiwillig* gilt mir, wie schon früher erklärt worden, eine Handlung, die zu verrichten bei ihrem Urheber steht, und die man mit Wissen verrichtet, ohne bezüglich der Person, der sie gilt, und des Werkzeuges und des Beweggrundes, z. B. darüber, wen man schlägt, und womit und weshalb man ihn schlägt, in einem Irrtum befangen zu sein; auch muß man alles dieses an sich und nicht blos mitfolgend wissen und muß frei von Zwange sein. Wenn z. B. einer meine

Hand nimmt und damit einen Dritten schlägt, so tue ich das nicht freiwillig, weil es nicht bei mir stand. Es kann auch geschehen, daß der Geschlagene der Vater des Schlägers ist und der letztere zwar weiß, daß der Geschlagene ein Mensch oder einer der Anwesenden ist, nicht aber, daß es sein Vater ist. Dieses gilt in gleicher Weise von dem Beweggrund und allen anderen Umständen einer Handlung. Demnach ist unfreiwillig was man unwissentlich tut oder zwar nicht unwissentlich, aber doch ohne anders zu können, oder was man aus Zwang tut. Denn auch manches, was die Natur mit sich bringt, tun und leiden wir wissentlich, was doch weder (1135b) freiwillig noch unfreiwillig ist, wie daß wir alt werden und sterben.

Ebenso ist es mit der Zufälligkeit, wenn es sich um Recht und Unrecht handelt. Einer kann ein Pfand unfreiwillig und aus Furcht zurückgeben, und doch darf man darum nicht sagen, der Betreffende tue was recht ist oder verrichte eine gerechte Handlung, außer zufälliger oder mitfolgender Weise. Ebenso ist von einem, der ein Pfand nur gezwungen und unfreiwillig nicht ausfolgt, zu sagen, daß er nur mitfolgend eine ungerechte Handlung begeht und tut was unrecht ist.

Das Freiwillige tun wir teils vorsätzlich, teils unvorsätzlich: vorsätzlich was wir vorher überlegt haben, unvorsätzlich was wir nicht vorher überlegt haben. Von den drei Arten von Schädigungen nun, die im Verkehre vorkommen, liegen die *unwissentlichen Verfehlungen* dann vor, wenn die Person, der man etwas tut, und ebenso der Inhalt, das Werkzeug und der Erfolg der betreffenden Handlung andere sind, als der Handelnde meinte. Er mag nämlich gedacht haben, er werfe oder stoße überhaupt nicht, oder nicht mit dem betreffenden Instrument, oder den nicht, oder nicht mit dem Ausgang. Nun aber geschieht es mit einem Erfolg, an den er nicht gedacht hat, daß z. B. eine Wunde schlägt, wo er nur die Haut ritzen wollte, oder es geschieht an jemanden, den er nicht gemeint hat, oder in einer Art und in einem Grade, die nicht in seiner Absicht lagen. Ist die Schädigung ohne irgend welche Absicht herbeigeführt worden, so liegt ein Unglück vor; ist sie aber nicht ganz unabsichtlich, aber doch nicht aus böser Absicht geschehen, so ist es eine Verfehlung. Denn eine Verfehlung liegt vor, wenn die erste Ursache des Vorgangs im Handelnden selbst liegt, ein Unglück dagegen, wo sie außer ihm liegt.

Hat man zwar wissentlich gehandelt, aber ohne vorherige Überlegung, so ist es eine *ungerechte Handlung*, z. B. alles, was dem Menschen im Zorn oder in anderen notwendigen oder natürlichen Affekten zu tun begegnen kann. Denn wenn man in dieser Weise einen schädigt und sich verfehlt, so tut man zwar unrecht und liegt eine ungerechte Handlung vor, aber man ist doch deswegen noch kein Ungerechter und kein Bösewicht, da die Schädigung nicht aus Bosheit geschehen ist.

Handelt man aber mit Vorsatz, so ist man ein *ungerechter und böser Mensch*.

Daher heißt es treffend: »Im Zorn getan, gilt nicht als vorbedacht getan.« Denn der Anfang der Handlung liegt nicht in dem, der im Zorn handelt, sondern in dem, der ihn zornig gemacht hat. Ferner streitet man auch in solchen Fällen nicht darüber, ob etwas wirklich geschehen ist oder nicht, sondern darüber, ob es recht war. Denn der Zorn wird durch eine vermeintliche Ungerechtigkeit hervorgerufen. Man streitet ja hier nicht über die Tatsache wie bei Verträgen, wo der eine der Kontrahenten ein schlechter Mensch sein muß, wenn er nicht etwa seine entgegengesetzte Behauptung aus Vergeßlichkeit aufstellt, sondern über die Tatsache herrscht Einverständnis, und der Streit bewegt sich nur darum, ob etwas recht gehandelt war oder nicht. Der Betrüger aber weiß den Sachverhalt recht wohl, und so meint der eine wirklich Unrecht zu leiden, der andere nicht.

(1136a) Wenn man einen aber vorsätzlich schädigt, so begeht man eine Ungerechtigkeit. Und erst wer in diesem Sinne Unrecht begeht, ist *ungerecht*, wenn was er tut, gegen die Proportionalität oder die Gleichheit anläuft. Ebenso ist man *gerecht*, wenn man vorsätzlich gerecht handelt. Gerecht handelt man aber, wenn man nur freiwillig handelt. Die unfreiwilligen Handlungen aber sind teils solche, die Nachsicht verdienen, teils solche, die Nachsicht nicht verdienen. Nachsicht verdienen fehlerhafte Handlungen, wenn sie nicht blos in Unwissenheit, sondern auch aus Unwissenheit geschehen. Keine Nachsicht dagegen verdienen jene fehlerhaften Handlungen, die nicht aus Unwissenheit geschehen, sondern zwar in Unwissenheit, aber einer solchen, die durch eine weder natürliche noch menschliche Leidenschaft verschuldet ist.

Elftes Kapitel.

Man könnte aber zweifeln, ob die gegebenen Bestimmungen über Unrechtleiden und Unrechttun zutreffend sind, wenn es für's erste einen Fall geben kann, wie den, den *Euripides* in den ungereimten Worten vorträgt:

> »Getödtet hab' ich meine Mutter, kurz gesagt,
> Sie wollt', ich wollte – nein, sie wollt', ich wollte nicht«;

ob es nämlich in Wahrheit möglich ist, mit Willen Unrecht zu leiden, oder ob nicht vielmehr alles Unrechtleiden unfreiwillig ist, wie alles Unrechttun freiwillig. Und ist etwa alles (Unrechtleiden) dies, oder (alles) jenes, wie alles Unrechttun freiwillig, oder ist es bald freiwillig, bald unfreiwillig?

Sodann wirft die gleiche Frage sich beim Rechtleiden auf. Alles Rechttun ist nämlich freiwillig, und so scheint die Annahme begründet, daß zu beidem (dem Unrecht- und Rechttun) das Unrecht- und Rechtleiden in Bezug auf Freiwilligkeit und Unfreiwilligkeit sich gleichmäßig umgekehrt verhält. Es erschiene auch beim Rechtleiden als Ungereimtheit, wenn es immer freiwillig sein sollte, da manche auch ihr Recht gar nicht freiwillig erleiden.

Es liegt auch noch insofern Anlaß zu Bedenken vor, als man zweifeln kann, ob jeder, der erlitten hat was Unrecht ist, auch Unrecht leidet, oder ob es sich nicht vielmehr mit dem Erleiden ebenso wie mit dem Tun verhält. Man kann ja an beiden Weisen des Rechts (dem Tun und Leiden) mitfolgend Anteil haben, wie auch an den beiden Weisen des Unrechts. Etwas Unrechtes tun ist ja nicht dasselbe mit Unrechttun, etwas Unrechtes erleiden nicht dasselbe mit Unrechtleiden. Und dieselbe Bewandtnis hat es mit dem Rechttun und Rechtleiden. Denn es ist unmöglich, Unrecht zu leiden, wenn niemand ist, der Unrecht tut oder sein Recht zu leiden, wenn niemand ist, der recht tut.

Und, wenn Unrechttun nichts weiter ist, als freiwillig einen schädigen, und freiwillig schädigen so viel ist, als schädigen mit Erkenntnis der geschädigten Person und des Mittels und der Weise der Schädigung, und wenn z. B. der Unenthaltsame freiwillig sich selber schädigt, so leidet er demnach freiwillig Unrecht, und so wäre es möglich, sich selbst Unrecht zu tun – das ist auch noch eine Schwierigkeit, die der Lösung harrt, ob man sich selbst Unrecht tun kann.

(1136b) Ferner, man kann sich aus Unenthaltsamkeit freiwillig von einem anderen, der ebenfalls freiwillig handelt, Schaden zufügen lassen, so daß es also möglich wäre, mit Willen Unrecht zu leiden.

Oder sollte etwa die gegebene Bestimmung nicht richtig sein, sondern zu der Bedingung, daß die Schädigung mit Erkenntnis der geschädigten Person und des Werkzeugs und des Wie geschehen muß, noch als weitere gehören, daß sie gegen den Willen des Geschädigten erfolgen muß? Geschädigt werden demnach und materielles Unrecht leiden kann man mit Willen, aber förmliches Unrecht leidet niemand mit Willen. Denn das will niemand, auch der Unenthaltsame nicht, vielmehr handelt derselbe nur gegen seinen eigenen Willen. Einerseits *will* ja niemand solches, was er nicht für tugendhaft hält, und anderseits tut der Unenthaltsame nicht, was er selber glaubt tun zu sollen. Wer aber das Seinige hingibt, wie Homer den Glaukus dem Diomedes geben läßt:

> »Die goldene Rüstung für Erz;
> Jene war hundert Ochsen an Wert gleich, diese nur neunen« ,

der leidet kein Unrecht; denn es steht bei ihm zu geben, Unrecht zu leiden aber steht nicht bei uns, sondern dazu gehört, daß Einer sei, der Unrecht tut.

So erhellt denn, daß das Unrechtleiden nicht freiwillig ist.

Zwölftes Kapitel.

Noch sind von den Fragen, die wir uns zur Besprechung vorgesetzt haben, zwei zu erledigen, die eine, ob etwa Unrecht tut wer mehr als billig austeilt, oder wer mehr als billig empfängt; die andere, ob man sich auch selbst Unrecht tun kann.

Bezüglich der ersten Frage erhebt sich folgendes Bedenken. Wenn es so sein kann, wie wir oben gesagt haben, daß der, der zuviel austeilt, nicht der, der zuviel erhält, Unrecht tut, so tut einer, wenn er dem anderen mit Wissen und Willen mehr zuteilt als sich, sich selbst Unrecht. Nun aber sind es erfahrungsmäßig grade die bescheidenen Charaktere, die so zu handeln pflegen. Der billige Mann ist ja sich selbst zu verkürzen geneigt. Oder ist es mit der Selbstverkürzung doch nicht so schlechthin richtig? Der Betreffende gewinnt nämlich etwa bei Gelegenheit ein Mehr an anderem Gut, an Ehre z. B. oder sittlichem Verdienste. Eine weitere Lösung dieser Schwierigkeit ergibt sich aus der gegebenen genaueren Bestimmung des Unrechttuns. Dem Manne, an den wir denken, geschieht nichts gegen seinen vernünftigen Willen, daher er auch wegen seiner Liberalität kein Unrecht, sondern, wenn man denn will, nur einen Schaden erleidet.

Es ist aber auch aus positiven Gründen klar, daß immer der zuviel Austeilende, nicht der Empfänger, Unrecht tut.

Nicht der, bei dem sich Ungerechtes vorfindet, sondern der, von dem es wahr ist, daß er dies mit Willen herbeigeführt hat, tut Unrecht. Das ist aber der, in dem der Anfang der Handlung liegt, ein Anfang, der eben in dem Austeilenden, nicht in dem Empfänger zu suchen ist.

Da ferner das Tun vieldeutig ausgesagt wird, und eine Tödtung z. B. auch durch Unbeseeltes und durch die Hand und durch einen von seinem Herrn beauftragten Diener geschehen kann, so tun Diener, Hand und Seelenloses kein Unrecht, sondern blos was unrecht ist (und so tut auch der leidend das zuviel Empfangende kein Unrecht, wohl aber der Austeilende).

Ein Richter endlich, der unwissentlich ein Urteil gefällt hat, begeht kein gesetzliches Unrecht, und sein Urteil ist nicht ungerecht, wenn es auch so gut wie ungerecht ist – denn das gesetzliche (positive) Recht ist ein anderes als das erste, das natürliche Recht (worüber man nicht unwissend sein kann) –; hat er aber wissentlich ungerecht entschieden, (1137a) so teilt er sich auch selbst ein ungerechtes Mehr zu, sei es an Gunst bei der einen, sei es an Rache gegenüber der anderen Partei. Gerade so nun, wie wenn einer sich in ungerechtes Gut mit anderen teilte, hat der, der aus solchen Rücksichten einen ungerechten Spruch gefällt hat, zu viel. Denn auch wer in einem Prozesse über den Besitz eines Ackers (in gewinnsüchtiger Absicht) entschieden hat, bekommt nicht den Acker, sondern Geld.

Dreizehntes Kapitel.

Die Leute meinen nun, es stehe bei ihnen, Unrecht zu tun, und deshalb sei es auch leicht gerecht zu sein. Aber dem ist nicht so. Der Frau des Nachbars beiwohnen, seinen Nächsten schlagen, ihm mit der Hand das geschuldete Geld geben ist leicht und steht in des Menschen Gewalt, aber aus einem festen Habitus heraus so zu handeln, ist nicht leicht und steht nicht ohne weiteres in des Menschen Gewalt.

Desgleichen meint man, Recht und Unrecht zu kennen sei keine besondere Weisheit, da es nicht schwer sei, zu verstehen wovon die Gesetze reden. Aber das ist ja nur mitfolgend das Recht: Recht an sich ist was in konkret bestimmter Weise getan und zugeteilt wird. Und hier immer das Richtige heraus zu finden, erfordert mehr, als z. B. die medizinischen Heilmittel zu kennen. Denn auch hier ist es leicht, die Wirkung von Honig, Wein und Nießwurz, vom Brennen und Schneiden zu kennen; aber zu wissen, wie und bei wem und wann man alles dieses anwenden muß, damit es der Gesundheit diene, ist gerade so schwer, als Arzt zu sein.

Eben darum meint man auch, der Gerechte sei ebenso gut im Stande, Unrecht zu tun, weil der Gerechte ebenso gut, ja, noch besser, die einzelnen Handlungen der Ungerechtigkeit ausführen könne; ebenso gut könne er einem Weibe beiwohnen und Schläge austeilen, als der Mutige den Schild wegwerfen, dem Feinde den Rücken kehren und Hals über Kopf davon laufen könne. Aber feige sein und Unrecht tun heißt nicht eben Handlungen der Feigheit und Ungerechtigkeit begehen außer mitfolgend, sondern sie aus einem bestimmten Habitus heraus begehen, grade so wie Arztsein und Heilen nicht heißt schneiden oder nicht schneiden, Arzneien geben oder nicht geben, sondern es in konkret bestimmter Weise tun.

Das Recht hat seine Stelle unter Wesen, die an den Gütern schlechthin teilhaben und davon ein Zuviel und ein Zuwenig haben können. Es gibt Wesen, die kein Zuviel davon haben können, und dies sind vielleicht die Götter, und wieder Andere gibt es, unheilbar Schlechte, denen kein Teil davon frommt, sondern alles schadet, und endlich gibt es solche, denen sie innerhalb bestimmter Grenzen nützlich sind. Darum ist das Recht ein menschliches Ding.

Vierzehntes Kapitel.

Hiernächst ist von der *Billigkeit* (Epikie) und dem *Billigen* zu handeln und zu erklären, wie sich die Billigkeit zur Gerechtigkeit und das Billige zum Recht verhält. Denn bei näherer Betrachtung erscheinen beide weder als schlechthin einerlei, noch als der Gattung nach von einander verschieden; und einerseits loben wir das Billige und den billigen Mann in der Art, daß wir lobend diesen (1137b) Ausdruck statt gut auch auf anderes übertragen und zu verstehen geben, daß das Billigere das Bessere ist, anderseits erscheint es, wenn man sich an die Logik hält, als ungereimt, daß das Billige Lob verdienen und doch vom Recht verschieden sein soll. Denn entweder ist das Recht nicht trefflich und gut, oder das Billige, wenn vom Recht verschieden, nicht gerecht, oder wenn beide trefflich und gut sind, sind sie einerlei.

Das ist es so ziemlich, weshalb sich für den Begriff der Billigkeit Schwierigkeiten ergeben. Allein alles ist in gewisser Weise richtig, und von einem verborgenen Widerspruch, den es etwa einschlösse, kann keine Rede sein. Einerseits nämlich ist das Billige, mit einem gewissen Recht verglichen, ein besseres Recht, anderseits ist es nicht in dem Sinne besser als das Recht, als wäre es eine andere Gattung. Recht und Billigkeit sind also einerlei, und obschon beide trefflich und gut sind, so ist doch die Billigkeit das Bessere. Die Schwierigkeit rührt nur daher, daß das Billige zwar ein Recht ist, aber nicht im Sinne des gesetzlichen Rechts, sondern als eine Korrektur desselben. Das hat darin seinen Grund, daß jedes Gesetz allgemein ist und bei manchen Dingen richtige Bestimmungen durch ein allgemeines Gesetz sich nicht geben lassen. Wo nun eine allgemeine Bestimmung zu treffen ist, ohne daß sie ganz richtig sein kann, da berücksichtigt das Gesetz die Mehrheit der Fälle, ohne über das diesem Verfahren anhaftende Gebrechen im unklaren zu sein. Nichts destoweniger ist dieses Verfahren richtig. Denn der Fehler liegt nicht an dem Gesetze noch an dem Gesetzgeber, sondern in der Natur der Sache. Denn im Gebiet des Handelns ist die ganze Materie von vornherein so (daß das gedachte Gebrechen nicht ausbleibt). Wenn demnach das Gesetz allgemein spricht, aber in concreto ein Fall eintritt, der in der allgemeinen Bestimmung nicht einbegriffen ist, so ist es, in Betracht daß der Gesetzgeber diesen Fall außer Acht läßt und, allgemein sprechend, gefehlt hat, richtig gehandelt, das Versäumte zu verbessern, wie es auch der Gesetzgeber selbst, wenn er den Fall vor sich hätte, tun, und wenn er ihn gewußt hätte, es im Gesetze bestimmt haben würde. Daher ist das Billige ein Recht und besser als ein gewisses Recht, aber nicht besser als das Recht schlechthin, sondern als jenes Recht, das, weil es keinen Unterschied kennt, mangelhaft ist. Und das ist die Natur des Billigen: es ist eine Korrektur des Gesetzes, da wo dasselbe wegen seiner allgemeinen Fassung mangelhaft bleibt. Dies ist auch die Ursache davon, daß nicht alles gesetzlich geregelt ist; denn über manche Dinge läßt sich kein Gesetz geben, so daß es hier eines Plebiscites bedarf. Das Unbestimmte hat ja auch ein unbestimmtes Richtmaß, ähnlich wie bei der lesbischen Bauart ein bleiernes Richtmaß zur Verwendung kommt. Denn wie dieses Richtmaß sich der Gestalt des Steines angleicht und nicht dieselbe Länge behält, so gleicht das Plebiscit sich den besonderen faktischen Verhältnissen an.

So ist denn klar, was *das Billige* ist, und daß es ein Recht ist, und besser als ein gewisses Recht. Hieraus sieht man aber auch, wer *der Billige* sei: wer solches Recht will, (1138a) wählt und übt, wer nicht das Recht zu Ungunsten Anderer auf die Spitze treibt, sondern vom Rechte, ob es ihm gleich beisteht, nachzulassen weiß, der ist billig und sein Habitus die Billigkeit, die eine Art Gerechtigkeit und kein von ihr verschiedener Habitus ist.

Fünfzehntes Kapitel.

Aus dem Gesagten erhellt nun auch, ob man sich selbst Unrecht tun kann oder nicht.

Recht in *einem* Sinne ist was vom Gesetze in Bezug auf jede einzelne Tugend geboten ist. Nun gebietet das Gesetz aber z. B. nicht, sich selbst zu tödten; was es aber nicht zu tödten gebietet, das zu tödten verbietet es.

Ferner, wenn man jemanden freiwillig wider das Gesetz schädigt, ohne damit eine erlittene Schädigung zu rächen, so tut man Unrecht. Freiwillig handelt aber wer da weiß, gegen wen die Handlung gerichtet ist, und womit sie vollzogen wird. Wer aber aus Zorn sich selbst entleibt, tut freiwillig gegen die rechte Vernunft was das Gesetz nicht zuläßt, tut also Unrecht.

Aber wem? Nicht etwa dem Gemeinwesen, sich aber nicht? Er leidet ja freiwillig, und niemand leidet freiwillig Unrecht. Darum straft ihn auch die Obrigkeit und haftet dem Selbstmörder, als einem Menschen, der sich am gemeinen Wesen versündigt hat, eine Makel an.

140

Es kann aber auch wer nur Unrecht tut und nicht ganz schlecht ist, in dem, worin er ungerecht ist, sich nicht selbst Unrecht tun – dieses (Ungerechtigkeit nach einer bestimmten Seite) ist nämlich mit jenem (gesetzlicher Ungerechtigkeit überhaupt) nicht einerlei. Ein solcher Ungerechter ist ungefähr in der Weise schlecht wie der Feige, also nicht als haftete ihm die ganze Schlechtigkeit an, und demnach tut er auch nicht in diesem Sinne Unrecht –.

Denn sonst könnte einem etwas gleichzeitig entzogen worden und zugefallen sein, was unmöglich ist: Recht und Unrecht setzt immer ein Verhältnis von mehreren voraus.

Ferner (ist das Unrechttun) freiwillig und vorsätzlich und früher (als das Unrechtleiden). Denn wer ein Unrecht erlitten hat und dem anderen dafür dasselbe wieder antut, scheint kein Unrecht zu tun. Um aber sich selbst Unrecht zu tun, müßte man etwas zugleich leiden und tun.

Ferner könnte man freiwillig Unrecht leiden.

Überdies tut niemand Unrecht, ohne eine einzelne ungerechte Handlung zu begehen; nun kann aber niemand mit seiner eigenen Frau die Ehe brechen oder in sein eigenes Haus einen Einbruch verüben oder seine eigene Habe stehlen.

Die vollständigste Lösung der Frage wegen der Möglichkeit sich selbst Unrecht zu tun, ergibt sich immer vom Gesichtspunkte der früheren Bestimmung, nach der niemand freiwillig Unrecht leiden kann.

Es leuchtet auch ein, daß zwar beides, Unrechtleiden und Unrechttun, vom Bösen ist. Denn bei dem einen hat man weniger als die Mitte, bei dem anderen mehr; die Mitte aber ist dem ähnlich, was in der Heilkunst die Gesundheit, in der Gymnastik die gute Leibesbeschaffenheit ist; aber es ist doch schlimmer, Unrecht zu tun. Denn Unrechttun führt Schlechtigkeit mit sich und ist tadelnswert, und jene Schlechtigkeit ist entweder die vollendete und schlechthinnige oder steht ihr doch nahe – denn nicht alles Freiwillige ist ungerecht –; das Unrechtleiden aber führt keine Schlechtigkeit und Ungerechtigkeit mit sich. Also an (1138b) sich ist Unrechtleiden weniger schlimm, mitfolgend aber kann es gar wohl das größere Übel sein. Darum aber bekümmert sich die Wissenschaft nicht. Für sie ist eine Lungenentzündung ein schlimmerer Fall als eine Verstauchung, gleichwohl kann es mitfolgend auch einmal umgekehrt kommen, wenn der Verstauchte durch seinen Fall in die Hände der Feinde gerät und von ihnen getödtet wird.

Im übertragenen Sinne aber und im Sinne einer gewissen Ähnlichkeit gibt es allerdings ein Recht nicht der Person gegen sich selbst, aber doch des einen Teils von ihr gegen die anderen, ein Recht jedoch, das nicht mit allem Recht, sondern nur mit dem des Herrn gegen die Sklaven oder des Hausvaters gegen seine Kinder zu vergleichen ist. Nach diesen Verhältnissen nämlich bemißt sich der Abstand zwischen dem vernünftigen und dem unvernünftigen Seelenteil. Im Hinblick hierauf meint man also, es gebe auch eine Ungerechtigkeit gegen sich selbst, weil es nämlich durch die Macht der Affekte geschehen kann, daß man etwas gegen das eigene Begehren erleidet. Wie es sonach ein Recht zwischen Herrscher und Untertan gibt, so soll es auch ein Recht zwischen den verschiedenen Seelenteilen geben.

So mag denn von der Gerechtigkeit und den anderen sittlichen Tugenden in dieser Weise gehandelt sein

13.2 Oliver Wendell Holmes, Jr.: The Path of the Law[327]

When we study law we are not studying a mystery but a well-known profession. We are studying what we shall want in order to appear before judges, or to advise people in such a way as to keep them out of court. The reason why it is a profession, why people will pay lawyers to argue for them or to advise them, is that in societies like ours the command of the public force is intrusted to the judges in certain cases, and the whole power of the state will be put forth, if necessary, to carry out their judgments and decrees. People want to know under what circumstances and how far they will run the risk of coming against what is so much stronger than themselves, and hence it becomes a business to find out when this danger is to be feared. The object of our study, then, is prediction, the prediction of the incidence of the public force through the instrumentality of the courts.

The means of the study are a body of reports, of treatises, and of statutes, in this country and in England, extending back for six hundred years, and now increasing annually by hundreds. In these sibylline leaves are gathered the scattered prophecies of the past upon the cases in which the axe will fall. These are what properly have been called the oracles of the law. Far the most important and pretty nearly the whole meaning of every new effort of legal thought is to make these prophecies more precise, and to generalize them into a thoroughly connected system. The process is one, from a lawyer's statement of a case, eliminating as it does all the dramatic elements with which his client's story has clothed it, and retaining only the facts of legal import, up to the final analyses and abstract universals of theoretic jurisprudence. The reason why a lawyer does not mention that his client wore a white hat when he made a contract, while Mrs. Quickly would be sure to dwell upon it along with the parcel gilt goblet and the sea-coal fire, is that he foresees that the public force will act in the same way whatever his client had upon his head. It is to make the prophecies easier to be remembered and to be understood that the teachings of the decisions of the past are put into general propositions and gathered into textbooks, or that statutes are passed in a general form. The primary rights and duties with which jurisprudence busies itself again are nothing but prophecies. One of the many evil effects of the confusion between legal and moral ideas, about which I shall have something to say in a moment, is that theory is apt to get the cart before the horse, and consider the right or the duty as something existing apart from and independent of the consequences of its breach, to which certain sanctions are added afterward. But, as I shall try to show, a legal duty so

---

[327]   10 Harvard Law Review 457 (1897); hier aus:
        http://www.constitution.org/lrev/owh/path_law.htm [5. 10. 2008].

called is nothing but a prediction that if a man does or omits certain things he will be made to suffer in this or that way by judgment of the court; and so of a legal right.

The number of our predictions when generalized and reduced to a system is not unmanageably large. They present themselves as a finite body of dogma which may be mastered within a reasonable time. It is a great mistake to be frightened by the ever-increasing number of reports. The reports of a given jurisdiction in the course of a generation take up pretty much the whole body of the law, and restate it from the present point of view. We could reconstruct the corpus from them if all that went before were burned. The use of the earlier reports is mainly historical, a use about which I shall have something to say before I have finished.

I wish, if I can, to lay down some first principles for the study of this body of dogma or systematized prediction which we call the law, for men who want to use it as the instrument of their business to enable them to prophesy in their turn, and, as bearing upon the study, I wish to point out an ideal which as yet our law has not attained.

The first thing for a businesslike understanding of the matter is to understand its limits, and therefore I think it desirable at once to point out and dispel a confusion between morality and law, which sometimes rises to the height of conscious theory, and more often and indeed constantly is making trouble in detail without reaching the point of consciousness. You can see very plainly that a bad man has as much reason as a good one for wishing to avoid an encounter with the public force, and therefore you can see the practical importance of the distinction between morality and law. A man who cares nothing for an ethical rule which is believed and practised by his neighbors is likely nevertheless to care a good deal to avoid being made to pay money, and will want to keep out of jail if he can.

I take it for granted that no hearer of mine will misinterpret what I have to say as the language of cynicism. The law is the witness and external deposit of our moral life. Its history is the history of the moral development of the race. The practice of it, in spite of popular jests, tends to make good citizens and good men. When I emphasize the difference between law and morals I do so with reference to a single end, that of learning and understanding the law. For that purpose you must definitely master its specific marks, and it is for that that I ask you for the moment to imagine yourselves indifferent to other and greater things.

144

I do not say that there is not a wider point of view from which the distinction between law and morals becomes of secondary or no importance, as all mathematical distinctions vanish in presence of the infinite. But I do say that that distinction is of the first importance for the object which we are here to consider – a right study and mastery of the law as a business with well understood limits, a body of dogma enclosed within definite lines. I have just shown the practical reason for saying so. If you want to know the law and nothing else, you must look at it as a bad man, who cares only for the material consequences which such knowledge enables him to predict, not as a good one, who finds his reasons for conduct, whether inside the law or outside of it, in the vaguer sanctions of conscience. The theoretical importance of the distinction is no less, if you would reason on your subject aright. The law is full of phraseology drawn from morals, and by the mere force of language continually invites us to pass from one domain to the other without perceiving it, as we are sure to do unless we have the boundary constantly before our minds. The law talks about rights, and duties, and malice, and intent, and negligence, and so forth, and nothing is easier, or, I may say, more common in legal reasoning, than to take these words in their moral sense, at some state of the argument, and so to drop into fallacy. For instance, when we speak of the rights of man in a moral sense, we mean to mark the limits of interference with individual freedom which we think are prescribed by conscience, or by our ideal, however reached. Yet it is certain that many laws have been enforced in the past, and it is likely that some are enforced now, which are condemned by the most enlightened opinion of the time, or which at all events pass the limit of interference, as many consciences would draw it. Manifestly, therefore, nothing but confusion of thought can result from assuming that the rights of man in a moral sense are equally rights in the sense of the Constitution and the law. No doubt simple and extreme cases can be put of imaginable laws which the statute-making power would not dare to enact, even in the absence of written constitutional prohibitions, because the community would rise in rebellion and fight; and this gives some plausibility to the proposition that the law, if not a part of morality, is limited by it. But this limit of power is not coextensive with any system of morals. For the most part it falls far within the lines of any such system, and in some cases may extend beyond them, for reasons drawn from the habits of a particular people at a particular time. I once heard the late Professor Agassiz say that a German population would rise if you added two cents to the price of a glass of beer. A statute in such a case would be empty words, not because it was wrong, but because it could not be enforced. No one will deny that wrong statutes can be and are enforced, and we would not all agree as to which were the wrong ones.

The confusion with which I am dealing besets confessedly legal conceptions. Take the fundamental question, What constitutes the law? You will find some text writers telling you that it is something different from what is decided by the courts of Massachusetts or England, that it is a system of reason, that it is a deduction from principles of ethics or admitted axioms or what not, which may or may not coincide with the decisions. But if we take the view of our friend the bad man we shall find that he does not care two straws for the axioms or deductions, but that he does want to know what the Massachusetts or English courts are likely to do in fact. I am much of this mind. The prophecies of what the courts will do in fact, and nothing more pretentious, are what I mean by the law.

Take again a notion which as popularly understood is the widest conception which the law contains – the notion of legal duty, to which already I have referred. We fill the word with all the content which we draw from morals. But what does it mean to a bad man? Mainly, and in the first place, a prophecy that if he does certain things he will be subjected to disagreeable consequences by way of imprisonment or compulsory payment of money. But from his point of view, what is the difference between being fined and taxed a certain sum for doing a certain thing? That his point of view is the test of legal principles is proven by the many discussions which have arisen in the courts on the very question whether a given statutory liability is a penalty or a tax. On the answer to this question depends the decision whether conduct is legally wrong or right, and also whether a man is under compulsion or free. Leaving the criminal law on one side, what is the difference between the liability under the mill acts or statutes authorizing a taking by eminent domain and the liability for what we call a wrongful conversion of property where restoration is out of the question. In both cases the party taking another man's property has to pay its fair value as assessed by a jury, and no more. What significance is there in calling one taking right and another wrong from the point of view of the law? It does not matter, so far as the given consequence, the compulsory payment, is concerned, whether the act to which it is attached is described in terms of praise or in terms of blame, or whether the law purports to prohibit it or to allow it. If it matters at all, still speaking from the bad man's point of view, it must be because in one case and not in the other some further disadvantages, or at least some further consequences, are attached to the act by law. The only other disadvantages thus attached to it which I ever have been able to think of are to be found in two somewhat insignificant legal doctrines, both of which might be abolished without much disturbance. One is, that a contract to do a prohibited act is unlawful, and the other, that, if one of two or more joint wrongdoers has to pay all the damages, he cannot recover contribution from his fellows. And that I believe is all. You see how the vague circumference of the notion of duty shrinks and at the same time grows more precise when we wash it with cynical acid and expel everything except the object of our study, the operations of the law.

Nowhere is the confusion between legal and moral ideas more manifest than in the law of contract. Among other things, here again the so-called primary rights and duties are invested with a mystic significance beyond what can be assigned and explained. The duty to keep a contract at common law means a prediction that you must pay damages if you do not keep it – and nothing else. If you commit a tort, you are liable to pay a compensatory sum. If you commit a contract, you are liable to pay a compensatory sum unless the promised event comes to pass, and that is all the difference. But such a mode of looking at the matter stinks in the nostrils of those who think it advantageous to get as much ethics into the law as they can. It was good enough for Lord Coke, however, and here, as in many others cases, I am content to abide with him. In *Bromage v. Genning*, a prohibition was sought in the Kings' Bench against a suit in the marches of Wales for the specific performance of a covenant to grant a lease, and Coke said that it would subvert the intention of the covenantor, since he intends it to be at his election either to lose the damages or to make the lease. Sergeant Harra for the plaintiff confessed that he moved the matter against his conscience, and a prohibition was granted. This goes further than we should go now, but it shows what I venture to say has been the common law point of view from the beginning, although Mr. Harriman, in his very able little book upon *Contracts* has been misled, as I humbly think, to a different conclusion.

I have spoken only of the common law, because there are some cases in which a logical justification can be found for speaking of civil liabilities as imposing duties in an intelligible sense. These are the relatively few in which equity will grant an injunction, and will enforce it by putting the defendant in prison or otherwise punishing him unless he complies with the order of the court. But I hardly think it advisable to shape general theory from the exception, and I think it would be better to cease troubling ourselves about primary rights and sanctions altogether, than to describe our prophecies concerning the liabilities commonly imposed by the law in those inappropriate terms.

I mentioned, as other examples of the use by the law of words drawn from morals, malice, intent, and negligence. It is enough to take malice as it is used in the law of civil liability for wrongs what we lawyers call the law of torts – to show that it means something different in law from what it means in morals, and also to show how the difference has been obscured by giving to principles which have little or nothing to do with each other the same name. Three hundred years ago a parson preached a sermon and told a story out of Fox's *Book of*

147

Martyrs of a man who had assisted at the torture of one of the saints, and afterward died, suffering compensatory inward torment. It happened that Fox was wrong. The man was alive and chanced to hear the sermon, and thereupon he sued the parson. Chief Justice Wray instructed the jury that the defendant was not liable, because the story was told innocently, without malice. He took malice in the moral sense, as importing a malevolent motive. But nowadays no one doubts that a man may be liable, without any malevolent motive at all, for false statements manifestly calculated to inflict temporal damage. In stating the case in pleading, we still should call the defendant's conduct malicious; but, in my opinion at least, the word means nothing about motives, or even about the defendant's attitude toward the future, but only signifies that the tendency of his conduct under known circumstances was very plainly to cause the plaintiff temporal harm.

In the law of contract the use of moral phraseology led to equal confusion, as I have shown in part already, but only in part. Morals deal with the actual internal state of the individual's mind, what he actually intends. From the time of the Romans down to now, this mode of dealing has affected the language of the law as to contract, and the language used has reacted upon the thought. We talk about a contract as a meeting of the minds of the parties, and thence it is inferred in various cases that there is no contract because their minds have not met; that is, because they have intended different things or because one party has not known of the assent of the other. Yet nothing is more certain than that parties may be bound by a contract to things which neither of them intended, and when one does not know of the other's assent. Suppose a contract is executed in due form and in writing to deliver a lecture, mentioning no time. One of the parties thinks that the promise will be construed to mean at once, within a week. The other thinks that it means when he is ready. The court says that it means within a reasonable time. The parties are bound by the contract as it is interpreted by the court, yet neither of them meant what the court declares that they have said. In my opinion no one will understand the true theory of contract or be able even to discuss some fundamental questions intelligently until he has understood that all contracts are formal, that the making of a contract depends not on the agreement of two minds in one intention, but on the agreement of two sets of external signs – not on the parties' having meant the same thing but on their having said the same thing. Furthermore, as the signs may be addressed to one sense or another – to sight or to hearing – on the nature of the sign will depend the moment when the contract is made. If the sign is tangible, for instance, a letter, the contract is made when the letter of acceptance is delivered. If it is necessary that the minds of the parties meet, there will be no contract until the acceptance can be read; none, for example, if the acceptance be snatched from the hand of the offerer by a third person.

This is not the time to work out a theory in detail, or to answer many obvious doubts and questions which are suggested by these general views. I know of none which are not easy to answer, but what I am trying to do now is only by a series of hints to throw some light on the narrow path of legal doctrine, and upon two pitfalls which, as it seems to me, lie perilously near to it. Of the first of these I have said enough. I hope that my illustrations have shown the danger, both to speculation and to practice, of confounding morality with law, and the trap which legal language lays for us on that side of our way. For my own part, I often doubt whether it would not be a gain if every word of moral significance could be banished from the law altogether, and other words adopted which should convey legal ideas uncolored by anything outside the law. We should lose the fossil records of a good deal of history and the majesty got from ethical associations, but by ridding ourselves of an unnecessary confusion we should gain very much in the clearness of our thought.

So much for the limits of the law. The next thing which I wish to consider is what are the forces which determine its content and its growth. You may assume, with Hobbes and Bentham and Austin, that all law emanates from the sovereign, even when the first human beings to enunciate it are the judges, or you may think that law is the voice of the Zeitgeist, or what you like. It is all one to my present purpose. Even if every decision required the sanction of an emperor with despotic power and a whimsical turn of mind, we should be interested none the less, still with a view to prediction, in discovering some order, some rational explanation, and some principle of growth for the rules which he laid down. In every system there are such explanations and principles to be found. It is with regard to them that a second fallacy comes in, which I think it important to expose.

The fallacy to which I refer is the notion that the only force at work in the development of the law is logic. In the broadest sense, indeed, that notion would be true. The postulate on which we think about the universe is that there is a fixed quantitative relation between every phenomenon and its antecedents and consequents. If there is such a thing as a phenomenon without these fixed quantitative relations, it is a miracle. It is outside the law of cause and effect, and as such transcends our power of thought, or at least is something to or from which we cannot reason. The condition of our thinking about the universe is that it is capable of being thought about rationally, or, in other words, that every part of it is effect and cause in the same sense in which those parts are with which we are most familiar. So in the broadest sense it is true that the law is a logical de-

149

velopment, like everything else. The danger of which I speak is not the admission that the principles governing other phenomena also govern the law, but the notion that a given system, ours, for instance, can be worked out like mathematics from some general axioms of conduct. This is the natural error of the schools, but it is not confined to them. I once heard a very eminent judge say that he never let a decision go until he was absolutely sure that it was right. So judicial dissent often is blamed, as if it meant simply that one side or the other were not doing their sums right, and if they would take more trouble, agreement inevitably would come.

This mode of thinking is entirely natural. The training of lawyers is a training in logic. The processes of analogy, discrimination, and deduction are those in which they are most at home. The language of judicial decision is mainly the language of logic. And the logical method and form flatter that longing for certainty and for repose which is in every human mind. But certainty generally is illusion, and repose is not the destiny of man. Behind the logical form lies a judgment as to the relative worth and importance of competing legislative grounds, often an inarticulate and unconscious judgment, it is true, and yet the very root and nerve of the whole proceeding. You can give any conclusion a logical form. You always can imply a condition in a contract. But why do you imply it? It is because of some belief as to the practice of the community or of a class, or because of some opinion as to policy, or, in short, because of some attitude of yours upon a matter not capable of exact quantitative measurement, and therefore not capable of founding exact logical conclusions. Such matters really are battle grounds where the means do not exist for the determinations that shall be good for all time, and where the decision can do no more than embody the preference of a given body in a given time and place. We do not realize how large a part of our law is open to reconsideration upon a slight change in the habit of the public mind. No concrete proposition is self evident, no matter how ready we may be to accept it, not even Mr. Herbert Spencer's "Every man has a right to do what he wills, provided he interferes not with a like right on the part of his neighbors."

Why is a false and injurious statement privileged, if it is made honestly in giving information about a servant? It is because it has been thought more important that information should be given freely, than that a man should be protected from what under other circumstances would be an actionable wrong. Why is a man at liberty to set up a business which he knows will ruin his neighborhood? It is because the public good is supposed to be best subserved by free competition. Obviously such judgments of relative importance may vary in different times and places. Why does a judge instruct a jury that an employer is not liable to an employee for an injury received in the course of his

150

employment unless he is negligent, and why do the jury generally find for the plaintiff if the case is allowed to go to them? It is because the traditional policy of our law is to confine liability to cases where a prudent man might have foreseen the injury, or at least the danger, while the inclination of a very large part of the community is to make certain classes of persons insure the safety of those with whom they deal. Since the last words were written, I have seen the requirement of such insurance put forth as part of the programme of one of the best known labor organizations. There is a concealed, half conscious battle on the question of legislative policy, and if any one thinks that it can be settled deductively, or once for all, I only can say that I think he is theoretically wrong, and that I am certain that his conclusion will not be accepted in practice *semper ubique et ab omnibus*.

Indeed, I think that even now our theory upon this matter is open to reconsideration, although I am not prepared to say how I should decide if a reconsideration were proposed. Our law of torts comes from the old days of isolated, ungeneralized wrongs, assaults, slanders, and the like, where the damages might be taken to lie where they fell by legal judgment. But the torts with which our courts are kept busy today are mainly the incidents of certain well known businesses. They are injuries to person or property by railroads, factories, and the like. The liability for them is estimated, and sooner or later goes into the price paid by the public. The public really pays the damages, and the question of liability, if pressed far enough, is really a question how far it is desirable that the public should insure the safety of one whose work it uses. It might be said that in such cases the chance of a jury finding for the defendant is merely a chance, once in a while rather arbitrarily interrupting the regular course of recovery, most likely in the case of an unusually conscientious plaintiff, and therefore better done away with. On the other hand, the economic value even of a life to the community can be estimated, and no recovery, it may be said, ought to go beyond that amount. It is conceivable that some day in certain cases we may find ourselves imitating, on a higher plane, the tariff for life and limb which we see in the *Leges Barbarorum*.

I think that the judges themselves have failed adequately to recognize their duty of weighing considerations of social advantage. The duty is inevitable, and the result of the often proclaimed judicial aversion to deal with such considerations is simply to leave the very ground and foundation of judgments inarticulate, and often unconscious, as I have said. When socialism first began to be talked about, the comfortable classes of the community were a good deal frightened. I suspect that this fear has influenced judicial action both here and in England, yet it is certain that it is not a conscious factor in the decisions to which I refer. I think that something similar has led people who no longer hope to control the

151

legislatures to look to the courts as expounders of the constitutions, and that in some courts new principles have been discovered outside the bodies of those instruments, which may be generalized into acceptance of the economic doctrines which prevailed about fifty years ago, and a wholesale prohibition of what a tribunal of lawyers does not think about right. I cannot but believe that if the training of lawyers led them habitually to consider more definitely and explicitly the social advantage on which the rule they lay down must be justified, they sometimes would hesitate where now they are confident, and see that really they were taking sides upon debatable and often burning questions.

So much for the fallacy of logical form. Now let us consider the present condition of the law as a subject for study, and the ideal toward which it tends. We still are far from the point of view which I desire to see reached. No one has reached it or can reach it as yet. We are only at the beginning of a philosophical reaction, and of a reconsideration of the worth of doctrines which for the most part still are taken for granted without any deliberate, conscious, and systematic questioning of their grounds. The development of our law has gone on for nearly a thousand years, like the development of a plant, each generation taking the inevitable next step, mind, like matter, simply obeying a law of spontaneous growth. It is perfectly natural and right that it should have been so. Imitation is a necessity of human nature, as has been illustrated by a remarkable French writer, M. Tard, in an admirable book, *Les Lois de l'Imitation*. Most of the things we do, we do for no better reason than that our fathers have done them or that our neighbors do them, and the same is true of a larger part than we suspect of what we think. The reason is a good one, because our short life gives us no time for a better, but it is not the best. It does not follow, because we all are compelled to take on faith at second hand most of the rules on which we base our action and our thought, that each of us may not try to set some corner of his world in the order of reason, or that all of us collectively should not aspire to carry reason as far as it will go throughout the whole domain. In regard to the law, it is true, no doubt, that an evolutionist will hesitate to affirm universal validity for his social ideals, or for the principles which he thinks should be embodied in legislation. He is content if he can prove them best for here and now. He may be ready to admit that he knows nothing about an absolute best in the cosmos, and even that he knows next to nothing about a permanent best for men. Still it is true that a body of law is more rational and more civilized when every rule it contains is referred articulately and definitely to an end which it subserves, and when the grounds for desiring that end are stated or are ready to be stated in words.

At present, in very many cases, if we want to know why a rule of law has taken its particular shape, and more or less if we want to know why it exists at all, we

152

go to tradition. We follow it into the Year Books, and perhaps beyond them to the customs of the Salian Franks, and somewhere in the past, in the German forests, in the needs of Norman kings, in the assumptions of a dominant class, in the absence of generalized ideas, we find out the practical motive for what now best is justified by the mere fact of its acceptance and that men are accustomed to it. The rational study of law is still to a large extent the study of history. History must be a part of the study, because without it we cannot know the precise scope of rules which it is our business to know. It is a part of the rational study, because it is the first step toward an enlightened scepticism, that is, towards a deliberate reconsideration of the worth of those rules. When you get the dragon out of his cave on to the plain and in the daylight, you can count his teeth and claws, and see just what is his strength. But to get him out is only the first step. The next is either to kill him, or to tame him and make him a useful animal. For the rational study of the law the blackletter man may be the man of the present, but the man of the future is the man of statistics and the master of economics. It is revolting to have no better reason for a rule of law than that so it was laid down in the time of Henry IV. It is still more revolting if the grounds upon which it was laid down have vanished long since, and the rule simply persists from blind imitation of the past. I am thinking of the technical rule as to trespass *ab initio*, as it is called, which I attempted to explain in a recent Massachusetts case.

Let me take an illustration, which can be stated in a few words, to show how the social end which is aimed at by a rule of law is obscured and only partially attained in consequence of the fact that the rule owes its form to a gradual historical development, instead of being reshaped as a whole, with conscious articulate reference to the end in view. We think it desirable to prevent one man's property being misappropriated by another, and so we make larceny a crime. The evil is the same whether the misappropriation is made by a man into whose hands the owner has put the property, or by one who wrongfully takes it away. But primitive law in its weakness did not get much beyond an effort to prevent violence, and very naturally made a wrongful taking, a trespass, part of its definition of the crime. In modem times the judges enlarged the definition a little by holding that, if the wrong-doer gets possession by a trick or device, the crime is committed. This really was giving up the requirement of trespass, and it would have been more logical, as well as truer to the present object of the law, to abandon the requirement altogether. That, however, would have seemed too bold, and was left to statute. Statutes were passed making embezzlement a crime. But the force of tradition caused the crime of embezzlement to be regarded as so far distinct from larceny that to this day, in some jurisdictions at least, a slip corner is kept open for thieves to contend, if indicted for larceny, that they should have been indicted for embezzlement, and if indicted for embezzlement, that they should have been indicted for larceny, and to escape on that ground.

Far more fundamental questions still await a better answer than that we do as our fathers have done. What have we better than a blind guess to show that the criminal law in its present form does more good than harm? I do not stop to refer to the effect which it has had in degrading prisoners and in plunging them further into crime, or to the question whether fine and imprisonment do not fall more heavily on a criminal's wife and children than on himself. I have in mind more far-reaching questions. Does punishment deter? Do we deal with criminals on proper principles? A modern school of Continental criminalists plumes itself on the formula, first suggested, it is said, by Gall, that we must consider the criminal rather than the crime. The formula does not carry us very far, but the inquiries which have been started look toward an answer of my questions based on science for the first time. If the typical criminal is a degenerate, bound to swindle or to murder by as deep seated an organic necessity as that which makes the rattlesnake bite, it is idle to talk of deterring him by the classical method of imprisonment. He must be got rid of; he cannot be improved, or frightened out of his structural reaction. If, on the other hand, crime, like normal human conduct, is mainly a matter of imitation, punishment fairly may be expected to help to keep it out of fashion. The study of criminals has been thought by some well known men of science to sustain the former hypothesis. The statistics of the relative increase of crime in crowded places like large cities, where example has the greatest chance to work, and in less populated parts, where the contagion spreads more slowly, have been used with great force in favor of the latter view. But there is weighty authority for the belief that, however this may be, "not the nature of the crime, but the dangerousness of the criminal, constitutes the only reasonable legal criterion to guide the inevitable social reaction against the criminal."

The impediments to rational generalization, which I illustrated from the law of larceny, are shown in the other branches of the law, as well as in that of crime. Take the law of tort or civil liability for damages apart from contract and the like. Is there any general theory of such liability, or are the cases in which it exists simply to be enumerated, and to be explained each on its special ground, as is easy to believe from the fact that the right of action for certain well known classes of wrongs like trespass or slander has its special history for each class? I think that the law regards the infliction of temporal damage by a responsible person as actionable, if under the circumstances known to him the danger of his act is manifest according to common experience, or according to his own experience if it is more than common, except in cases where upon special grounds

154

of policy the law refuses to protect the plaintiff or grants a privilege to the defendant. I think that commonly malice, intent, and negligence mean only that the danger was manifest to a greater or less degree, under the circumstances known to the actor, although in some cases of privilege malice may mean an actual malevolent motive, and such a motive may take away a permission knowingly to inflict harm, which otherwise would be granted on this or that ground of dominant public good. But when I stated my view to a very eminent English judge the other day, he said, "You are discussing what the law ought to be; as the law is, you must show a right. A man is not liable for negligence unless he is subject to a duty." If our difference was more than a difference in words, or with regard to the proportion between the exceptions and the rule, then, in his opinion, liability for an act cannot be referred to the manifest tendency of the act to cause temporal damage in general as a sufficient explanation, but must be referred to the special nature of the damage, or must be derived from some special circumstances outside of the tendency of the act, for which no generalized explanation exists. I think that such a view is wrong, but it is familiar, and I dare say generally is accepted in England.

Everywhere the basis of principle is tradition, to such an extent that we even are in danger of making the role of history more important than it is. The other day Professor Ames wrote a learned article to show, among other things, that the common law did not recognize the defence of fraud in actions upon specialties, and the moral might seem to be that the personal character of that defence is due to its equitable origin. But if, as I said, all contracts are formal, the difference is not merely historical, but theoretic, between defects of form which prevent a contract from being made, and mistaken motives which manifestly could not be considered in any system that we should call rational except against one who was privy to those motives. It is not confined to specialties, but is of universal application. I ought to add that I do not suppose that Mr. Ames would disagree with what I suggest.

However, if we consider the law of contract, we find it full of history. The distinctions between debt, covenant, and assumpsit are merely historical. The classification of certain obligations to pay money, imposed by the law irrespective of any bargain as quasi contracts, is merely historical. The doctrine of consideration is merely historical. The effect given to a seal is to be explained by history alone. Consideration is a mere form. Is it a useful form? If so, why should it not be required in all contracts? A seal is a mere form, and is vanishing in the scroll and in enactments that a consideration must be given, seal or no seal. Why should any merely historical distinction be allowed to affect the rights and obligations of business men?

Since I wrote this discourse I have come on a very good example of the way in which tradition not only overrides rational policy, but overrides it after first having been misunderstood and having been given a new and broader scope than it had when it had a meaning. It is the settled law of England that a material alteration of a written contract by a party avoids it as against him. The doctrine is contrary to the general tendency of the law. We do not tell a jury that if a man ever has lied in one particular he is to be presumed to lie in all. Even if a man has tried to defraud, it seems no sufficient reason for preventing him from proving the truth. Objections of like nature in general go to the weight, not to the admissibility, of evidence. Moreover, this rule is irrespective of fraud, and is not confined to evidence. It is not merely that you cannot use the writing, but that the contract is at an end. What does this mean? The existence of a written contract depends on the fact that the offerer and offeree have interchanged their written expressions, not on the continued existence of those expressions. But in the case of a bond, the primitive notion was different. The contract was inseparable from the parchment. If a stranger destroyed it, or tore off the seal, or altered it, the obligee could not recover, however free from fault, because the defendant's contract, that is, the actual tangible bond which he had sealed, could not be produced in the form in which it bound him. About a hundred years ago Lord Kenyon undertook to use his reason on the tradition, as he sometimes did to the detriment of the law, and, not understanding it, said he could see no reason why what was true of a bond should not be true of other contracts. His decision happened to be right, as it concerned a promissory note, where again the common law regarded the contract as inseparable from the paper on which it was written, but the reasoning was general, and soon was extended to other written contracts, and various absurd and unreal grounds of policy were invented to account for the enlarged rule.

I trust that no one will understand me to be speaking with disrespect of the law, because I criticise it so freely. I venerate the law, and especially our system of law, as one of the vastest products of the human mind. No one knows better than I do the countless number of great intellects that have spent themselves in making some addition or improvement, the greatest of which is trifling when compared with the mighty whole. It has the final title to respect that it exists, that it is not a Hegelian dream, but a part of the lives of men. But one may criticise even what one reveres. Law is the business to which my life is devoted, and I should show less than devotion if I did not do what in me lies to improve it, and, when I perceive what seems to me the ideal of its future, if I hesitated to point it out and to press toward it with all my heart.

Perhaps I have said enough to show the part which the study of history necessarily plays in the intelligent study of the law as it is today. In the teaching of this school and at Cambridge it is in no danger of being undervalued. Mr. Bigelow here and Mr. Ames and Mr. Thayer there have made important contributions which will not be forgotten, and in England the recent history of early English law by Sir Frederick Pollock and Mr. Maitland has lent the subject an almost deceptive charm. We must beware of the pitfall of antiquarianism, and must remember that for our purposes our only interest in the past is for the light it throws upon the present. I look forward to a time when the part played by history in the explanation of dogma shall be very small, and instead of ingenious research we shall spend our energy on a study of the ends sought to be attained and the reasons for desiring them. As a step toward that ideal it seems to me that every lawyer ought to seek an understanding of economics. The present divorce between the schools of political economy and law seems to me an evidence of how much progress in philosophical study still remains to be made. In the present state of political economy, indeed, we come again upon history on a larger scale, but there we are called on to consider and weigh the ends of legislation, the means of attaining them, and the cost. We learn that for everything we have we give up something else, and we are taught to set the advantage we gain against the other advantage we lose, and to know what we are doing when we elect.

There is another study which sometimes is undervalued by the practical minded, for which I wish to say a good word, although I think a good deal of pretty poor stuff goes under that name. I mean the study of what is called jurisprudence. Jurisprudence, as I look at it, is simply law in its most generalized part. Every effort to reduce a case to a rule is an effort of jurisprudence, although the name as used in English is confined to the broadest rules and most fundamental conceptions. One mark of a great lawyer is that he sees the application of the broadest rules. There is a story of a Vermont justice of the peace before whom a suit was brought by one farmer against another for breaking a churn. The justice took time to consider, and then said that he has looked through the statutes and could find nothing about churns, and gave judgment for the defendant. The same state of mind is shown in all our common digests and textbooks. Applications of rudimentary rules of contract or tort are tucked away under the head of Railroads or Telegraphs or go to swell treatises on historical subdivisions, such as Shipping or Equity, or are gathered under an arbitrary title which is thought likely to appeal to the practical mind, such as Mercantile Law. If a man goes into law it pays to be a master of it, and to be a master of it means to look straight through all the dramatic incidents and to discern the true basis for prophecy. Therefore, it is well to have an accurate notion of what you mean by law, by a right, by a duty, by malice, intent, and negligence, by ownership, by possession, and so forth. I have in my mind cases in which the highest courts seem to me to have floundered because they had no clear ideas on some of these themes. I have illustrated their importance already. If a further illustration is wished, it may be found by reading the Appendix to Sir James Stephen's *Criminal Law* on the subject of possession, and then turning to Pollock and Wright's enlightened book. Sir James Stephen is not the only writer whose attempts to analyze legal ideas have been confused by striving for a useless quintessence of all systems, instead of an accurate anatomy of one. The trouble with Austin was that he did not know enough English law. But still it is a practical advantage to master Austin, and his predecessors, Hobbes and Bentham, and his worthy successors, Holland and Pollock. Sir Frederick Pollock's recent little book is touched with the felicity which marks all his works, and is wholly free from the perverting influence of Roman models.

The advice of the elders to young men is very apt to be as unreal as a list of the hundred best books. At least in my day I had my share of such counsels, and high among the unrealities I place the recommendation to study the Roman law. I assume that such advice means more than collecting a few Latin maxims with which to ornament the discourse – the purpose for which Lord Coke recommended Bracton. If that is all that is wanted, the title *De Regulis Juris Antiqui* can be read in an hour. I assume that, if it is well to study the Roman Law, it is well to study it as a working system. That means mastering a set of technicalities more difficult and less understood than our own, and studying another course of history by which even more than our own the Roman law must explained. If any one doubts me, let him read Keller's *Der Romische Civil Process und die Actionen*, a treatise on the praetor's edict, Muirhead's most interesting *Historical Introduction to the Private Law of Rome*, and, to give him the best chance, Sohn's admirable *Institutes*. No. The way to gain a liberal view of your subject is not to read something else, but to get to the bottom of the subject itself. The means of doing that are, in the first place, to follow the existing body of dogma into its highest generalizations by the help of jurisprudence; next, to discover from history how it has come to be what it is; and finally, so far as you can, to consider the ends which the several rules seek to accomplish, the reasons why those ends are desired, what is given up to gain them, and whether they are worth the price.

We have too little theory in the law rather than too much, especially on this final branch of study. When I was speaking of history, I mentioned larceny as an example to show how the law suffered from not having embodied in a clear form a rule which will accomplish its manifest purpose. In that case the trouble was due to the survival of forms coming from a time when a more limited purpose was entertained. Let me now give an example to show the practical importance, for the decision of actual cases, of understanding the reasons of the law, by taking an example from rules which, so far as I know, never have been explained or theorized about in any adequate way. I refer to statutes of limitation and the law of prescription. The end of such rules is obvious, but what is the justification for depriving a man of his rights, a pure evil as far as it goes, in consequence of the lapse of time? Sometimes the loss of evidence is referred to, but that is a secondary matter. Sometimes the desirability of peace, but why is peace more desirable after twenty years than before? It is increasingly likely to come without the aid of legislation. Sometimes it is said that, if a man neglects to enforce his rights, he cannot complain if, after a while, the law follows his example. Now if this is all that can be said about it, you probably will decide a case I am going to put, for the plaintiff; if you take the view which I shall suggest, you possibly will decide it for the defendant. A man is sued for trespass upon land, and justifies under a right of way. He proves that he has used the way openly and adversely for twenty years, but it turns out that the plaintiff had granted a license to a person whom he reasonably supposed to be the defendant's agent, although not so in fact, and therefore had assumed that the use of the way was permissive, in which case no right would be gained. Has the defendant gained a right or not? If his gaining it stands on the fault and neglect of the landowner in the ordinary sense, as seems commonly to be supposed, there has been no such neglect, and the right of way has not been acquired. But if I were the defendant's counsel, I should suggest that the foundation of the acquisition of rights by lapse of time is to be looked for in the position of the person who gains them, not in that of the loser. Sir Henry Maine has made it fashionable to connect the archaic notion of property with prescription. But the connection is further back than the first recorded history. It is in the nature of man's mind. A thing which you have enjoyed and used as your own for a long time, whether property or an opinion, takes root in your being and cannot be torn away without your resenting the act and trying to defend yourself, however you came by it. The law can ask no better justification than the deepest instincts of man. It is only by way of reply to the suggestion that you are disappointing the former owner, that you refer to his neglect having allowed the gradual dissociation between himself and what he claims, and the gradual association of it with another. If he knows that another is doing acts which on their face show that he is on the way toward establishing such an association, I should argue that in justice to that other he was bound at his peril to find out whether the other was acting under his permission, to see that he was warned, and, if necessary, stopped.

I have been speaking about the study of the law, and I have said next to nothing about what commonly is talked about in that connection – textbooks and the case system, and all the machinery with which a student comes most immedi-

159

ately in contact. Nor shall I say anything about them. Theory is my subject, not practical details. The modes of teaching have been improved since my time, no doubt, but ability and industry will master the raw material with any mode. Theory is the most important part of the dogma of the law, as the architect is the most important man who takes part in the building of a house. The most important improvements of the last twenty-five years are improvements in theory. It is not to be feared as unpractical, for, to the competent, it simply means going to the bottom of the subject. For the incompetent, it sometimes is true, as has been said, that an interest in general ideas means an absence of particular knowledge. I remember in army days reading of a youth who, being examined for the lowest grade and being asked a question about squadron drill, answered that he never had considered the evolutions of less than ten thousand men. But the weak and foolish must be left to their folly. The danger is that the able and practical minded should look with indifference or distrust upon ideas the connection of which with their business is remote. I heard a story, the other day, of a man who had a valet to whom he paid high wages, subject to deduction for faults. One of his deductions was, "For lack of imagination, five dollars." The lack is not confined to valets. The object of ambition, power, generally presents itself nowadays in the form of money alone. Money is the most immediate form, and is a proper object of desire. "The fortune," said Rachel, "is the measure of intelligence." That is a good text to waken people out of a fool's paradise. But, as Hegel says, "It is in the end not the appetite, but the opinion, which has to be satisfied." To an imagination of any scope the most far-reaching form of power is not money, it is the command of ideas. If you want great examples, read Mr. Leslie Stephen's *History of English Thought in the Eighteenth Century*, and see how a hundred years after his death the abstract speculations of Descartes had become a practical force controlling the conduct of men. Read the works of the great German jurists, and see how much more the world is governed today by Kant than by Bonaparte. We cannot all be Descartes or Kant, but we all want happiness. And happiness, I am sure from having known many successful men, cannot be won simply by being counsel for great corporations and having an income of fifty thousand dollars. An intellect great enough to win the prize needs other food besides success. The remoter and more general aspects of the law are those which give it universal interest. It is through them that you not only become a great master in your calling, but connect your subject with the universe and catch an echo of the infinite, a glimpse of its unfathomable process, a hint of the universal law.

13.3 Gustav Radbruch: Fünf Minuten Rechtsphilosophie[328]

Erste Minute

Befehl ist Befehl, heißt es für den Soldaten. Gesetz ist Gesetz, sagt der Jurist. Während aber für den Soldaten Pflicht und Recht zum Gehorsam aufhören, wenn er weiß, daß der Befehl ein Verbrechen oder ein Vergehen bezweckt, seit vor etwa 100 Jahren die letzten Naturrechtler* unter den Juristen ausgestorben sind, keine solchen Ausnahmen von der Geltung des Gesetzes und vom Gehorsam der Untertanen des Gesetzes. Das Gesetz gilt, weil es Gesetz ist, und es ist Gesetz, wenn es in der Regel der Fälle die Macht hat, sich durchzusetzen.

Diese Auffassung vom Gesetz und seiner Geltung (wir nennen sie die positivistische Lehre) hat den Juristen wie das Volk wehrlos gemacht gegen noch so willkürliche, noch so grausame, noch so verbrecherische Gesetze. Sie setzt letzten Endes das Recht der Macht gleich: nur wo die Macht ist, ist das Recht.

Zweite Minute

Man hat diesen Satz durch einen anderen Satz ergänzen oder ersetzen wollen: Recht ist, was dem Volke nützt.

Das heißt: Willkür, Vertragsbruch, Gesetzwidrigkeit sind, sofern sie nur dem Volke nützen, Recht. Das heißt praktisch: was den Inhaber der Staatsgewalt gemeinnützig dünkt, jeder Einfall und jede Laune des Despoten, Strafe ohne Gesetz und Urteil, gesetzloser Mord an Kranken sind Recht. Das kann heißen: der Eigennutz der Herrschenden wird als Gemeinnutz angesehen. Und so hat die Gleichstellung von Recht und vermeintlichem oder angeblichem Volksnutzen einen Rechtsstaat in einen Unrechtsstaat verwandelt.

Nein, es hat nicht zu heißen: alles, was dem Volke nützt, ist Recht, vielmehr umgekehrt: nur was Recht ist, nützt dem Volke.

Dritte Minute

Recht ist Wille zur Gerechtigkeit. Gerechtigkeit aber heißt: Ohne Ansehen der Person richten, an gleichem Maße alles messen.

Wenn die Ermordung politischer Gegner geehrt, der Mord an Andersrassigen geboten, die gleiche Tat gegen die eigenen Gesinnungsgenossen aber mit den grausamsten, entehrensten Strafen geahndet wird, so ist das weder Gerechtigkeit, noch Recht.

---

[328]   Erschienen als Merkblatt für Studenten 1945 sowie in: Rhein-Neckar-Zeitung (Heidelberg) vom 12. September 1945

Wenn Gesetze den Willen der Gerechtigkeit bewußt verleugnen, zum Beispiel Menschenrechte Menschen nach Willkür gewähren und versagen, dann fehlt diesen Gesetzen die Geltung, dann schuldet das Volk ihnen keinen Gehorsam, dann müssen auch die Juristen den Mut finden, ihnen den Rechtscharakter abzusprechen.

Vierte Minute

Gewiß, neben der Gerechtigkeit ist auch der Gemeinnutz ein Ziel des Rechts. Gewiß, auch das Gesetz als solches, sogar das schlechte Gesetz, hat noch immer einen Wert – den Wert, das Recht Zweiflern gegenüber sicher zu stellen. Gewiß, menschliche Unvollkommenheit läßt im Gesetz nicht immer alle drei Werte des Rechts: Gemeinnutz, Rechtssicherheit und Gerechtigkeit, sich harmonisch vereinigen, und es bleibt dann nur übrig, abzuwägen, ob dem schlechten, dem schädlichen oder ungerechten Gesetze um der Rechtssicherheit willen dennoch Geltung zuzusprechen, oder um seiner Ungerechtigkeit und Gemeinschädlichkeit willen die Geltung zu versagen sei. Das aber muß sich dem Bewußtsein des Volkes und der Juristen tief einprägen: Es kann Gesetze mit einem solchen Maß von Ungerechtigkeit und Gemeinschädlichkeit geben, daß ihnen die Geltung, ja der Rechtscharakter abgesprochen werden muß.

Fünfte Minute

Es gibt also Rechtsgrundsätze, die stärker sind als jede rechtliche Satzung, so daß ein Gesetz, das ihnen widerspricht, der Geltung bar ist. Man nennt diese Grundsätze das Naturrecht oder das Vernunftrecht. Gewiß sind sie im einzelnen von manchem Zweifel umgeben, aber die Arbeit der Jahrhunderte hat doch einen festen Bestand herausgearbeitet, und in den sogenannten Erklärungen der Menschen- und Bürgerrechte mit so weitreichender Übereinstimmung gesammelt, daß in Hinsicht auf manche von ihnen nur noch gewollte Skepsis den Zweifel aufrechterhalten kann.

In der Sprache des Glaubens aber sind die gleichen Gedanken in zwei Bibelworten niedergelegt. Es steht einerseits geschrieben: Ihr sollt gehorsam sein der Obrigkeit, die Gewalt über Euch hat. Geschrieben steht aber andererseits: Ihr sollt Gott mehr gehorchen als den Menschen – und das ist nicht etwa nur ein frommer Wunsch, sondern ein geltender Rechtssatz. Die Spannung aber zwischen diesen beiden Worten kann man nicht durch ein drittes lösen, etwa durch den Spruch: Gebet dem Kaiser was des Kaisers und Gott was Gottes ist – denn auch dieses Wort läßt die Grenzen im Zweifel. Vielmehr: es überläßt die Lösung der Stimme Gottes, welche nur angesichts des besonderen Falles im Gewissen des einzelnen zu ihm spricht.

13.4 Urteil des BVerfG (1 BvR 357/05) vom 15. 2. 2006[329]

Im Namen des Volkes

In dem Verfahren
über
die Verfassungsbeschwerde

der...

- Bevollmächtigter der Beschwerdeführer zu 2 bis 6:

Rechtsanwalt Dr. Burkhard Hirsch,
Rheinallee 120, 40545 Düsseldorf -

gegen § 14 Abs. 3 des Luftsicherheitsgesetzes (LuftSiG) vom 11. Januar 2005
(BGBl I S. 78)

hat das Bundesverfassungsgericht - Erster Senat – unter Mitwirkung des Präsidenten Papier,
der Richterin Haas,
der Richter Hömig,
Steiner,
der Richterin Hohmann-Dennhardt
und der Richter Hoffmann-Riem,
Bryde,
Gaier

auf Grund der mündlichen Verhandlung vom 9. November 2005
durch

---

[329] http://www.bundesverfassungsgericht.de/entscheidungen/2006/2/15 [4.10.2008].

Urteil

für Recht erkannt:

§ 14 Absatz 3 des Luftsicherheitsgesetzes vom 11. Januar 2005 (Bundesgesetzblatt I Seite 78) ist mit Artikel 2 Absatz 2 Satz 1 in Verbindung mit Artikel 87 a Absatz 2 und Artikel 35 Absatz 2 und 3 sowie in Verbindung mit Artikel 1 Absatz 1 des Grundgesetzes unvereinbar und nichtig.

Die Bundesrepublik Deutschland hat den Beschwerdeführern ihre notwendigen Auslagen zu erstatten.

Gründe:

A.

Die Verfassungsbeschwerde richtet sich gegen die Ermächtigung der Streitkräfte durch das Luftsicherheitsgesetz, Luftfahrzeuge, die als Tatwaffe gegen das Leben von Menschen eingesetzt werden sollen, durch unmittelbare Einwirkung mit Waffengewalt abzuschießen.

I.

1. Am 11. September 2001 wurden in den Vereinigten Staaten von Amerika vier Passagierflugzeuge amerikanischer Fluggesellschaften von einer internationalen Terrororganisation entführt und zum Absturz gebracht. Zwei der Flugzeuge schlugen in das World Trade Center in New York ein, eines stürzte in das Pentagon, das Verteidigungsministerium der Vereinigten Staaten von Amerika. Die vierte Maschine kam, nachdem möglicherweise das Eingreifen von Passagieren an Bord zu einer Kursänderung geführt hatte, südöstlich von Pittsburgh im Bundesstaat Pennsylvania zum Absturz. Bei den Anschlägen starben mehr als 3.000 Menschen in den Flugzeugen, im Bereich des World Trade Center und im Pentagon.

Am 5. Januar 2003 kaperte ein bewaffneter Mann ein Sportflugzeug, kreiste damit über dem Bankenviertel von Frankfurt am Main und drohte, das Flugzeug in das Hochhaus der Europäischen Zentralbank zu stürzen, wenn ihm nicht ein Telefonat in die Vereinigten Staaten von Amerika ermöglicht werde. Ein Polizeihubschrauber und zwei Düsenjäger der Luftwaffe stiegen auf und umkreisten den Motorsegler. Die Polizei löste Großalarm aus, die Innenstadt Frankfurts wurde geräumt, Hochhäuser wurden evakuiert. Gut eine halbe Stun-

164

de nach der Kaperung war klar, dass es sich bei dem Entführer um einen verwirrten Einzeltäter handelte. Nachdem seine Forderung erfüllt worden war, landete er auf dem Rhein-Main-Flughafen und ließ sich widerstandslos festnehmen.

2. Beide Vorfälle lösten eine Vielzahl von Maßnahmen aus mit dem Ziel, unrechtmäßige Eingriffe in die zivile Luftfahrt zu verhindern, die Sicherheit der Zivilluftfahrt insgesamt zu verbessern und dabei auch gegen Gefahren zu schützen, die drohen, wenn Luftfahrzeuge (zum Begriff des Luftfahrzeugs vgl. § 1 Abs. 2 des Luftverkehrsgesetzes in der Fassung der Bekanntmachung vom 27. März 1999, BGBl I S. 550) in die Gewalt von Menschen gelangen, die sie für luftverkehrsfremde Zwecke missbrauchen wollen.

a) Unter dem 16. Dezember 2002 erließen das Europäische Parlament und der Rat der Europäischen Union die – durch Verordnung (EG) 849/2004 vom 29. April 2004 (ABlEG Nr. L 158 vom 30. April 2004, S. 1) geänderte – Verordnung (EG) Nr. 2320/2002 zur Festlegung gemeinsamer Vorschriften für die Sicherheit in der Zivilluftfahrt (ABlEG Nr. L 355 vom 30. Dezember 2002, S. 1). Sie sieht für die Flughäfen in den Hoheitsgebieten der Mitgliedstaaten der Europäischen Gemeinschaft die Einführung umfangreicher Sicherheitsmaßnahmen für den Luftverkehr vor. Dazu gehören die Festlegung von Anforderungen an die nationale Flughafenplanung, Regelungen über die Überwachung aller der Öffentlichkeit zugänglichen Flughafenbereiche, Vorschriften über Durchsuchungen von Flugzeugen, Personal und mitgeführten Gegenständen, Bestimmungen über die Kontrolle von Fluggästen und deren Gepäck sowie Vorgaben für ein nationales Programm über die Einstellung und Schulung von Flug- und Bodenpersonal.

b) In der Bundesrepublik Deutschland sind sowohl in tatsächlicher als auch in rechtlicher Hinsicht Maßnahmen getroffen worden, die der Stärkung der Sicherheit des Luftverkehrs und dem Schutz vor Angriffen auf diesen Verkehr dienen sollen.

aa) Seit dem 1. Oktober 2003 ist ein in Kalkar am Niederrhein eingerichtetes Nationales Lage- und Führungszentrum „Sicherheit im Luftraum" einsatzbereit. Es soll als zentraler Informationsknotenpunkt zur Gewährleistung der Sicherheit im deutschen Luftraum ein koordiniertes, rasches Zusammenwirken aller mit Fragen der Luftsicherheit befassten Stellen von Bund und Ländern sicherstellen. In ihm kontrollieren Angehörige der Bundeswehr, der Bundespolizei und der Deutschen Flugsicherung den Luftraum. Aufgabe des Zentrums ist es vor allem, Gefahren abzuwehren, die von so genannten Renegade-Flugzeugen drohen; das sind zivile Luftfahrzeuge, die in die Gewalt von Menschen gelangt sind, die sie als Waffe für einen gezielten Absturz missbrauchen wollen. Nach der Klassifizierung eines Luftfahrzeugs als Renegade – sei es von Seiten der NATO, sei es durch das Nationale Lage- und Führungszentrum selbst - liegt die Verantwortung für die erforderlichen Abwehrmaßnahmen im deutschen Luftraum bei den zuständigen Stellen der Bundesrepublik Deutschland.

bb) Die rechtlichen Grundlagen für diese Maßnahmen sind in dem Gesetz zur Neuregelung von Luftsicherheitsaufgaben vom 11. Januar 2005 (BGBl I S. 78) enthalten.

aaa) Mit diesem Gesetz, das der Bundesrat für zustimmungsbedürftig gehalten, dem er aber nicht zugestimmt hat (vgl. BRDrucks 716/04 [Beschluss], zu BRDrucks 716/04 [Beschluss]), sind Bestimmungen zur Abwehr äußerer Gefahren für die Luftsicherheit, die bisher im Luftverkehrsgesetz enthalten und mit fremden Regelungsmaterien verbunden waren, zusammengefasst und Anpassungen an die Verordnung (EG) Nr. 2320/2002 des Europäischen Parlaments und des Rates vom 16. Dezember 2002 vorgenommen worden (vgl. BTDrucks 15/2361, S. 14). Artikel 1 des Gesetzes enthält als Herzstück der Neuregelung das Luftsicherheitsgesetz (LuftSiG).

(1) Dieses dient nach seinem § 1 dem Schutz vor Angriffen auf die Sicherheit des Luftverkehrs, insbesondere vor Flugzeugentführungen, Sabotageakten und terroristischen Anschlägen. Gemäß § 2 LuftSiG hat die Luftsicherheitsbehörde die Aufgabe, Angriffe auf die Sicherheit des Luftverkehrs abzuwehren. Sie trifft nach § 3 LuftSiG die notwendigen Maßnahmen, um eine im Einzelfall bestehende Gefahr für die Sicherheit des Luftverkehrs abzuwehren, soweit nicht § 5 LuftSiG ihre Befugnisse besonders regelt.

Dieser räumt den Luftsicherheitsbehörden zur Sicherung der nicht allgemein zugänglichen Bereiche von Flugplätzen umfassende Kontroll- und Durchsuchungsbefugnisse gegenüber Personen und Gegenständen ein. § 7 LuftSiG überträgt den Luftsicherheitsbehörden die Befugnis zur Zuverlässigkeitsüberprüfung von Personen, die aus beruflichen Gründen mit dem Flug- und Flughafenbetrieb in Berührung kommen. Die §§ 8 und 9 LuftSiG begründen für Flugplatzbetreiber und Luftfahrtunternehmen besondere Pflichten zum Schutz vor Angriffen auf die Sicherheit des Luftverkehrs. § 11 LuftSiG verbietet das Mitführen bestimmter Gegenstände in Luftfahrzeugen. § 12 LuftSiG schließlich regelt die Beleihung der verantwortlichen Luftfahrzeugführer mit Aufgaben und Befugnissen zur Aufrechterhaltung der Sicherheit und Ordnung an Bord der von ihnen gesteuerten Luftfahrzeuge.

Die Aufgaben der Luftsicherheitsbehörden werden nach § 16 Abs. 2 LuftSiG grundsätzlich von den Ländern im Auftrage des Bundes ausgeführt. Der Schutz vor Angriffen auf die Sicherheit des Luftverkehrs gemäß § 5 LuftSiG obliegt dagegen nach § 4 des Bundespolizeigesetzes der Bundespolizei, soweit die Voraussetzungen von § 16 Abs. 3 Satz 2 und 3 LuftSiG vorliegen. Nach den zuletzt genannten Vorschriften können die Aufgaben der Luftsicherheitsbehörden, abgesehen von denen nach § 9 Abs. 1 LuftSiG, durch die vom Bundesministerium des Innern bestimmte Bundesbehörde in bundeseigener Verwaltung ausgeführt werden, wenn dies zur Gewährleistung der bundeseinheitlichen Durchführung der Sicherheitsmaßnahmen erforderlich ist.

(2) Einen besonderen Abschnitt 3 des Gesetzes bilden unter der Überschrift „Unterstützung und Amtshilfe durch die Streitkräfte" die §§ 13 bis 15 LuftSiG. Gemäß § 13 Abs. 1 LuftSiG können, wenn auf Grund eines erheblichen Luftzwischenfalls Tatsachen vorliegen, die im Rahmen der Gefahrenabwehr die Annahme begründen, dass ein besonders schwerer Unglücksfall nach Art. 35 Abs. 2 Satz 2 oder Abs. 3 GG bevorsteht, die Streitkräfte zur Unterstützung der Polizeikräfte der Länder im Luftraum zur Verhinderung dieses Unglücksfalls eingesetzt werden, soweit es zur wirksamen Bekämpfung erforderlich ist. Über den Einsatz entscheidet im Fall des so genannten regionalen Katastrophennotstands nach Art. 35 Abs. 2 Satz 2 GG auf Anforderung des betroffenen Landes der Bundesminister der Verteidigung oder im Vertretungsfall das zu seiner Vertretung berechtigte Mitglied der Bundesregierung (§ 13 Abs. 2 LuftSiG), im Fall des überregionalen Katastrophennotstands nach Art. 35 Abs. 3 GG die Bundesregierung im Benehmen mit den betroffenen Ländern (§ 13 Abs. 3 Satz 1 LuftSiG). Ist eine rechtzeitige Entscheidung der Bundesregierung nicht möglich, entscheidet der Bundesminister der Verteidigung oder im Vertretungsfall das zu seiner Vertretung berechtigte Mitglied der Bundesregierung im Benehmen mit dem Bundesminister des Innern (§ 13 Abs. 3 Satz 2 LuftSiG). Gemäß § 13 Abs. 4 Satz 2 LuftSiG richtet sich die Unterstützung durch die Streitkräfte im Rahmen des Einsatzes nach den Vorschriften des Luftsicherheitsgesetzes.

Die danach zulässigen Einsatzmaßnahmen und die Grundsätze, die für ihre Auswahl gelten, werden in den §§ 14 und 15 LuftSiG bestimmt. Nach § 15 Abs. 1 LuftSiG dürfen Einsatzmaßnahmen zur Verhinderung des Eintritts eines besonders schweren Unglücksfalls im Sinne von § 14 Abs. 1 und 3 LuftSiG erst getroffen werden, wenn das Luftfahrzeug, von dem die Gefahr eines solchen Unglücksfalls ausgeht, von den Streitkräften zuvor im Luftraum überprüft und sodann erfolglos versucht worden ist, es zu warnen und umzuleiten. Ist diese Voraussetzung erfüllt, dürfen die Streitkräfte gemäß § 14 Abs. 1 LuftSiG das Luftfahrzeug im Luftraum abdrängen, zur Landung zwingen, den Einsatz von Waffengewalt androhen oder Warnschüsse abgeben. Für die Auswahl unter diesen Maßnahmen gilt der Verhältnismäßigkeitsgrundsatz (§ 14 Abs. 2 Luft-SiG). Erst wenn auch durch sie der Eintritt eines besonders schweren Unglücksfalls nicht verhindert werden kann, ist nach § 14 Abs. 3 LuftSiG die unmittelbare Einwirkung auf das Luftfahrzeug mit Waffengewalt zulässig. Dies gilt jedoch nur, wenn nach den Umständen davon auszugehen ist, dass das Luftfahrzeug gegen das Leben von Menschen eingesetzt werden soll, und die unmittelbare Einwirkung mit Waffengewalt das einzige Mittel zur Abwehr dieser gegenwärtigen Gefahr ist. Ausschließlich zuständig für die Anordnung dieser Maßnahme ist nach § 14 Abs. 4 Satz 1 LuftSiG der Bundesminister der Verteidigung oder im Vertretungsfall das zu seiner Vertretung berechtigte Mitglied der Bundesregierung.

bbb) Während des Gesetzgebungsverfahrens war – abgesehen von Bedenken, die im Hinblick auf die materielle Verfassungsmäßigkeit von § 14 Abs. 3 Luft-SiG geäußert wurden – vor allem streitig, ob sich die §§ 13 bis 15 LuftSiG in dem durch Art. 35 Abs. 2 Satz 2 und Abs. 3 GG vorgegebenen verfassungsrechtlichen Rahmen halten. Das wurde im Bundestag von der Bundesregierung und den Abgeordneten der Regierungsparteien bejaht (vgl. BTPlenarprotokoll 15/89, S. 7882 f., 7886 <A>, 7900 <C>), von den Vertretern der Oppositionsparteien dagegen verneint (vgl. BTPlenarprotokoll 15/89, S. 7884, 7890 f.). Auch in der vom Bundestagsinnenausschuss durchgeführten Sachverständigenanhörung waren die zu dieser Frage geäußerten Auffassungen kontrovers (vgl. das Ausschussprotokoll Nr. 15/35 über die Sitzung am 26. April 2004). Das Gleiche gilt für die Beratungen des Bundesrates (zur Auffassung der Ausschussmehrheiten vgl. die Empfehlungen in BRDrucks 827/1/03, S. 1 ff., und BRDrucks 509/1/04, S. 13 f.).

Die unterschiedliche Einschätzung der verfassungsrechtlichen Lage kam auch darin zum Ausdruck, dass von Seiten der Länder (vgl. vor allem BRDrucks 181/04) und von der CDU/CSU-Bundestagsfraktion (vgl. BTDrucks 15/2649; 15/4658) wiederholt Gesetzentwürfe vorgelegt wurden, die eine Änderung von Art. 35 und Art. 87 a GG vorsahen. Zu einer Änderung des Grundgesetzes ist es jedoch nicht gekommen (vgl. BTPlenarprotokoll 15/115, S. 10545).

ccc) Die Regelungen über die Unterstützung und Amtshilfe durch die Streitkräfte in den §§ 13 bis 15 LuftSiG haben folgenden Wortlaut:

§ 13 Entscheidung der Bundesregierung

(1) Liegen auf Grund eines erheblichen Luftzwischenfalls Tatsachen vor, die im Rahmen der Gefahrenabwehr die Annahme begründen, dass ein besonders schwerer Unglücksfall nach Artikel 35 Abs. 2 Satz 2 oder Abs. 3 des Grundge-

setzes bevorsteht, können die Streitkräfte, soweit es zur wirksamen Bekämpfung erforderlich ist, zur Unterstützung der Polizeikräfte der Länder im Luftraum zur Verhinderung dieses Unglücksfalles eingesetzt werden.

(2) Die Entscheidung über einen Einsatz nach Artikel 35 Abs. 2 Satz 2 des Grundgesetzes trifft auf Anforderung des betroffenen Landes der Bundesminister der Verteidigung oder im Vertretungsfall das zu seiner Vertretung berechtigte Mitglied der Bundesregierung im Benehmen mit dem Bundesminister des Innern. Ist sofortiges Handeln geboten, ist das Bundesministerium des Innern unverzüglich zu unterrichten.

(3) Die Entscheidung über einen Einsatz nach Artikel 35 Abs. 3 des Grundgesetzes trifft die Bundesregierung im Benehmen mit den betroffenen Ländern. Ist eine rechtzeitige Entscheidung der Bundesregierung nicht möglich, so entscheidet der Bundesminister der Verteidigung oder im Vertretungsfall das zu seiner Vertretung berechtigte Mitglied der Bundesregierung im Benehmen mit dem Bundesminister des Innern. Die Entscheidung der Bundesregierung ist unverzüglich herbeizuführen. Ist sofortiges Handeln geboten, sind die betroffenen Länder und das Bundesministerium des Innern unverzüglich zu unterrichten.

(4) Das Nähere wird zwischen Bund und Ländern geregelt. Die Unterstützung durch die Streitkräfte richtet sich nach den Vorschriften dieses Gesetzes.

§ 14 Einsatzmaßnahmen, Anordnungsbefugnis

(1) Zur Verhinderung des Eintritts eines besonders schweren Unglücksfalles dürfen die Streitkräfte im Luftraum Luftfahrzeuge abdrängen, zur Landung zwingen, den Einsatz von Waffengewalt androhen oder Warnschüsse abgeben.

(2) Von mehreren möglichen Maßnahmen ist diejenige auszuwählen, die den Einzelnen und die Allgemeinheit voraussichtlich am wenigsten beeinträchtigt. Die Maßnahme darf nur so lange und so weit durchgeführt werden, wie ihr Zweck es erfordert. Sie darf nicht zu einem Nachteil führen, der zu dem erstrebten Erfolg erkennbar außer Verhältnis steht.

(3) Die unmittelbare Einwirkung mit Waffengewalt ist nur zulässig, wenn nach den Umständen davon auszugehen ist, dass das Luftfahrzeug gegen das Leben von Menschen eingesetzt werden soll, und sie das einzige Mittel zur Abwehr dieser gegenwärtigen Gefahr ist.

(4) Die Maßnahme nach Absatz 3 kann nur der Bundesminister der Verteidigung oder im Vertretungsfall das zu seiner Vertretung berechtigte Mitglied der Bundesregierung anordnen...

§ 15 Sonstige Maßnahmen

(1) Die Maßnahmen nach § 14 Abs. 1 und 3 dürfen erst nach Überprüfung sowie erfolglosen Versuchen zur Warnung und Umleitung getroffen werden. Zu diesem Zweck können die Streitkräfte auf Ersuchen der für die Flugsicherung zuständigen Stelle im Luftraum Luftfahrzeuge überprüfen, umleiten oder warnen...

(2) Der ... Inspekteur der Luftwaffe hat den Bundesminister der Verteidigung unverzüglich über Situationen zu informieren, die zu Maßnahmen nach § 14 Abs. 1 und 3 führen könnten.

(3) Die sonstigen Vorschriften und Grundsätze der Amtshilfe bleiben unberührt.

II.

Die Beschwerdeführer wenden sich mit der Verfassungsbeschwerde unmittelbar gegen das Luftsicherheitsgesetz, weil es dem Staat erlaube, vorsätzlich Menschen zu töten, die nicht Täter, sondern Opfer eines Verbrechens geworden seien. § 14 Abs. 3 LuftSiG, der unter den im Gesetz genannten Voraussetzungen zum Abschuss von Luftfahrzeugen ermächtige, verletze ihre Rechte aus Art. 1 Abs. 1, Art. 2 Abs. 2 Satz 1 in Verbindung mit Art. 19 Abs. 2 GG.

1. Die Verfassungsbeschwerde sei zulässig. Die Beschwerdeführer würden durch die angegriffene Regelung unmittelbar in ihren Grundrechten beeinträchtigt. Da sie aus privaten und beruflichen Gründen häufig Flugzeuge benutzten, sei es nicht eine nur theoretische Möglichkeit, dass sie von einer Maßnahme nach § 14 Abs. 3 LuftSiG betroffen sein könnten.

2. Die Verfassungsbeschwerde sei auch begründet. Das Luftsicherheitsgesetz verstoße gegen die Grundrechte der Beschwerdeführer auf Menschenwürde und Leben gemäß Art. 1 Abs. 1 und Art. 2 Abs. 2 Satz 1 GG. Es mache sie zum bloßen Objekt staatlichen Handelns. Wert und Erhaltung ihres Lebens würden unter mengenmäßigen Gesichtspunkten und nach der ihnen „den Umständen nach" vermutlich verbleibenden Lebenserwartung in das Ermessen des Bundesministers der Verteidigung gestellt. Sie sollten im Ernstfall geopfert und vorsätzlich getötet werden, wenn der Minister auf der Grundlage der ihm vorliegenden Informationen annehme, dass ihr

Leben nur noch kurze Zeit dauern werde und daher im Vergleich zu den sonst drohenden Verlusten keinen Wert mehr habe oder jedenfalls nur noch minderwertig sei.

Der Staat dürfe eine Mehrheit seiner Bürger nicht dadurch schützen, dass er eine Minderheit – hier die Besatzung und die Passagiere eines Flugzeugs – vorsätzlich töte. Eine Abwägung Leben gegen Leben nach dem Maßstab, wie viele Menschen möglicherweise auf der einen und wie viele auf der anderen Seite betroffen seien, sei unzulässig. Der Staat dürfe Menschen nicht deswegen töten, weil es weniger seien, als er durch ihre Tötung zu retten hoffe.

Eine Relativierung des Lebensrechts der Passagiere lasse sich auch nicht damit begründen, dass diese als Teil der Waffe Flugzeug angesehen würden. Wer so argumentiere, mache sie zum bloßen Objekt staatlichen Handelns und beraube sie ihrer menschlichen Qualität und Würde.

Der Gesetzesvorbehalt in Art. 2 Abs. 2 Satz 3 GG führe ebenfalls zu keinem anderen Ergebnis. Die Wesensgehaltsgarantie des Art. 19 Abs. 2 GG schließe einen Eingriff in das Recht auf Leben durch vorsätzliche physische Vernichtung aus.

Die Beschwerdeführer seien in ihren Grundrechten auf Leben und Menschenwürde auch deshalb verletzt, weil das Luftsicherheitsgesetz und der darin vorgesehene Einsatz der Bundeswehr im Inland wegen Verstoßes gegen Art. 87 a GG verfassungswidrig seien. Die Voraussetzungen von dessen Absatz 2 seien nicht gegeben. Die §§ 13 bis 15 LuftSiG könnten mit Art. 35 Abs. 2 und 3 GG nicht gerechtfertigt werden. Sie wollten für die Bewältigung einer ausweglosen Grenzsituation partielles Kriegsrecht einführen. Ein kriegsmäßiger Kampfeinsatz der Bundeswehr im Inland mit militärischen Mitteln sei von Art. 35 GG aber nicht gedeckt.

Mit Art. 35 Abs. 2 und 3 GG sei auch nicht vereinbar, dass der Einsatz der Streitkräfte nicht unter der Verantwortung der jeweiligen Landesregierung und nicht auf der Grundlage des Landespolizeirechts, sondern nach den neuen Regelungen des Bundesrechts erfolgen solle. Nach den Polizeigesetzen aller Länder scheide die vorsätzliche Tötung von Personen, die polizeirechtlich als Unbeteiligte gälten, aus. Diese Konsequenz könne der Bundesgesetzgeber nicht dadurch umgehen, dass er zwar den Einsatz der Bundeswehr in § 13 Abs. 1 LuftSiG als Amtshilfe bezeichne und die Zuständigkeit des Verteidigungsministers gemäß § 13 Abs. 2 LuftSiG mit seiner Befehlsgewalt in Friedenszeiten begründe, dann aber durch § 13 Abs. 4 Satz 2 LuftSiG das Polizeirecht der Länder durch die Vorschriften des Luftsicherheitsgesetzes ersetze.

§ 14 Abs. 3 LuftSiG sei im Übrigen schon deswegen nicht verfassungsgemäß, weil das Luftsicherheitsgesetz nicht mit Zustimmung des Bundesrates zustande gekommen sei. Das Gesetz sei nach Art. 87 d Abs. 2 GG zustimmungspflichtig, weil es Vorschriften ändere, durch welche die Luftverkehrsverwaltung auf die Länder übertragen worden sei. Die Zustimmungsbedürftigkeit beziehe sich nicht nur auf einzelne Regelungen eines Gesetzes, sondern auf das Gesetz insgesamt, wenn es zustimmungspflichtige Teile enthalte oder enthalten habe.

III.

Zu der Verfassungsbeschwerde haben sich der Deutsche Bundestag, die Bundesregierung, die Bayerische Staatsregierung, die Hessische Landesregierung, der Deutsche BundeswehrVerband, die Vereinigung Cockpit und die Unabhängige Flugbegleiter Organisation UFO schriftlich geäußert.

1. Der Deutsche Bundestag hält die angegriffene Regelung für verfassungsgemäß.

a) Sie habe ihre verfassungsrechtliche Grundlage in Art. 35 Abs. 3 Satz 1 GG. Unter den Begriff des besonders schweren Unglücksfalls im Sinne dieser Vorschrift fielen auch Ereignisse, die von Menschen verursacht worden seien. Der Unglücksfall müsse ferner nicht schon eingetreten sein. Es reiche aus, dass er unmittelbar bevorstehe. In den vom Luftsicherheitsgesetz erfassten Fällen werde das Gebiet mehr als eines Landes gefährdet. Das Bundesgebiet sei in so kleine Einheiten aufgeteilt, dass ein mit Reisegeschwindigkeit fliegendes Verkehrsflugzeug zwangsläufig die Grenzen mehrerer Bundesländer passiere.

Ein Verstoß gegen Art. 1 GG liege nicht vor. Nicht der - nur reagierende - Staat beraube bei einem Vorgehen nach den §§ 13 bis 15 LuftSiG die Menschen im Flugzeug ihrer Würde und mache sie zu Objekten, sondern derjenige, der ein Flugzeug in seine Gewalt bringe, um die Menschen an Bord nicht nur zu töten, sondern sie noch in ihrem Tod zur Auslöschung weiterer Menschen zu instrumentalisieren. In die Nähe eines Verstoßes gegen Art. 1 GG gerate der Staat erst, wenn er die Subjektqualität der betroffenen Menschen negiere und damit zum Ausdruck bringe, dass er den Wert verachte, der dem Menschen kraft seines Personseins zukomme. Darum gehe es dem Luftsicherheitsgesetz aber nicht. Bei ihm handele es sich um das Bemühen des Gesetzgebers, auch für eine verzweifelte Lage einen rechtlichen Rahmen vorzugeben.

Art. 2 Abs. 2 Satz 1 GG sei ebenfalls nicht verletzt. Zwar werde in das Grundrecht auf Leben der Besatzung eines entführten Flugzeugs, der Passagiere und der Flugzeugentführer in der schwerstmöglichen Weise eingegriffen. Doch sei dies verfassungsgemäß. Art. 2 Abs. 2 Satz 3 GG lasse die Tötung eines Menschen ausdrücklich zu. Wenn der Gesetzgeber mit Blick auf eine hoffentlich nie eintretende, aber doch realistische Gefahr eine Regelung treffe, die darauf hinauslaufe, zur Vermeidung einer noch größeren Zahl von Toten eine relativ kleinere Zahl von Menschen durch die Streitkräfte töten zu lassen, sei im Hinblick auf Art. 2 Abs. 2 Satz 1 GG in Wahrheit entscheidend, ob das Gesetz sicherstelle, dass dies nur im äußersten Notfall geschehe. Das sei hier zu bejahen. In der dicht besiedelten und relativ kleinen Bundesrepublik Deutschland sei es faktisch fast nicht denkbar, dass es zur Option des § 14 Abs. 3 LuftSiG komme.

Es werde auch nicht gegen die Wesensgehaltsgarantie des Art. 19 Abs. 2 GG verstoßen. Das Luftsicherheitsgesetz errichte hohe Hürden für den denkbar schwersten Eingriff. Dadurch sei gewährleistet, dass es im Ergebnis wohl nur dann zum Abschuss eines Passagierflugzeugs kommen könne, wenn sich die Zahl der Opfer wenigstens mit einer gewissen Wahrscheinlichkeit auf die Flugzeuginsassen beschränken lasse.

Der Gesetzgeber habe nur die Wahl gehabt, untätig zu bleiben oder eine Regelung zu treffen, die in den Grenzbereich des überhaupt Regelbaren hineinreichen müsse. Terrorismus nach dem Muster des 11. September 2001 unterscheide sich grundsätzlich von Fällen der Notwehr und des Notstands im strafrechtlichen Sinne. Das Gesetz dürfe in einem solchen Fall die verantwortlichen Personen zu ihrem Handeln legitimieren mit der Folge, dass sie durch rechtmäßiges Verhalten Unrecht anrichteten, um noch größeres Unrecht abzuwenden. § 14 Abs. 3 LuftSiG konstituiere demnach einen persönlichen, an das Amt anknüpfenden Rechtfertigungsgrund für den Bundesminister der Verteidigung und die ausführenden Soldaten.

b) Die Bundestagsfraktion von BÜNDNIS 90 / DIE GRÜNEN hat in einer ergänzenden Stellungnahme ausgeführt, sie habe § 14 Abs. 3 LuftSiG unter der Prämisse zugestimmt, dass der Abschuss eines Passagierflugzeugs nicht erlaubt werde, wenn damit die Tötung Unbeteiligter verbunden sei. Die Regelung schaffe keine grundsätzlich neuen Rechtfertigungstatbestände. Anderenfalls würde das Rechtsbewusstsein hinsichtlich des Grundrechts auf Leben auf gefährliche Weise unterminiert.

Eine quantitative oder qualitative Abwägung von Menschenleben gegen Menschenleben sehe § 14 Abs. 3 LuftSiG nicht vor. Der Abschuss eines Luftfahrzeugs sei verfassungsrechtlich allenfalls dann zulässig, wenn sich in diesem nur der „Störer" befinde, der durch sein Verhalten einen besonders schweren Unglücksfall herbeiführen wolle. Die gezielte vorsätzliche Tötung unbeteiligter Personen sei dagegen durch Art. 2 Abs. 2 Satz 1 in Verbindung mit Art. 1 Abs. 1

GG verboten. Auch eine Pflicht des Einzelnen, sich in Situationen, in denen die Existenz des Staates und das Gemeinwohl gefährdet seien, zu deren Erhaltung aufzuopfern, sei abzulehnen. Werde ein Passagierflugzeug als Waffe eingesetzt, dürften die Rechte der Passagiere und der Besatzung auf Unterlassen eines staatlichen Eingriffs in ihr Recht auf Leben nicht gegenüber der Schutzpflicht zurückstehen, die aus diesem Recht zugunsten der durch den gezielten Abschuss des Flugzeugs am Boden gefährdeten Personen abgeleitet werde.

2. Die Bundesregierung ist ebenfalls der Auffassung, dass die angegriffene Regelung der Verfassung entspricht.

Mit dem Luftsicherheitsgesetz erfülle der Staat seine Schutzpflicht gegenüber jedem menschlichen Leben. Träten – wie hier – das Lebensrecht des einen und das Lebensrecht des anderen zueinander in Konflikt, sei es Aufgabe des Gesetzgebers, Art und Umfang des Lebensschutzes zu bestimmen. Über konkrete Maßnahmen hätten die zuständigen Stellen nach pflichtgemäßem Ermessen zu entscheiden. Dabei sei der aktive Eingriff in die Grundrechte der Flugzeuginsassen von außerordentlichem Gewicht. Dies könne aber nicht ohne weiteres ein Nichterfüllen der Schutzpflicht gegenüber Dritten erzwingen, wenn auf deren Seite dasselbe Rechtsgut Leben unmittelbar bedroht sei. Es bestehe keine Präferenz der Abwehrfunktion gegenüber der Schutzfunktion. In Erfüllung der Letzteren dürfe der Gesetzgeber daher vorsehen, dass ein gegenwärtiger Angriff auf das Leben von Menschen abgewehrt werde, auch wenn dabei andere Menschen zu Tode kämen oder – etwa durch herabfallende Flugzeugtrümmer – gefährdet würden. Eine Abwägung Leben gegen Leben finde insoweit nicht statt.

Der Wesensgehalt des Art. 2 Abs. 2 Satz 1 GG werde ebenso wenig verletzt wie der Verhältnismäßigkeitsgrundsatz. Vor allem die strengen Voraussetzungen des § 14 LuftSiG schlössen die unmittelbare Einwirkung mit Waffengewalt auf ein Luftfahrzeug, in dem sich unbeteiligte Personen befinden, unter Zugrundelegung aller denkbaren Geschehensabläufe aus. Dies folge daraus, dass die Vorschrift höchste normative Gewissheit über das unmittelbare Bevorstehen eines besonders schweren Unglücksfalls verlange. Zudem gelte es, in der dicht besiedelten Bundesrepublik Deutschland schlimmeren Schaden zu vermeiden.

Im Übrigen sei zu berücksichtigen, dass die Flugzeuginsassen im Fall des § 14 Abs. 3 LuftSiG gleichsam Teil der Waffe seien, als die das Luftfahrzeug benutzt werde. Angesichts der gegenwärtigen Bedrohung des Luftverkehrs müsse den Insassen die Gefährdung bewusst sein, in die sie sich selbst begäben, wenn sie am Flugverkehr teilnähmen. Nur wenn der Staat entsprechend § 14 Abs. 3

LuftSiG handele, könne wenigstens ein Teil der bedrohten Leben gerettet werden. Dies dürfe in einer derart außergewöhnlichen Situation auch zu Lasten derer geschehen, die, untrennbar mit der Waffe verbunden, ohnehin nicht zu retten seien.

Das Luftsicherheitsgesetz wahre auch die Würde des Menschen. Die Insassen des von einem Abschuss betroffenen Luftfahrzeugs würden in ihrer Menschenwürde geachtet. Sie seien, wenn auch gegen ihren Willen, Teil einer Waffe, die das Leben anderer bedrohe. Nur deshalb und mangels anderer Möglichkeiten, den Angriff abzuwehren, richteten sich die staatlichen Maßnahmen auch gegen sie. Eventuell gefährdete Dritte seien ebenfalls nicht in ihrer Menschenwürde verletzt. Das Gesetz diene mit allen seinen Regelungen auch ihrem Schutz.

Das Luftsicherheitsgesetz beachte ferner die grundgesetzliche Kompetenzordnung. Die Gesetzgebungsbefugnis des Bundes ergebe sich aus Art. 73 Nr. 1 und 6 GG, soweit der Einsatz der Streitkräfte betroffen sei. Der Bund habe auch die Verwaltungskompetenz für die Luftsicherheit. Die bundeseigene Luftverkehrsverwaltung nach Art. 87 d Abs. 1 Satz 1 GG schließe die Zuständigkeit ein, für die Sicherheit im Luftverkehr durch bundeseigene Organe zu sorgen. Die Verwaltungskompetenz ergebe sich zudem aus Art. 87 a Abs. 1 und 2 in Verbindung mit Art. 35 Abs. 2 und 3 GG. Der im Luftsicherheitsgesetz vorgesehene Streitkräfteeinsatz erfolge im Rahmen von Art. 35 Abs. 2 und 3 GG zur Abwehr eines Katastrophennotstands.

Aus der Funktion dieses Einsatzes, die Länder bei der polizeilichen Gefahrenbekämpfung zu unterstützen, folge nicht, dass er sich immer nach Landesrecht richten müsse. Der für die Unterstützung erforderliche Einsatz von Waffen ziehe die Unterstützung nicht in den Bereich des Art. 87 a Abs. 1 GG.

Die Verwendung der Streitkräfte nach den §§ 13 bis 15 LuftSiG diene der Abwehr eines besonders schweren Unglücksfalls im Rahmen des Art. 35 Abs. 2 und 3 GG. Der Einsatz eines Luftfahrzeugs gegen das Leben von Menschen könne zu einem solchen Unglücksfall führen. Dass der Einsatz absichtlich geschehe, stehe dem nicht entgegen. Der Unglücksfall müsse auch nicht schon eingetreten sein.

Das Luftsicherheitsgesetz habe nicht der Zustimmung des Bundesrates bedurft. Gleiches gelte für die übrigen Regelungen des Gesetzes zur Neuregelung von Luftsicherheitsaufgaben.

3. Nach Ansicht der Bayerischen Staatsregierung und der Hessischen Landesregierung, die eine gemeinsame Stellungnahme abgegeben haben, ist die Verfassungsbeschwerde dagegen begründet. Die angegriffene Regelung verstoße gegen Art. 87 a Abs. 2 in Verbindung mit Art. 35 Abs. 2 Satz 2 und Abs. 3 GG.

Sie sei nicht durch ein Gesetzgebungsrecht des Bundes aus Art. 35 Abs. 2 Satz 2 und Abs. 3 GG gedeckt. Die Streitkräfte könnten danach nur zur Unterstützung der Länder bei der Erfüllung polizeilicher Aufgaben handeln und dabei lediglich von den Befugnissen Gebrauch machen, die ihnen das Landesrecht einräume. Damit stehe nicht im Einklang, dass das Luftsicherheitsgesetz den Bund ermächtige, die Bundeswehr zur Gefahrenabwehr nach Bundesrecht einzusetzen. Die ausschließliche Gesetzgebungskompetenz des Bundes nach Art. 73 Nr. 1 und 6 GG könne wegen Art. 87 a Abs. 2 GG diesen Befund nicht überspielen.

Mit Art. 35 Abs. 2 und 3 GG nicht vereinbar sei ferner, dass die §§ 13 bis 15 LuftSiG einen Einsatz der Streitkräfte auch zu präventiven Zwecken zuließen. Die Verfassung ermögliche einen unterstützenden Einsatz der Streitkräfte nur bei einem schon eingetretenen besonders schweren Unglücksfall. Die in § 14 Abs. 4 LuftSiG geregelte Anordnungsbefugnis trage darüber hinaus nicht dem Umstand Rechnung, dass bei der Konstellation des Art. 35 Abs. 3 GG die Bundesregierung als Kollegialorgan zur Entscheidung berufen sei.

Seien danach die §§ 13 ff. LuftSiG schon deshalb verfassungswidrig, weil der Bund den Rahmen von Art. 87 a Abs. 2 in Verbindung mit Art. 35 Abs. 2 Satz 2 und Abs. 3 GG verlassen habe, könne dahinstehen, ob auch Grundrechte verletzt seien. Vorsorglich werde aber darauf hingewiesen, dass die Auffassung der Beschwerdeführer nicht geteilt werde, Art. 2 Abs. 2 Satz 1 in Verbindung mit Art. 1 Abs. 1 GG schließe es schlechthin aus, zur Verhinderung des Eintritts eines besonders schweren Unglücksfalls Waffengewalt gegen ein entführtes Passagierflugzeug anzuwenden.

4. Der Deutsche BundeswehrVerband äußert Zweifel an der Verfassungsmäßigkeit der angegriffenen Regelung. Die Aufgaben, die das Luftsicherheitsgesetz in den §§ 13 ff. regle, beträfen nicht die militärische Landesverteidigung. Vielmehr gehe es um Aufgaben im Bereich der polizeilichen Gefahrenabwehr. Für deren Wahrnehmung fehle es der Bundeswehr an der erforderlichen Ermächtigungsgrundlage. Zu Recht führe die Verfassungsbeschwerde aus, dass ein kriegsmäßiger Kampfeinsatz der Streitkräfte im Inland mit militärischen Mitteln von Art. 35 Abs. 2 GG nicht gedeckt sei.

Außerdem bestünden gegen § 14 Abs. 3 LuftSiG Bedenken im Hinblick auf den verfassungsrechtlichen Bestimmtheitsgrundsatz. Die Norm nenne keine präzisen Kriterien für die darin vorausgesetzte Abwägung Leben gegen Leben. Das führe für den zum Handeln gezwungenen Soldaten zu einem schweren Konflikt zwischen der Pflicht zum Gehorsam und der von ihm zu treffenden höchstpersönlichen Gewissensentscheidung. Es fehle eine Regelung, welche die Soldaten zuverlässig von strafrechtlichen Ermittlungsverfahren und zivilrechtlichen Haftungsklagen – auch vor ausländischen Gerichten – freistelle.

5. Die Vereinigung Cockpit hält die Verfassungsbeschwerde für begründet. Geeignetheit und Erforderlichkeit des § 14 Abs. 3 LuftSiG, der den Einsatz von tödlicher Gewalt auch gegen Unbeteiligte erlaube, seien zweifelhaft. Der terroristische Erfolg eines Renegade-Angriffs sei von zahlreichen Unwägbarkeiten abhängig. Schon die Feststellung eines erheblichen Luftzwischenfalls im Sinne des § 13 Abs. 1 LuftSiG sei im Hinblick auf die tatsächlichen Abläufe des Flugverkehrs äußerst schwierig und nur selten mit Gewissheit möglich. Die bei der Überprüfung von Luftfahrzeugen nach § 15 Abs. 1 LuftSiG gewonnenen Erkenntnisse seien selbst bei idealer Wetterlage allenfalls vage. Die mögliche Motivation eines Flugzeugentführers und die Ziele einer Flugzeugentführung blieben bis zuletzt spekulativ. Eine auf gesicherte Tatsachen gestützte Entscheidung über einen Einsatz nach § 14 Abs. 3 LuftSiG komme angesichts des zur Verfügung stehenden knappen Zeitfensters im Zweifel zu spät. Deshalb funktioniere die Konzeption der §§ 13 bis 15 LuftSiG nur, wenn von vornherein im Übermaß reagiert werde.

6. Die Unabhängige Flugbegleiter Organisation UFO teilt die mit der Verfassungsbeschwerde vorgetragenen Bedenken. Der Abschuss eines Zivilflugzeugs sei unter keinem rechtlichen Gesichtspunkt gerechtfertigt. Das Ziel des Luftsicherheitsgesetzes, die Sicherheit des Luftverkehrs und den Schutz der Zivilbevölkerung vor terroristischen Angriffen zu erhöhen, werde zwar unterstützt. Dafür seien aber noch lange nicht alle anderen Möglichkeiten ausgeschöpft.

Zudem bestehe die Gefahr, dass von der Erde aus die Situation an Bord falsch eingeschätzt werde. Dort könne praktisch nicht beurteilt werden, ob die Voraussetzungen des § 14 Abs. 3 LuftSiG vorlägen. Die Informationen, die der Bundesminister der Verteidigung für seine Entscheidung benötige, den Abschuss eines Flugzeugs anzuordnen, stammten nicht aus der direkten Gefahrenzone an Bord des Flugzeugs. Es seien nur indirekte Informationen, die der Pilot vom Kabinenpersonal erhalten habe, das sich womöglich in der Gewalt von Terroristen befinde. Abgesehen davon könne sich die Lage an Bord in Sekundenschnelle ändern und dies wegen der langen Kommunikationswege möglicherweise nicht schnell genug dem Boden mitgeteilt werden.

IV.

In der mündlichen Verhandlung haben die Beschwerdeführer, der Deutsche
Bundestag, die Bundesregierung, die Bayerische Staatsregierung und die Hessische Landesregierung, der Deutsche BundeswehrVerband sowie die Vereinigung Cockpit und die Unabhängige Flugbegleiter Organisation UFO ihren
schriftlichen Vortrag ergänzt und vertieft. Dabei haben der Bundesminister des
Innern und die Vertreter der Fraktionen des Deutschen Bundestags ihre zum
Teil unterschiedlichen Auffassungen zur Reichweite des § 14 Abs. 3 LuftSiG
dargelegt. Außerdem haben die Deutsche Flugsicherung und der Verband der
Besatzungen strahlgetriebener Kampfflugzeuge der Deutschen Bundeswehr zu
der angegriffenen Regelung und vor allem zu tatsächlichen Fragen ihrer Anwendung Stellung genommen.

B.

Die Verfassungsbeschwerde ist zulässig.

I.

Unzulässig ist allerdings die Rüge, die angegriffene Regelung sei schon deshalb
mit dem Grundgesetz nicht vereinbar, weil das Luftsicherheitsgesetz der Zustimmung des Bundesrates bedurft hätte und diese nicht erteilt worden sei.

Die Beschwerdeführer stützen diese Rüge auf Art. 87 d Abs. 2 GG. Danach
können den Ländern durch Bundesgesetz, das der Zustimmung des Bundesrates
bedarf, Aufgaben der Luftverkehrsverwaltung als Auftragsverwaltung übertragen werden. Die Beschwerdeführer stellen nicht darauf ab, dass das Luftsicherheitsgesetz oder andere in dem Gesetz zur Neuregelung von Luftsicherheitsaufgaben enthaltene Vorschriften zu einer solchen Aufgabenübertragung geführt
hätten. Sie machen vielmehr ausschließlich geltend, dass dieses Gesetz zustimmungspflichtige Regelungen, durch die Aufgaben der Luftverkehrsverwaltung auf die Länder übertragen worden seien, geändert und deshalb seinerseits
der Zustimmung des Bundesrates bedurft habe. Die Verfassungsbeschwerde
führt aber nicht aus, welche Vorschriften mit einem nach Art. 87 d Abs. 2 GG
zustimmungsauslösenden Inhalt konkret durch das jetzt erlassene Gesetz geändert worden sein sollen und inwieweit dies nach der Rechtsprechung des Bun-
desverfassungsgerichts zu dieser Vorschrift (vgl. BVerfGE 97, 198 <226 f.>)
die Zustimmungsbedürftigkeit des Änderungsgesetzes begründet haben könnte.
Das Beschwerdevorbringen genügt damit insoweit nicht den Anforderungen,
die nach § 92 in Verbindung mit § 23 Abs. 1 Satz 2 Halbsatz 1 BVerfGG an die

Begründung einer Verfassungsbeschwerde zu stellen sind (vgl. dazu BVerfGE 99, 84 <87>; 109, 279 <305>).

II.

Zulässig ist dagegen die Rüge, die Beschwerdeführer würden in ihren Rechten aus Art. 1 Abs. 1 und Art. 2 Abs. 2 Satz 1 GG verletzt, weil es § 14 Abs. 3 LuftSiG den Streitkräften unter den dort genannten Voraussetzungen und nach Maßgabe der übrigen Regelungen in den §§ 13 bis 15 LuftSiG erlaube, auch dann auf ein Luftfahrzeug mit Waffengewalt einzuwirken, wenn sich darin Menschen aufhalten, die gegen ihren Willen in die Gewalt derer geraten sind, die das Luftfahrzeug gegen das Leben anderer Menschen einsetzen wollen.

1. Auf diesen Regelungsgegenstand beschränken sich die Angriffe der Beschwerdeführer. In Bezug auf § 14 Abs. 1, 2 und 4 sowie § 15 LuftSiG und die darin vorgesehenen Maßnahmen machen sie keine eigenständige Beschwer geltend. Diese Vorschriften werden im Beschwerdevorbringen – ebenso wie die Regelungen in § 13 LuftSiG mit ihrem überwiegend verfahrensrechtlichen Inhalt – nur insoweit erwähnt, als sie der Einsatzmaßnahme nach § 14 Abs. 3 LuftSiG zwingend vorgeschaltet sind und sich auf diese Maßnahme beziehen.

2. Hinsichtlich der auf diese Weise angegriffenen Regelung sind die Beschwerdeführer insbesondere beschwerdebefugt.

a) Die Beschwerdebefugnis setzt, wenn sich eine Verfassungsbeschwerde – wie hier – unmittelbar gegen ein Gesetz richtet, voraus, dass der Beschwerdeführer durch die angegriffenen Normen selbst, gegenwärtig und unmittelbar in seinen Grundrechten betroffen ist (vgl. BVerfGE 1, 97 <101 ff.>; 109, 279 <305>; stRspr). Die Voraussetzung der eigenen und gegenwärtigen Betroffenheit ist grundsätzlich erfüllt, wenn der Beschwerdeführer darlegt, dass er mit einiger Wahrscheinlichkeit durch die auf den angegriffenen Vorschriften beruhenden Maßnahmen in seinen Grundrechten berührt wird (vgl. BVerfGE 100, 313 <354>; 109, 279 <307 f.>). Unmittelbare Betroffenheit ist schließlich gegeben, wenn die angegriffenen Bestimmungen, ohne eines weiteren Vollzugsakts zu bedürfen, die Rechtsstellung des Beschwerdeführers verändern (vgl. BVerfGE 97, 157 <164>; 102, 197 <207>). Das ist auch dann anzunehmen, wenn dieser gegen einen denkbaren Vollzugsakt nicht oder nicht in zumutbarer Weise vorgehen kann (vgl. BVerfGE 100, 313 <354>; 109, 279 <306 f.>).

b) Nach diesen Grundsätzen ist die Beschwerdebefugnis der Beschwerdeführer gegeben. Sie haben glaubhaft dargelegt, dass sie aus privaten und beruflichen Gründen häufig zivile Luftfahrzeuge benutzen.

aa) Es ist deshalb hinreichend wahrscheinlich, dass sie durch die von ihnen angegriffene Vorschrift des § 14 Abs. 3 LuftSiG selbst und gegenwärtig in ihren Grundrechten betroffen werden. Unmittelbare Einwirkung auf ein Luftfahrzeug mit Waffengewalt im Sinne dieser Vorschrift bedeutet, wie sich auch aus dem Vergleich mit den in § 14 Abs. 1 LuftSiG aufgeführten Einsatzmaßnahmen und den in § 15 Abs. 1 LuftSiG genannten sonstigen Maßnahmen ergibt, ein Einwirken mit dem Ziel, das von der Einwirkung betroffene Luftfahrzeug erforderlichenfalls zum Absturz zu bringen.

Die Betroffenheit der Beschwerdeführer wird nicht dadurch in Frage gestellt, dass im Verfassungsbeschwerdeverfahren die Auffassung vertreten worden ist, § 14 Abs. 3 LuftSiG sei nicht anwendbar, wenn sich an Bord eines Luftfahrzeugs Personen befänden, die – wie dessen Besatzung und Passagiere – für die Herbeiführung einer Gefahrenlage im Sinne dieser Bestimmung nicht verantwortlich seien. Im Wortlaut des § 14 Abs. 3 LuftSiG findet eine solche Beschränkung des Anwendungsbereichs der Vorschrift keinen Ausdruck. Die Gesetzesbegründung lässt im Gegenteil erkennen, dass von einer unmittelbaren Einwirkung mit Waffengewalt nach § 14 Abs. 3 LuftSiG auch Personen betroffen sein können, welche die Gefahr eines besonders schweren Unglücksfalls nicht geschaffen haben. Dort wird ausdrücklich von der Lebensbedrohung auch der Flugzeuginsassen durch die Angreifer auf das Luftfahrzeug gesprochen und nicht danach unterschieden, ob es sich bei den Insassen um Täter oder Opfer handelt (vgl. BTDrucks 15/2361, S. 21 zu § 14). Das lässt erkennen, dass von einer Anwendung des § 14 Abs. 3 LuftSiG auch unschuldige Menschen an Bord des Luftfahrzeugs betroffen sein können.

Davon ist im Übrigen auch bei den Beratungen des Entwurfs eines Gesetzes zur Neuregelung von Luftsicherheitsaufgaben im Deutschen Bundestag ausgegangen worden (vgl. vor allem die Ausführungen der Abg. Burgbacher [FDP], Hofmann [SPD] in der 89. Sitzung des 15. Deutschen Bundestages am 30. Januar 2004, BTPlenarprotokoll 15/89, S. 7887 f., 7889, und der Abg. Pau [fraktionslos] in der 115. Sitzung des 15. Deutschen Bundestages am 18. Juni 2004, BTPlenarprotokoll 15/115, S. 10545; anders allerdings der Abg. Ströbele [BÜNDNIS 90/DIE GRÜNEN], BTPlenarprotokoll 15/89, S. 7893 f.; zu den Beiträgen in der Anhörung des Bundestagsinnenausschusses vgl. das Ausschussprotokoll 15/35 über die Sitzung am 26. April 2004, S. 11 f., 22, 33, 43, 44, 57 f., 66 f., 85 f., 94 f., 111 f.). In der mündlichen Verhandlung vor dem Bundesverfassungsgericht ist denn auch von den Vertretern des Deutschen Bundestages überwiegend bekräftigt worden, § 14 Abs. 3 LuftSiG betreffe nicht nur den Fall, dass ein nur mit Straftätern besetztes Luftfahrzeug gegen das Leben von Menschen eingesetzt werden soll. Von dieser Vorschrift – zumindest theoretisch – erfasst würden vielmehr auch Luftzwischenfälle mit unschuldigen, an deren Herbeiführung nicht beteiligten Menschen an Bord.

bb) Auch die unmittelbare Betroffenheit der Beschwerdeführer ist unter diesen Umständen gegeben. Es kann ihnen nicht zugemutet werden abzuwarten, bis sie selbst Opfer einer Maßnahme nach § 14 Abs. 3 LuftSiG werden.

C.

Die Verfassungsbeschwerde ist auch begründet. § 14 Abs. 3 LuftSiG ist mit Art. 2 Abs. 2 Satz 1 in Verbindung mit Art. 87 a Abs. 2 und Art. 35 Abs. 2 und 3 sowie in Verbindung mit Art. 1 Abs. 1 GG unvereinbar und nichtig.

I.

Art. 2 Abs. 2 Satz 1 GG gewährleistet das Recht auf Leben als Freiheitsrecht (vgl. BVerfGE 89, 120 <130>). Mit diesem Recht wird die biologisch-physische Existenz jedes Menschen vom Zeitpunkt ihres Entstehens an bis zum Eintritt des Todes unabhängig von den Lebensumständen des Einzelnen, seiner körperlichen und seelischen Befindlichkeit, gegen staatliche Eingriffe geschützt. Jedes menschliche Leben ist als solches gleich wertvoll (vgl. BVerfGE 39, 1 <59>). Obwohl es innerhalb der grundgesetzlichen Ordnung einen Höchstwert darstellt (vgl. BVerfGE 39, 1 <42>; 46, 160 <164>; 49, 24 <53>), steht allerdings auch dieses Recht nach Art. 2 Abs. 2 Satz 3 GG unter Gesetzesvorbehalt. Auch in das Grundrecht auf Leben kann deshalb auf der Grundlage eines förmlichen Parlamentsgesetzes (vgl. BVerfGE 22, 180 <219>) eingegriffen werden. Voraussetzung dafür ist aber, dass das betreffende Gesetz in jeder Hinsicht den Anforderungen des Grundgesetzes entspricht. Es muss kompetenzgemäß erlassen worden sein, nach Art. 19 Abs. 2 GG den Wesensgehalt des Grundrechts unangetastet lassen und darf auch sonst den Grundentscheidungen der Verfassung nicht widersprechen.

II.

Diesen Maßstäben wird die angegriffene Vorschrift des § 14 Abs. 3 LuftSiG nicht gerecht.

1. Sie greift in den Schutzbereich des durch Art. 2 Abs. 2 Satz 1 GG garantierten Grundrechts auf Leben sowohl der Besatzung und der Passagiere des von einer Einsatzmaßnahme nach § 14 Abs. 3 LuftSiG betroffenen Luftfahrzeugs als auch derer ein, die dieses im Sinne dieser Vorschrift gegen das Leben von Menschen einsetzen wollen. Die Inanspruchnahme der Ermächtigung zur un-

mittelbaren Einwirkung mit Waffengewalt auf ein Luftfahrzeug nach § 14 Abs. 3 LuftSiG führt praktisch immer zu dessen Absturz. Dieser wiederum hat mit an Sicherheit grenzender Wahrscheinlichkeit den Tod, also die Vernichtung des Lebens aller seiner Insassen zur Folge.

2. Für diesen Eingriff lässt sich eine verfassungsrechtliche Rechtfertigung nicht anführen. § 14 Abs. 3 LuftSiG kann in formeller Hinsicht schon nicht auf eine Gesetzgebungskompetenz des Bundes gestützt werden (a). Die Vorschrift verstößt darüber hinaus, soweit von ihr nicht nur diejenigen, die das Luftfahrzeug als Waffe missbrauchen wollen, sondern außerdem Personen betroffen werden, welche die Herbeiführung des in § 14 Abs. 3 LuftSiG vorausgesetzten erheblichen Luftzwischenfalls nicht zu verantworten haben, auch materiell gegen Art. 2 Abs. 2 Satz 1 GG (b).

a) Für die angegriffene Regelung fehlt es an einer Gesetzgebungsbefugnis des Bundes.

aa) § 14 Abs. 3 LuftSiG ist Teil der Bestimmungen in Abschnitt 3 des Luftsicherheitsgesetzes. Dieser trägt die Überschrift "Unterstützung und Amtshilfe durch die Streitkräfte" und macht damit deutlich, dass es sich bei deren Einsatz, so wie er in den §§ 13 bis 15 LuftSiG geregelt ist, primär nicht um die Wahrnehmung einer eigenständigen Aufgabe des Bundes, sondern „im Rahmen der Gefahrenabwehr" und der "Unterstützung der Polizeikräfte der Länder" (§ 13 Abs. 1 LuftSiG) um die Hilfe bei der Bewältigung einer den Ländern obliegenden Aufgabe handelt. Diese Hilfe vollzieht sich, wie § 13 LuftSiG in seinen Absätzen 1 bis 3 im Einzelnen ausweist, in den Bahnen einerseits des Art. 35 Abs. 2 Satz 2 GG und andererseits des Art. 35 Abs. 3 GG. Da diese Artikel unstreitig zu den Regelungen des Grundgesetzes gehören, die im Sinne des Art. 87 a Abs. 2 GG den Einsatz der Streitkräfte außerhalb der Verteidigung ausdrücklich zulassen (vgl. BTDrucks V/2873, S. 2 unter B i.V.m. S. 9 f.; zu Art. 35 Abs. 3 GG s. auch BVerfGE 90, 286 <386 f.>), geht es § 14 Abs. 3 LuftSiG ebenso wie den übrigen Regelungen des Abschnitts 3 des Gesetzes, auch im Sinne der Kompetenznorm des Art. 73 Nr. 1 GG, nicht um Verteidigung (a.A. die Begründung zum Entwurf des Gesetzes zur Neuregelung von Luftsicherheitsaufgaben, BTDrucks 15/2361, S. 14, und weiter etwa auch BVerwG, DÖV 1973, S. 490 <492>). Auch der in den Kompetenztitel "Verteidigung" eingeschlossene Teilbereich des Schutzes der Zivilbevölkerung ist deshalb nicht einschlägig.

Auf die Gesetzgebungszuständigkeit des Bundes für den Luftverkehr nach Art. 73 Nr. 6 GG lässt sich § 14 Abs. 3 LuftSiG ebenfalls nicht stützen. Dabei ist hier nicht zu entscheiden, ob der Bund im Rahmen des Art. 73 Nr. 6 GG auch in weiterem Umfang, als er es bisher tut, Aufgaben der Gefahrenabwehr übernehmen könnte. Nach der Konzeption des Gesetzes geht es in den §§ 13 bis 15 LuftSiG um die Unterstützung bei der Gefahrenabwehr der Länder. Regelungsziel ist es, die Verfahrensabläufe im Bereich des Bundes und im Zusammenwirken mit den Ländern festzulegen sowie die Einsatzmittel der Streitkräfte für den Fall zu bestimmen, dass diese den Polizeikräften der Länder zur Unterstützung bei der Abwehr von Gefahren zur Verfügung gestellt werden, die durch einen erheblichen Luftzwischenfall ausgelöst werden. Es handelt sich also um Ausführungsregelungen zum Streitkräfteeinsatz in den Konstellationen des Art. 35 Abs. 2 Satz 2 und Abs. 3 GG. Dafür ergibt sich die Gesetzgebungsbefugnis des Bundes nicht aus Art. 73 Nr. 6 GG (so auch die Gesetzesbegründung der Bundesregierung; vgl. BTDrucks 15/2361, S. 14). Die Kompetenz für Regelungen des Bundes, die das Nähere über den Einsatz seiner Streitkräfte im Zusammenwirken mit den beteiligten Ländern zur Bewältigung eines regionalen oder überregionalen Katastrophennotstands bestimmen, folgt vielmehr unmittelbar aus Art. 35 Abs. 2 Satz 2 und Abs. 3 GG selbst.

bb) § 14 Abs. 3 LuftSiG ist durch diesen Kompetenzbereich des Bundes jedoch deshalb nicht gedeckt, weil sich die Vorschrift mit den wehrverfassungsrechtlichen Vorgaben des Grundgesetzes nicht vereinbaren lässt.

aaa) Die Streitkräfte, deren Einsatz die §§ 13 bis 15 LuftSiG regeln, werden vom Bund nach Art. 87 a Abs. 1 Satz 1 GG zur Verteidigung aufgestellt. Zu anderen Zwecken („Außer zur Verteidigung") dürfen sie gemäß Art. 87 a Abs. 2 GG nur eingesetzt werden, soweit es das Grundgesetz ausdrücklich zulässt. Diese Regelung, die im Zuge der Einfügung der Notstandsverfassung in das Grundgesetz durch das Siebzehnte Gesetz zur Ergänzung des Grundgesetzes vom 24. Juni 1968 (BGBl I S. 709) geschaffen worden ist, soll verhindern, dass für die Verwendung der Streitkräfte als Mittel der vollziehenden Gewalt „ungeschriebene   Zuständigkeiten aus der Natur der Sache" abgeleitet werden (so der Bundestagsrechtsausschuss in seinem Schriftlichen Bericht zum Entwurf einer Notstandsverfassung, BTDrucks V/2873, S. 13). Maßgeblich für die Auslegung und Anwendung des Art. 87 a Abs. 2 GG ist daher das Ziel, die Möglichkeiten für einen Einsatz der Bundeswehr im Innern durch das Gebot strikter Texttreue zu begrenzen (vgl. BVerfGE 90, 286 <356 f.>).

bbb) Dieses Ziel bestimmt auch die Auslegung und Anwendung der Regelungen, durch welche im Sinne des Art. 87 a Abs. 2 GG der Einsatz der Streitkräfte im Grundgesetz außer zur Verteidigung ausdrücklich zugelassen wird. Zu ihnen gehören, wie schon erwähnt, die Ermächtigungen in Art. 35 Abs. 2 Satz 2 und Abs. 3 GG, auf deren Grundlage die §§ 13 bis 15 LuftSiG der Bekämpfung erheblicher Luftzwischenfälle und der damit verbundenen Gefahren dienen sollen. Im Fall des regionalen Katastrophennotstands nach Art. 35 Abs. 2 Satz 2 GG kann das betroffene Land zur Hilfe bei der Naturkatastrophe oder dem besonders schweren Unglücksfall unter anderem Kräfte und Einrichtungen der Streitkräfte anfordern. Liegt ein überregionaler, das Gebiet mehr als eines Landes gefährdender Katastrophenfall vor, bedarf es nach Art. 35 Abs. 3 Satz 1 GG einer solchen Anforderung nicht. Vielmehr kann die Bundesregierung in diesem Fall von sich aus zur Unterstützung der Polizeikräfte der Länder neben Einheiten des – durch Gesetz vom 21. Juni 2005 (BGBl I S. 1818) in Bundespolizei umbenannten – Bundesgrenzschutzes auch Einheiten der Streitkräfte einsetzen, soweit es zur wirksamen Bekämpfung erforderlich ist.

ccc) Mit diesen Regelungen steht die Ermächtigung der Streitkräfte zur unmittelbaren Einwirkung auf ein Luftfahrzeug mit Waffengewalt in § 14 Abs. 3 LuftSiG nicht im Einklang.

(1) Art. 35 Abs. 2 Satz 2 GG schließt eine solche Einwirkung im Fall des regionalen Katastrophennotstands aus.

(a) Von Verfassungs wegen nicht zu beanstanden ist allerdings, dass § 14 Abs. 3 LuftSiG, wie sich aus dem Zusammenhang der Vorschrift mit § 13 Abs. 1 und § 14 Abs. 1 LuftSiG ergibt, das Ziel verfolgt, im Rahmen der Gefahrenabwehr zu verhindern, dass ein besonders schwerer Unglücksfall nach Art. 35 Abs. 2 Satz 2 GG eintritt, der als Folge eines erheblichen Luftzwischenfalls als gegenwärtige Gefahr bevorsteht.

(aa) Unter einem besonders schweren Unglücksfall im Sinne des Art. 35 Abs. 2 Satz 2 GG – und damit auch im Sinne der §§ 13 bis 15 LuftSiG – wird im Allgemeinen ein Schadensereignis von großem Ausmaß verstanden, das – wie ein schweres Flugzeug- oder Eisenbahnunglück, ein Stromausfall mit Auswirkungen auf lebenswichtige Bereiche der Daseinsvorsorge oder der Unfall in einem Kernkraftwerk – wegen seiner Bedeutung in besonderer Weise die Öffentlichkeit berührt und auf menschliches Fehlverhalten oder technische Unzulänglichkeiten zurückgeht (in diesem Sinne schon Abschnitt A Nr. 3 der Richtlinie des Bundesministers der Verteidigung über Hilfeleistungen der Bundeswehr bei Naturkatastrophen oder besonders schweren Unglücksfällen und im Rahmen der dringenden Nothilfe vom 8. November 1988, VMBl S. 279). Von diesem Begriffsverständnis, das verfassungsrechtlich nicht zu beanstanden ist, werden auch Ereignisse umfasst, wie sie hier in Rede stehen.

(bb) Dass der Absturz des Luftfahrzeugs, gegen das sich die Maßnahme nach § 14 Abs. 3 LuftSiG richtet, absichtlich herbeigeführt werden soll, steht der Anwendung des Art. 35 Abs. 2 Satz 2 GG nicht entgegen.

Nach dem allgemeinen Sprachgebrauch kann unter einem Unglücksfall unschwer auch ein Ereignis verstanden werden, dessen Eintritt auf den Vorsatz von Menschen zurückgeht. Anhaltspunkte dafür, dass Art. 35 Abs. 2 Satz 2 GG, davon abweichend, auf unwillentlich ausgelöste oder fahrlässig herbeigeführte Unglücksfälle beschränkt bleiben, auf Vorsatz beruhende Vorfälle also nicht erfassen soll, sind weder dem Wortlaut der Norm noch den Gesetzesmaterialien (vgl. BTDrucks V/1879, S. 22 ff.; V/2873, S. 9 f.) zu entnehmen. Sinn und Zweck des Art. 35 Abs. 2 Satz 2 GG, durch den Einsatz auch der Streitkräfte einen wirksamen Katastrophenschutz zu ermöglichen (vgl. BTDrucks V/1879, S. 23 f.), sprechen ebenfalls dafür, den Begriff des Unglücksfalls weit auszulegen. Die Staatspraxis geht deshalb zu Recht seit langem davon aus, dass als besonders schwere Unglücksfälle auch Schadensereignisse anzusehen sind, die von Dritten absichtlich herbeigeführt werden (vgl. jeweils die Nr. 3 des Erlasses des Bundesministers der Verteidigung über Hilfeleistungen der Bundeswehr bei Naturkatastrophen bzw. besonders schweren Unglücksfällen und dringende Nothilfe vom 22. Mai 1973, VMBl S. 313, und der entsprechenden Richtlinie vom 17. Dezember 1977, VMBl 1978 S. 86).

(cc) Verfassungsrechtlich unbedenklich ist es auch, dass die Einsatzmaßnahme nach § 14 Abs. 3 LuftSiG zu einem Zeitpunkt angeordnet und durchgeführt werden soll, zu dem sich zwar bereits ein erheblicher Luftzwischenfall im Sinne des § 13 Abs. 1 LuftSiG ereignet hat, dessen Folge, der besonders schwere Unglücksfall selbst, der durch die unmittelbare Einwirkung mit Waffengewalt verhindert werden soll (vgl. § 14 Abs. 1 LuftSiG), aber noch nicht eingetreten ist. Art. 35 Abs. 2 Satz 2 GG verlangt nicht, dass der besonders schwere Unglücksfall, zu dessen Bekämpfung die Streitkräfte eingesetzt werden sollen, schon vorliegt. Unter den Begriff des Katastrophennotstands fallen vielmehr auch Vorgänge, die den Eintritt einer Katastrophe mit an Sicherheit grenzender Wahrscheinlichkeit erwarten lassen.

Art. 35 Abs. 2 Satz 2 GG ist nicht zu entnehmen, dass der Hilfeeinsatz der Streitkräfte hinsichtlich des Einsatzbeginns bei Naturkatastrophen und besonders schweren Unglücksfällen unterschiedlich verlaufen soll. Für Naturkatastrophen wird jedoch in Übereinstimmung mit der Hilfeleistungsrichtlinie des Bundesministers der Verteidigung (vgl. Abschnitt A Nr. 2 der Richtlinie vom 8. November 1988) allgemein davon ausgegangen, dass unter diesen Begriff auch unmittelbar drohende Gefahrenzustände fallen (vgl. etwa Bauer, in: Dreier, Grundgesetz, Bd. II, 1998, Art. 35 Rn. 24; Gubelt, in: von Münch/Kunig, Grundgesetz-Kommentar, Bd. 2, 4./5. Aufl. 2001, Art. 35 Rn. 25; von Danwitz, in: v. Mangoldt/Klein/Starck, Kommentar zum Grundgesetz, 5. Aufl., Bd. 2, 2005, Art. 35 Rn. 70), von ihm also auch Gefahrenlagen erfasst werden, die, wenn ihnen nicht rechtzeitig entgegengewirkt wird, mit an Sicherheit grenzender Wahrscheinlichkeit den Eintritt des jeweils drohenden schädigenden Ereignisses erwarten lassen. Für besonders schwere Unglücksfälle kann schon deshalb nichts anderes gelten, weil sich diese nicht immer scharf von Naturkatastrophen abgrenzen lassen und auch hier die Übergänge von der noch drohenden Gefahr zum schon erfolgten Schadenseintritt im Einzelfall fließend sein können. Auch der Sinn und Zweck des Art. 35 Abs. 2 Satz 2 GG, den Bund zu einer effektiven Hilfeleistung im Aufgabenbereich der Länder zu befähigen, spricht dafür, beide Katastrophenursachen in zeitlicher Hinsicht gleich zu behandeln und in beiden Fällen mit der Hilfeleistung nicht abzuwarten, bis die zum Schadensereignis führende Gefahrenentwicklung ihren Abschluss gefunden hat.

Dass die Anforderung der Streitkräfte und deren Einsatz nach Art. 35 Abs. 2 Satz 2 GG „zur Hilfe" "bei" einer Naturkatastrophe und „bei" einem besonders schweren Unglücksfall erfolgen, zwingt nicht zu der Annahme, dass das jeweilige Schadensereignis bereits eingetreten sein muss. Der Wortsinn der Regelung lässt gleichermaßen eine Auslegung dahin gehend zu, dass die Hilfe schon angefordert und geleistet werden kann, wenn erkennbar wird, dass sich mit an Sicherheit grenzender Wahrscheinlichkeit in Kürze ein Schadensfall ereignen wird, wenn also im polizeirechtlichen Sinne eine gegenwärtige Gefahr gegeben ist. Davon geht erkennbar auch Art. 35 Abs. 3 Satz 1 GG aus, der, an Art. 35 Abs. 2 Satz 2 GG anknüpfend, die Befugnisse der Bundesregierung für den Fall erweitert, dass die Naturkatastrophe oder der Unglücksfall das Gebiet mehr als eines Landes "gefährdet". Wie hier im überregionalen Katastrophenfall ist demnach für den Streitkräfteeinsatz auch beim regionalen Katastrophennotstand nach Art. 35 Abs. 2 Satz 2 GG das Vorliegen einer gegenwärtigen Gefahr als ausreichend anzusehen.

Zu Recht wird deshalb auch in den Richtlinien des Bundesministers der Verteidigung über Hilfeleistungen der Bundeswehr bei Naturkatastrophen oder besonders schweren Unglücksfällen und im Rahmen der dringenden Nothilfe seit langem davon ausgegangen, dass die Streitkräfte nicht nur „in Fällen überregionaler Gefährdung" nach Art. 35 Abs. 3 GG, sondern auch „in Fällen regionaler Gefährdung" nach Art. 35 Abs. 2 Satz 2 GG eingesetzt werden dürfen (so zuletzt Abschnitt A Nr. 4 der Richtlinie vom 8. November 1988). Das schließt notwendigerweise die Annahme aus, der besonders schwere Unglücksfall müsse schon eingetreten sein.

(b) Die Einsatzmaßnahme der unmittelbaren Einwirkung auf ein Luftfahrzeug mit Waffengewalt nach § 14 Abs. 3 LuftSiG wahrt jedoch deshalb nicht den Rahmen des Art. 35 Abs. 2 Satz 2 GG, weil diese Vorschrift einen Kampfeinsatz der Streitkräfte mit spezifisch militärischen Waffen bei der Bekämpfung von Naturkatastrophen und besonders schweren Unglücksfällen nicht erlaubt.

(aa) Die „Hilfe", von der Art. 35 Abs. 2 Satz 2 GG spricht, wird den Ländern gewährt, damit diese die ihnen obliegende Aufgabe der Bewältigung von Naturkatastrophen und besonders schweren Unglücksfällen wirksam erfüllen können. Davon geht zutreffend auch § 13 Abs. 1 LuftSiG aus, nach dem der Einsatz der Streitkräfte der Unterstützung der Polizeikräfte der Länder bei der Verhinderung des Eintritts eines besonders schweren Unglücksfalls im Rahmen der Gefahrenabwehr dienen soll, soweit es zur wirksamen Bekämpfung erforderlich ist. Die Ausrichtung auf diese Aufgabe im Zuständigkeitsbereich der Gefahrenabwehrbehörden der Länder, der ausweislich der Gesetzesbegründung durch die §§ 13 bis 15 LuftSiG nicht angetastet werden soll (vgl. BTDrucks 15/2361, S. 20 zu § 13), bestimmt notwendig auch die Art der Hilfsmittel, die beim Einsatz der Streitkräfte zum Zweck der Hilfeleistung verwandt werden dürfen. Sie können nicht von qualitativ anderer Art sein als diejenigen, die den Polizeikräften der Länder für die Erledigung ihrer Aufgaben originär zur Verfügung stehen. Das bedeutet, dass die Streitkräfte, wenn sie nach Art. 35 Abs. 2 Satz 2 GG auf Anforderung eines Landes „zur Hilfe" eingesetzt werden, zwar die Waffen verwenden dürfen, die das Recht des betreffenden Landes für dessen Polizeikräfte vorsieht. Militärische Kampfmittel, beispielsweise die Bordwaffen eines Kampfflugzeugs, wie sie für Maßnahmen nach § 14 Abs. 3 LuftSiG benötigt werden, dürfen dagegen nicht zum Einsatz gebracht werden.

(bb) Dieses Normverständnis, zu dem der Wortlaut sowie Sinn und Zweck des Art. 35 Abs. 2 Satz 2 GG zwingen, wird durch den systematischen Standort und die Entstehungsgeschichte dieser Vorschrift bestätigt. Der regionale Katastrophennotstand im Sinne des Art. 35 Abs. 2 Satz 2 GG sollte nach dem von der Bundesregierung vorgelegten Entwurf einer Notstandsverfassung ursprünglich – zusammen mit dem so genannten inneren Notstand – in Art. 91 GG geregelt werden (vgl. BTDrucks V/1879, S. 3). Ziel des Vorschlags war es, den Einsatz der Streitkräfte im Innern gegenüber dem Bürger und im Hinblick auf die Kompetenzverteilung des Grundgesetzes auch für den Fall der regionalen Katastrophenhilfe verfassungsrechtlich zu legitimieren (vgl. BTDrucks V/1879, S. 23 zu Art. 91 Abs. 1). Die Streitkräfte sollten aber nach dem ausdrücklichen Wortlaut der beabsichtigten Regelung lediglich „als Polizeikräfte" zur Verfügung gestellt werden können. Die Bundesregierung wollte auf diese Weise sicherstellen, dass die Streitkräfte allein für polizeiliche Aufgaben und nur mit den polizeirechtlich vorgesehenen Befugnissen gegenüber dem Staatsbürger eingesetzt werden können (vgl. BTDrucks V/1879, S. 23 zu Art. 91 Abs. 2). Das schließt die Aussage ein, dass die Verwendung spezifisch militärischer

Bewaffnung beim Einsatz der Streitkräfte im Aufgabenbereich der Länder ausgeschlossen sein sollte.

Die einschränkende Formulierung einer Verwendung der Streitkräfte "als Polizeikräfte" ist zwar im späteren Verfassungstext nicht mehr enthalten; auf sie ist im Zusammenhang mit dem Vorschlag des Bundestagsrechtsausschusses verzichtet worden, die Hilfe zugunsten der Länder im Fall des Katastrophennotstands in Art. 35 Abs. 2 und 3 GG und die Unterstützung der Länder bei der Bekämpfung des inneren Notstands in Art. 87 a Abs. 4 und Art. 91 GG in unterschiedlichen Sachzusammenhängen zu regeln (vgl. dazu BTDrucks V/2873, S. 2 unter B, S. 9 zu § 1 Nr. 2 c). Eine gegenständliche Erweiterung der zulässigen Einsatzmittel der Streitkräfte auf militärtypische Waffen war damit aber nicht beabsichtigt (vgl. auch Cl. Arndt, DVBl 1968, S. 729 <730>).

Der Ausschuss wollte im Gegenteil mit der von ihm vorgeschlagenen - und später vom verfassungsändernden Gesetzgeber insoweit auch übernommenen - Vorschrift die Schwelle für den Einsatz der Streitkräfte als bewaffnete Macht gegenüber der Regierungsvorlage anheben und den bewaffneten Einsatz der Bundeswehr nur für die Bekämpfung von Gruppen militärisch bewaffneter Aufständischer nach Art. 87 a Abs. 4 GG zulassen (vgl. BTDrucks V/2873, S. 2 unter B). Das findet seinen sichtbaren Ausdruck darin, dass die Bestimmung über den Einsatz der Streitkräfte im regionalen Katastrophenfall in den Bund und Länder betreffenden Abschnitt II des Grundgesetzes und nicht in den Abschnitt VIII eingestellt worden ist, in dem auch die militärische Verwendung der Streitkräfte geregelt ist. Deren Einsatz „zur Hilfe" nach Art. 35 Abs. 2 Satz 2 GG sollte sich nach den Vorstellungen des Verfassungsgesetzgebers ausdrücklich darauf beschränken, es der Bundeswehr zu ermöglichen, im Rahmen eines regionalen Katastropheneinsatzes die dabei anfallenden Aufgaben und Zwangsbefugnisse polizeilicher Art wahrzunehmen, beispielsweise gefährdete Grundstücke abzusperren und Verkehrsregelungen zu treffen (vgl. BTDrucks V/2873, S. 10 zu Art. 35 Abs. 2; zum verfassungspolitischen Hintergrund der norddeutschen Flutkatastrophe im Jahre 1962 s. auch die Ausführungen von Senator Ruhnau [Hamburg, SPD] in der 3. öffentlichen Informationssitzung des Rechts- und des Innenausschusses des 5. Deutschen Bundestages am 30. November 1967, Protokoll, S. 8, und des Abg. Schmidt [Hamburg, SPD] in der 175. Sitzung des 5. Deutschen Bundestages am 16. Mai 1968, Sten. Ber., S. 9444).

(2) § 14 Abs. 3 LuftSiG ist auch mit der Regelung des Art. 35 Abs. 3 Satz 1 GG über den überregionalen Katastrophennotstand nicht vereinbar.

(a) Allerdings ist verfassungsrechtlich insoweit ebenfalls nicht zu beanstanden, dass die unmittelbare Einwirkung mit Waffengewalt auf ein Luftfahrzeug gemäß § 14 Abs. 3 in Verbindung mit § 13 Abs. 1 LuftSiG an einen Vorgang anknüpft, der von denen, die das Luftfahrzeug gegen das Leben von Menschen einsetzen wollen, vorsätzlich herbeigeführt worden ist. Aus den zu Art. 35 Abs. 2 Satz 2 GG ausgeführten Gründen (vgl. oben unter C II 2 a bb ccc [1] [a]) kann in einem solchen absichtlich in Gang gesetzten Vorfall auch im Sinne des Art. 35 Abs. 3 Satz 1 GG ein besonders schwerer Unglücksfall gesehen werden. Dass noch nicht alle seine Konsequenzen eingetreten sind, die Dinge sich vielmehr noch auf die Katastrophe hinbewegen, schließt, wie sich aus dem Tatbestandsmerkmal „gefährdet" ergibt, auch die Anwendung des Art. 35 Abs. 3 Satz 1 GG nicht aus. Wo die Gefährdung eintritt, ob also das Erfordernis einer überregionalen Gefährdung erfüllt ist, ist eine Frage des Einzelfalls. Dass sie beim Vorliegen der Voraussetzungen des § 14 Abs. 3 LuftSiG mehr als nur ein einzelnes Land betrifft, ist jedenfalls möglich, nach der Lagebeurteilung des Gesetzgebers (vgl. BTDrucks 15/2361, S. 20, 21, jeweils zu § 13) und den Stellungnahmen von Bundestag und Bundesregierung sogar eher die Regel.

(b) § 14 Abs. 3 LuftSiG begegnet aber schon deshalb verfassungsrechtlichen Bedenken, weil der danach zulässige Streitkräfteeinsatz gemäß § 13 Abs. 3 LuftSiG nicht durchweg eine vorherige Einsatzentscheidung der Bundesregierung voraussetzt.

Zum Einsatz der Streitkräfte im Fall des überregionalen Katastrophennotstands ist nach Art. 35 Abs. 3 Satz 1 GG ausdrücklich nur die Bundesregierung ermächtigt. Diese besteht nach Art. 62 GG aus dem Bundeskanzler und den Bundesministern. Sie ist Kollegialorgan. Ist die Zuständigkeit für die Entscheidung über den Einsatz der Streitkräfte zum Zweck der überregionalen Katastrophenhilfe der Bundesregierung vorbehalten, verlangt Art. 35 Abs. 3 Satz 1 GG demzufolge einen Beschluss des Kollegiums (vgl. – zu Art. 80 Abs. 1 Satz 1 GG – BVerfGE 91, 148 <165 f.>). Die Entscheidungszuständigkeit der Bundesregierung als Ganzes sichert auch stärker die Belange der Länder, die durch die Verwendung der Streitkräfte in ihrem Kompetenzbereich ohne vorherige Anforderung durch die gefährdeten Länder nachhaltig berührt werden (vgl. BVerfGE 26, 338 <397 f.>).

§ 13 Abs. 3 LuftSiG wird dem lediglich in Satz 1 gerecht, nach dem die Entscheidung über einen Einsatz der Streitkräfte nach Art. 35 Abs. 3 GG die Bundesregierung im Benehmen mit den betroffenen Ländern trifft. Die Sätze 2 und 3 sehen dagegen vor, dass der Bundesminister der Verteidigung oder im Vertretungsfall das zu seiner Vertretung berechtigte Mitglied der Bundesregierung im Benehmen mit dem Bundesminister des Innern entscheidet, wenn eine rechtzeitige Entscheidung der Bundesregierung nicht möglich ist; deren Entscheidung ist in diesem Fall, bei dem es sich nach Auffassung des Gesetzgebers um den Regelfall handeln wird (vgl. BTDrucks 15/2361, S. 21 zu § 13), unverzüglich nachzuholen. Die Bundesregierung wird danach bei der Entscheidung über den Einsatz der Streitkräfte im überregionalen Katastrophenfall nicht nur ausnahmsweise, sondern regelmäßig durch einen Einzelminister ersetzt. Das lässt sich im Blick auf Art. 35 Abs. 3 Satz 1 GG auch nicht mit einer besonderen Eilbedürftigkeit rechtfertigen. Das knappe Zeitbudget, das im Anwendungsbereich des § 13 Abs. 3 LuftSiG im Allgemeinen nur zur Verfügung steht, macht vielmehr gerade deutlich, dass Maßnahmen der in § 14 Abs. 3 LuftSiG normierten Art auf dem in Art. 35 Abs. 3 Satz 1 GG vorgesehenen Wege in der Regel nicht zu bewältigen sein werden.

(c) Darüber hinaus ist der wehrverfassungsrechtliche Rahmen des Art. 35 Abs. 3 Satz 1 GG vor allem deshalb überschritten, weil auch im Fall des überregionalen Katastrophennotstands ein Einsatz der Streitkräfte mit typisch militärischen Waffen von Verfassungs wegen nicht erlaubt ist.

Art. 35 Abs. 3 Satz 1 GG unterscheidet sich von Art. 35 Abs. 2 Satz 2 GG nur in zweifacher Hinsicht. Einmal verlangt Art. 35 Abs. 3 Satz 1 GG das Vorliegen einer Gefahrenlage, von der das Gebiet mehr als eines Landes bedroht ist. Zum andern werden im Hinblick auf die Überregionalität der Notstandslage die Initiative für die wirksame Bekämpfung dieser Situation auf die Bundesregierung verlagert und deren Kompetenzen zur Unterstützung der Polizeikräfte der Länder erweitert; die Bundesregierung kann unter anderem von sich aus Einheiten der Streitkräfte einsetzen. Dass diese bei einem solchen Einsatz spezifisch militärische Waffen verwenden dürfen, wie sie für eine Maßnahme nach § 14 Abs. 3 LuftSiG benötigt werden, ist dagegen nicht vorgesehen. Der Wortlaut des Art. 35 Abs. 3 Satz 1 GG, der den Streitkräfteeinsatz lediglich „zur Unterstützung" der Polizeikräfte der Länder, also wiederum nur bei Wahrnehmung einer Landesaufgabe, erlaubt, und der daraus ersichtliche Regelungszweck der bloßen Unterstützung der Länder durch den Bund schließen einen Einsatz mit militärtypischer Bewaffnung im Lichte des Art. 87 a Abs. 2 GG vielmehr auch bei der Bekämpfung überregionaler Katastrophennotstände aus.

Das wird durch die Entstehungsgeschichte des Art. 35 Abs. 3 Satz 1 GG insoweit bestätigt, als für diese Vorschrift vom verfassungsändernden Gesetzgeber kein Anlass gesehen wurde, die Verwendung der Streitkräfte und deren Einsatzmittel abweichend von Art. 35 Abs. 2 Satz 2 GG zu regeln. Nachdem hinsichtlich dieser Bestimmung zum Ausdruck gebracht worden war, dass im Rahmen eines Hilfeeinsatzes zugunsten der Länder auch die Wahrnehmung der dabei anfallenden Aufgaben polizeilicher Art erlaubt sein soll, war die entsprechende Aussage für Art. 35 Abs. 3 Satz 1 GG offenbar so selbstverständlich, dass auf Ausführungen dazu in den Gesetzesmaterialien verzichtet werden konnte (vgl. BTDrucks V/2873, S. 10 zu Art. 35 Abs. 2 und 3). Das ist im Hinblick auf die nach dem allgemeinen Sprachgebrauch im Wesentlichen inhaltsgleichen Einsatzzwecke „zur Hilfe" in Art. 35 Abs. 2 Satz 2 GG und „zur Unterstützung" in Art. 35 Abs. 3 Satz 1 GG nachvollziehbar (vgl. auch dazu Cl. Arndt, a.a.O.). Auch die Hilfeleistungsrichtlinie des Bundesministers der Verteidigung vom 8. November 1988 geht in Abschnitt A Nr. 5 in Verbindung mit Nr. 4 und in Abschnitt C Nr. 16 wie selbstverständlich davon aus, dass sich die Befugnisse sowie Art und Umfang der Hilfeleistungen der Bundeswehr in den Fällen des Art. 35 Abs. 2 Satz 2 und des Art. 35 Abs. 3 Satz 1 GG nicht voneinander unterscheiden. Sie sehen auch bei der Unterstützung der Polizeikräfte der Länder nach Art. 35 Abs. 3 Satz 1 GG einen Einsatz der Streitkräfte mit militärspezifischen Waffen der in § 14 Abs. 3 LuftSiG vorausgesetzten Art nicht vor.

b) § 14 Abs. 3 LuftSiG steht darüber hinaus im Hinblick auf die Menschenwürdegarantie des Art. 1 Abs. 1 GG (aa) auch materiell mit Art. 2 Abs. 2 Satz 1 GG nicht in Einklang, soweit er es den Streitkräften gestattet, Luftfahrzeuge abzuschießen, in denen sich Menschen als Opfer eines Angriffs auf die Sicherheit des Luftverkehrs im Sinne des § 1 LuftSiG befinden (bb). Nur soweit sich die Einsatzmaßnahme des § 14 Abs. 3 LuftSiG gegen ein unbemanntes Luftfahrzeug oder gegen den- oder diejenigen richtet, denen ein solcher Angriff zuzurechnen ist, begegnet die Vorschrift keinen materiellverfassungsrechtlichen Bedenken (cc).

aa) Das durch Art. 2 Abs. 2 Satz 1 GG gewährleistete Grundrecht auf Leben steht gemäß Art. 2 Abs. 2 Satz 3 GG unter dem Vorbehalt des Gesetzes (vgl. auch oben unter C I). Das einschränkende Gesetz muss aber seinerseits im Lichte dieses Grundrechts und der damit eng verknüpften Menschenwürdegarantie des Art. 1 Abs. 1 GG gesehen werden. Das menschliche Leben ist die vitale Basis der Menschenwürde als tragendem Konstitutionsprinzip und oberstem Verfassungswert (vgl. BVerfGE 39, 1 <42>; 72, 105 <115>; 109, 279 <311>). Jeder Mensch besitzt als Person diese Würde, ohne Rücksicht auf seine Eigenschaften, seinen körperlichen oder geistigen Zustand, seine Leistungen und seinen sozialen Status (vgl. BVerfGE 87, 209 <228>; 96, 375 <399>). Sie kann keinem Menschen genommen werden. Verletzbar ist aber der Achtungsanspruch, der sich aus ihr ergibt (vgl. BVerfGE 87, 209 <228>). Das gilt unabhängig auch von der voraussichtlichen Dauer des individuellen menschlichen Lebens (vgl. BVerfGE 30, 173 <194> zum Anspruch des Menschen auf Achtung seiner Würde selbst nach dem Tod).

Dem Staat ist es im Hinblick auf dieses Verhältnis von Lebensrecht und Menschenwürde einerseits untersagt, durch eigene Maßnahmen unter Verstoß gegen das Verbot der Missachtung der menschlichen Würde in das Grundrecht auf Leben einzugreifen. Andererseits ist er auch gehalten, jedes menschliche Leben zu schützen. Diese Schutzpflicht gebietet es dem Staat und seinen Organen, sich schützend und fördernd vor das Leben jedes Einzelnen zu stellen; das heißt vor allem, es auch vor rechtswidrigen An- und Eingriffen von Seiten Dritter zu bewahren (vgl. BVerfGE 39, 1 <42>; 46, 160 <164>; 56, 54 <73>). Ihren Grund hat auch diese Schutzpflicht in Art. 1 Abs. 1 Satz 2 GG, der den Staat ausdrücklich zur Achtung und zum Schutz der Menschenwürde verpflichtet (vgl. BVerfGE 46, 160 <164>; 49, 89 <142>; 88, 203 <251>).

Was diese Verpflichtung für das staatliche Handeln konkret bedeutet, lässt sich nicht ein für allemal abschließend bestimmen (vgl. BVerfGE 45, 187 <229>; 96, 375 <399 f.>). Art. 1 Abs. 1 GG schützt den einzelnen Menschen nicht nur vor Erniedrigung, Brandmarkung, Verfolgung, Ächtung und ähnlichen Handlungen durch Dritte oder durch den Staat selbst (vgl. BVerfGE 1, 97 <104>; 107, 275 <284>; 109, 279 <312>). Ausgehend von der Vorstellung des Grundgesetzgebers, dass es zum Wesen des Menschen gehört, in Freiheit sich selbst zu bestimmen und sich frei zu entfalten, und dass der Einzelne verlangen kann, in der Gemeinschaft grundsätzlich als gleichberechtigtes Glied mit Eigenwert anerkannt zu werden (vgl. BVerfGE 45, 187 <227 f.>), schließt es die Verpflichtung zur Achtung und zum Schutz der Menschenwürde vielmehr generell aus, den Menschen zum bloßen Objekt des Staates zu machen (vgl. BVerfGE 27, 1 <6>; 45, 187 <228>; 96, 375 <399>). Schlechthin verboten ist damit jede Behandlung des Menschen durch die öffentliche Gewalt, die dessen Subjektqualität, seinen Status als Rechtssubjekt, grundsätzlich in Frage stellt (vgl. BVerfGE 30, 1 <26>; 87, 209 <228>; 96, 375 <399>), indem sie die Achtung des Wertes vermissen lässt, der jedem Menschen um seiner selbst willen, kraft seines Personseins, zukommt (vgl. BVerfGE 30, 1 <26>; 109, 279 <312 f.>). Wann eine solche Behandlung vorliegt, ist im Einzelfall mit Blick auf die spezifische Situation zu konkretisieren, in der es zum Konfliktfall kommen kann (vgl. BVerfGE 30, 1 <25>; 109, 279 <311>).

bb) Nach diesen Maßstäben ist § 14 Abs. 3 LuftSiG auch mit Art. 2 Abs. 2 Satz 1 in Verbindung mit Art. 1 Abs. 1 GG nicht vereinbar, soweit vom Abschuss eines Luftfahrzeugs Personen betroffen werden, die als dessen Besatzung und Passagiere auf die Herbeiführung des in § 14 Abs. 3 LuftSiG vorausgesetzten nichtkriegerischen Luftzwischenfalls keinen Einfluss genommen haben.

aaa) In der Situation, in der sich diese Personen in dem Augenblick befinden, in dem die Anordnung der unmittelbaren Einwirkung mit Waffengewalt auf das in den Luftzwischenfall verwickelte Luftfahrzeug gemäß § 14 Abs. 4 Satz 1 Luft-SiG erfolgt, muss nach § 14 Abs. 3 LuftSiG davon auszugehen sein, dass das Luftfahrzeug gegen das Leben von Menschen eingesetzt werden soll. Das Luftfahrzeug muss, wie es in der Gesetzesbegründung heißt, von denen, die es in ihre Gewalt gebracht haben, zur Angriffswaffe umfunktioniert worden sein (vgl. BT-Drucks 15/2361, S. 20 zu § 13 Abs. 1), es muss selbst von den Straftätern als Tatwaffe, nicht lediglich als Hilfsmittel zur Tatbegehung zielgerichtet gegen das Leben von Menschen verwandt werden (vgl. BTDrucks 15/2361, S. 21 zu § 14 Abs. 3), die sich in dem Bereich aufhalten, in dem das Luftfahrzeug zum Absturz gebracht werden soll. In dieser Extremsituation, die zudem durch die räumliche Enge eines im Flug befindlichen Luftfahrzeugs geprägt ist, sind Passagiere und Besatzung typischerweise in einer für sie ausweglosen Lage. Sie können ihre Lebensumstände nicht mehr unabhängig von anderen selbstbestimmt beeinflussen.

Dies macht sie zum Objekt nicht nur der Täter. Auch der Staat, der in einer solchen Situation zur Abwehrmaßnahme des § 14 Abs. 3 LuftSiG greift, behandelt sie als bloße Objekte seiner Rettungsaktion zum Schutze anderer. Die Ausweglosigkeit und Unentrinnbarkeit, welche die Lage der als Opfer betroffenen Flugzeuginsassen kennzeichnen, bestehen auch gegenüber denen, die den Abschuss des Luftfahrzeugs anordnen und durchführen. Flugzeugbesatzung und -passagiere können diesem Handeln des Staates auf Grund der von ihnen in keiner Weise beherrschbaren Gegebenheiten nicht ausweichen, sondern sind ihm wehr- und hilflos ausgeliefert mit der Folge, dass sie zusammen mit dem Luftfahrzeug gezielt abgeschossen und infolgedessen mit an Sicherheit grenzender Wahrscheinlichkeit getötet werden. Eine solche Behandlung missachtet die Betroffenen als Subjekte mit Würde und unveräußerlichen Rechten. Sie werden dadurch, dass ihre Tötung als Mittel zur Rettung anderer benutzt wird, verdinglicht und zugleich entrechtlicht; indem über ihr Leben von Staats wegen einseitig verfügt wird, wird den als Opfern selbst schutzbedürftigen Flugzeuginsassen der Wert abgesprochen, der dem Menschen um seiner selbst willen zukommt.

bbb) Dies geschieht zudem unter Umständen, die nicht erwarten lassen, dass in dem Augenblick, in dem gemäß § 14 Abs. 4 Satz 1 LuftSiG über die Durchführung einer Einsatzmaßnahme nach § 14 Abs. 3 LuftSiG zu entscheiden ist, die tatsächliche Lage immer voll überblickt und richtig eingeschätzt werden kann. Auch ist nicht ausgeschlossen, dass Verhaltensabläufe eintreten, die den Einsatz der Maßnahme nicht mehr erforderlich sein lassen. Nach den Erkenntnissen, die der Senat auf Grund der im Verfahren abgegebenen schriftlichen Stellungnahmen und der Äußerungen in der mündlichen Verhandlung gewonnen hat, kann nicht davon ausgegangen werden, dass die tatsächlichen Voraussetzungen für die Anordnung und Durchführung einer solchen Maßnahme stets mit der dafür erforderlichen Gewissheit festgestellt werden können.

(1) Vor allem die Vereinigung Cockpit hat darauf hingewiesen, schon die Feststellung, dass ein erheblicher Luftzwischenfall im Sinne des § 13 Abs. 1 Luft-SiG vorliegt und dieser die Gefahr eines besonders schweren Unglücksfalls begründet, sei je nach Sachlage von großen Unsicherheiten geprägt. Diese Feststellung könne nur selten mit Gewissheit getroffen werden. Neuralgischer Punkt bei der Lagebeurteilung sei, inwieweit die möglicherweise betroffene Flugzeugbesatzung den Versuch oder den Erfolg der Entführung eines Luftfahrzeugs den Entscheidungsträgern am Boden noch mitteilen könne. Gelinge das nicht, sei die Tatsachengrundlage von Anfang an mit dem Makel einer Fehlinterpretation behaftet.

Auch die Erkenntnisse, die durch Aufklärungs- und Überprüfungsmaßnahmen nach § 15 Abs. 1 LuftSiG gewonnen werden sollen, sind nach Auffassung der Vereinigung Cockpit selbst bei idealer Wetterlage allenfalls vage. Der Annäherung von Abfangjägern an ein auffällig gewordenes Luftfahrzeug seien im Hinblick auf die damit verbundenen Gefahren Grenzen gesetzt. Die Möglichkeit, die Situation und die Geschehnisse an Bord eines solchen Luftfahrzeugs zu erkennen, sei deshalb selbst bei – zudem oft nur schwer herstellbarem – Sichtkontakt eingeschränkt. Die auf den ermittelten Tatsachen beruhenden Einschätzungen hinsichtlich Motivation und Zielen der Entführer eines Luftfahrzeugs blieben unter diesen Umständen im Allgemeinen wohl bis zuletzt spekulativ. Die Gefahr bei der Anwendung des § 14 Abs. 3 LuftSiG liege infolgedessen darin, dass der Abschussbefehl auf ungesicherter Tatsachengrundlage zu früh erteilt werde, wenn der Einsatz von Waffengewalt im Rahmen des zur Verfügung stehenden, im Regelfall äußerst knappen Zeitfensters überhaupt noch rechtzeitig mit Aussicht auf Erfolg und ohne unverhältnismäßige Gefährdung unbeteiligter Dritter vorgenommen werden solle. Damit ein solcher Einsatz wirkungsvoll sei, müsse deshalb von vornherein in Kauf genommen werden, dass die Maßnahme möglicherweise gar nicht erforderlich sei. Es werde mit anderen Worten häufig wohl mit Übermaß reagiert werden müssen.

(2) Anhaltspunkte dafür, dass diese Einschätzung auf unrealistischen und daher unzutreffenden Annahmen beruhen könnte, sind im Verfahren nicht hervorgetreten. Im Gegenteil hat auch die Unabhängige Flugbegleiter Organisation UFO nachvollziehbar ausgeführt, dass die vom Bundesminister der Verteidigung oder seinem Vertreter nach § 14 Abs. 4 Satz 1 in Verbindung mit Abs. 3 Luft-SiG zu treffende Entscheidung auf der Grundlage weitgehend ungesicherter Informationen gefällt werden müsse. Wegen der komplizierten und fehleranfälligen Kommunikationswege einerseits zwischen Kabinenpersonal und Cockpit

194

an Bord eines in einen Luftzwischenfall involvierten Luftfahrzeugs und andererseits zwischen Cockpit und den Entscheidungsträgern am Boden sowie im Hinblick darauf, dass sich die Lage an Bord des Luftfahrzeugs innerhalb von Minuten, ja Sekunden ändern könne, sei es für diejenigen, die auf der Erde unter extremem Zeitdruck entscheiden müssten, praktisch unmöglich, verlässlich zu beurteilen, ob die Voraussetzungen des § 14 Abs. 3 LuftSiG vorliegen. Die Entscheidung könne deshalb im Regelfall nur auf Verdacht, nicht aber auf der Grundlage gesicherter Erkenntnisse getroffen werden.

Diese Bewertung erscheint dem Senat nicht zuletzt deshalb überzeugend, weil das komplizierte, mehrfach gestufte und auf eine Vielzahl von Entscheidungsträgern und Beteiligten angewiesene Verfahren, das nach den §§ 13 bis 15 LuftSiG durchlaufen sein muss, bis es zu einer Maßnahme nach § 14 Abs. 3 LuftSiG kommen kann, im Ernstfall einen nicht unerheblichen Zeitaufwand erfordern wird. Angesichts des verhältnismäßig kleinen Überfluggebiets Bundesrepublik Deutschland besteht deshalb nicht nur ein immenser zeitlicher Entscheidungsdruck, sondern damit auch die Gefahr vorschneller Entscheidungen.

ccc) Auch wenn sich im Bereich der Gefahrenabwehr Prognoseunsicherheiten vielfach nicht gänzlich vermeiden lassen, ist es unter der Geltung des Art. 1 Abs. 1 GG schlechterdings unvorstellbar, auf der Grundlage einer gesetzlichen Ermächtigung unschuldige Menschen, die sich wie die Besatzung und die Passagiere eines entführten Luftfahrzeugs in einer für sie hoffnungslosen Lage befinden, gegebenenfalls sogar unter Inkaufnahme solcher Unwägbarkeiten vorsätzlich zu töten. Dabei ist hier nicht zu entscheiden, wie ein gleichwohl vorgenommener Abschuss und eine auf ihn bezogene Anordnung strafrechtlich zu beurteilen wären (vgl. dazu und zu vergleichbaren Fallkonstellationen etwa OGHSt 1, 321 <331 ff., 335 ff.>; 2, 117 <120 ff.>; Roxin, Strafrecht, Allgemeiner Teil, Bd. I, 3. Aufl. 1997, S. 888 f.; Erb, in: Münchener Kommentar zum Strafgesetzbuch, Bd. 1, 2003, § 34 Rn. 117 ff.; Rudolphi, in: Systematischer Kommentar zum Strafgesetzbuch, Bd. I, Allgemeiner Teil, Vor § 19 Rn. 8 <Stand: April 2003>; Kühl, Strafgesetzbuch, 25. Aufl. 2004, Vor § 32 Rn. 31; Tröndle/Fischer, Strafgesetzbuch, 52. Aufl. 2004, Vor § 32 Rn. 15, § 34 Rn. 23; Hilgendorf, in: Blaschke / Förster / Lumpp / Schmidt, Sicherheit statt Freiheit?, 2005, S. 107 <130>). Für die verfassungsrechtliche Beurteilung ist allein entscheidend, dass der Gesetzgeber nicht durch Schaffung einer gesetzlichen Eingriffsbefugnis zu Maßnahmen der in § 14 Abs. 3 LuftSiG geregelten Art gegenüber unbeteiligten, unschuldigen Menschen ermächtigen, solche Maßnahmen nicht auf diese Weise als rechtmäßig qualifizieren und damit erlauben darf. Sie sind als Streitkräfteeinsätze nichtkriegerischer Art mit dem Recht auf Leben und der Verpflichtung des Staates zur Achtung und zum Schutz der menschlichen Würde nicht zu vereinbaren.

(1) So kann – anders als gelegentlich argumentiert wird – nicht angenommen werden, dass derjenige, der als Besatzungsmitglied oder Passagier ein Luftfahrzeug besteigt, mutmaßlich in dessen Abschuss und damit in die eigene Tötung einwilligt, falls dieses in einen Luftzwischenfall im Sinne des § 13 Abs. 1 LuftSiG verwickelt wird, der eine Abwehrmaßnahme nach § 14 Abs. 3 LuftSiG zur Folge hat. Eine solche Annahme ist ohne jeden realistischen Hintergrund und nicht mehr als eine lebensfremde Fiktion.

(2) Auch die Einschätzung, diejenigen, die sich als Unbeteiligte an Bord eines Luftfahrzeugs aufhalten, das im Sinne des § 14 Abs. 3 LuftSiG gegen das Leben anderer Menschen eingesetzt werden soll, seien ohnehin dem Tode geweiht, vermag der mit einer Einsatzmaßnahme nach dieser Vorschrift im Regelfall verbundenen Tötung unschuldiger Menschen in einer für sie ausweglosen Lage nicht den Charakter eines Verstoßes gegen den Würdeanspruch dieser Menschen zu nehmen. Menschliches Leben und menschliche Würde genießen ohne Rücksicht auf die Dauer der physischen Existenz des einzelnen Menschen gleichen verfassungsrechtlichen Schutz (vgl. oben unter C I, II 2 b aa). Wer dies leugnet oder in Frage stellt, verwehrt denjenigen, die sich wie die Opfer einer Flugzeugentführung in einer für sie alternativlosen Notsituation befinden, gerade die Achtung, die ihnen um ihrer menschlichen Würde willen gebührt (vgl. oben unter C II 2 b aa, bb aaa).

Dazu kommen auch hier Ungewissheiten im Tatsächlichen. Die Unsicherheiten, die die Lagebeurteilung im Anwendungsbereich der §§ 13 bis 15 LuftSiG im Allgemeinen kennzeichnen (vgl. vorstehend unter C II 2 b bb bbb), beeinflussen notwendigerweise auch die Prognose darüber, wie lange Menschen, die sich an Bord eines zur Angriffswaffe umfunktionierten Luftfahrzeugs befinden, noch zu leben haben und ob noch die Chance einer Rettung besteht. Eine verlässliche Aussage darüber, dass das Leben dieser Menschen „ohnehin schon verloren" sei, wird deshalb im Regelfall nicht getroffen werden können.

(3) Eine andere Beurteilung rechtfertigt auch nicht die Annahme, wer an Bord eines Luftfahrzeugs in der Gewalt von Personen festgehalten werde, die das Luftfahrzeug im Sinne des § 14 Abs. 3 LuftSiG als Tatwaffe gegen das Leben anderer Menschen einsetzen wollen, sei selbst Teil dieser Waffe und müsse sich als solcher behandeln lassen. Diese Auffassung bringt geradezu unverhohlen zum Ausdruck, dass die Opfer eines solchen Vorgangs nicht mehr als Menschen wahrgenommen, sondern als Teil einer Sache gesehen und damit selbst verdinglicht werden. Mit dem Menschenbild des Grundgesetzes und der Vorstellung vom Menschen als einem Wesen, das darauf angelegt ist, in Freiheit sich selbst zu bestimmen (vgl. BVerfGE 45, 187 <227>), und das deshalb nicht

zum reinen Objekt staatlichen Handelns gemacht werden darf, lässt sich dies nicht vereinbaren.

(4) Der Gedanke, der Einzelne sei im Interesse des Staatsganzen notfalls verpflichtet, sein Leben aufzuopfern, wenn es nur auf diese Weise möglich ist, das rechtlich verfasste Gemeinwesen vor Angriffen zu bewahren, die auf dessen Zusammenbruch und Zerstörung abzielen (so etwa Enders, in: Berliner Kommentar zum Grundgesetz, Bd. 1, Art. 1 Rn. 93 <Stand: Juli 2005>), führt ebenfalls zu keinem anderen Ergebnis. Dabei braucht der Senat nicht zu entscheiden, ob und gegebenenfalls unter welchen Umständen dem Grundgesetz über die mit der Notstandsverfassung geschaffenen Schutzmechanismen hinaus eine solche solidarische Einstandspflicht entnommen werden kann. Denn im Anwendungsbereich des § 14 Abs. 3 LuftSiG geht es nicht um die Abwehr von Angriffen, die auf die Beseitigung des Gemeinwesens und die Vernichtung der staatlichen Rechts- und Freiheitsordnung gerichtet sind.

Die §§ 13 bis 15 LuftSiG dienen im Rahmen der Gefahrenabwehr der Verhinderung des Eintritts von besonders schweren Unglücksfällen im Sinne des Art. 35 Abs. 2 Satz 2 und Abs. 3 GG. Derartige Unglücksfälle können ausweislich der Gesetzesbegründung politisch motiviert sein, aber auch von Kriminellen ohne politische Absichten oder von geistig verwirrten Einzeltätern ausgehen (vgl. BTDrucks 15/2361, S. 14). Auch wo sie im Einzelfall auf politische Motive zurückgehen, werden, wie die Einbindung der §§ 13 ff. LuftSiG in das System der Katastrophenbekämpfung nach Art. 35 Abs. 2 Satz 2 und Abs. 3 GG zeigt, Vorgänge vorausgesetzt, die nicht darauf zielen, den Staat selbst und seinen Fortbestand in Frage zu stellen. Für die Annahme einer Einstandspflicht im dargelegten Sinne ist unter diesen Umständen kein Raum.

(5) Schließlich lässt sich § 14 Abs. 3 LuftSiG auch nicht mit der staatlichen Schutzpflicht zugunsten derjenigen rechtfertigen, gegen deren Leben das im Sinne von § 14 Abs. 3 LuftSiG als Tatwaffe missbrauchte Luftfahrzeug eingesetzt werden soll.

Dem Staat und seinen Organen kommt bei der Erfüllung derartiger Schutzpflichten ein weiter Einschätzungs-, Wertungs- und Gestaltungsbereich zu (vgl. BVerfGE 77, 170 <214>; 79, 174 <202>; 92, 26 <46>). Anders als die Grundrechte in ihrer Funktion als subjektive Abwehrrechte sind die sich aus dem objektiven Gehalt der Grundrechte ergebenden staatlichen Schutzpflichten grundsätzlich unbestimmt (vgl. BVerfGE 96, 56 <64>). Wie die staatlichen Organe solchen Schutzpflichten nachkommen, ist von ihnen prinzipiell in eigener Verantwortung zu entscheiden (vgl. BVerfGE 46, 160 <164>; 96, 56 <64>). Das gilt auch für die Pflicht zum Schutz des menschlichen Lebens. Zwar kann sich gerade mit Blick auf dieses Schutzgut in besonders gelagerten Fällen, wenn anders ein effektiver Lebensschutz nicht zu erreichen ist, die Möglichkeit der Auswahl der Mittel zur Erfüllung der Schutzpflicht auf die Wahl eines bestimmten Mittels verengen (vgl. BVerfGE 46, 160 <164 f.>). Die Wahl kann aber immer nur auf solche Mittel fallen, deren Einsatz mit der Verfassung in Einklang steht.

Daran fehlt es im Fall des § 14 Abs. 3 LuftSiG. Die Anordnung und Durchführung der unmittelbaren Einwirkung auf ein Luftfahrzeug mit Waffengewalt nach dieser Vorschrift lässt außer Betracht, dass auch die in dem Luftfahrzeug festgehaltenen Opfer eines Angriffs Anspruch auf den staatlichen Schutz ihres Lebens haben. Nicht nur, dass ihnen dieser Schutz seitens des Staates verwehrt wird, der Staat greift vielmehr selbst in das Leben dieser Schutzlosen ein. Damit missachtet jedes Vorgehen nach § 14 Abs. 3 LuftSiG, wie ausgeführt, die Subjektstellung dieser Menschen in einer mit Art. 1 Abs. 1 GG nicht zu vereinbarenden Weise und das daraus für den Staat sich ergebende Tötungsverbot. Daran ändert es nichts, dass dieses Vorgehen dazu dienen soll, das Leben anderer Menschen zu schützen und zu erhalten.

cc) § 14 Abs. 3 LuftSiG ist dagegen mit Art. 2 Abs. 2 Satz 1 in Verbindung mit Art. 1 Abs. 1 GG insoweit vereinbar, als sich die unmittelbare Einwirkung mit Waffengewalt gegen ein unbemanntes Luftfahrzeug oder ausschließlich gegen Personen richtet, die das Luftfahrzeug als Tatwaffe gegen das Leben von Menschen auf der Erde einsetzen wollen.

aaa) Insoweit steht der Anordnung und Durchführung einer Einsatzmaßnahme nach § 14 Abs. 3 LuftSiG die Menschenwürdegarantie des Art. 1 Abs. 1 GG nicht entgegen. Das versteht sich bei Maßnahmen gegen unbemannte Luftfahrzeuge von selbst, gilt aber auch im anderen Fall. Wer, wie diejenigen, die ein Luftfahrzeug als Waffe zur Vernichtung menschlichen Lebens missbrauchen wollen, Rechtsgüter anderer rechtswidrig angreift, wird nicht als bloßes Objekt staatlichen Handelns in seiner Subjektqualität grundsätzlich in Frage gestellt (vgl. oben unter C II 2 b aa), wenn der Staat sich gegen den rechtswidrigen Angriff zur Wehr setzt und ihn in Erfüllung seiner Schutzpflicht gegenüber denen, deren Leben ausgelöscht werden soll, abzuwehren versucht. Es entspricht im Gegenteil gerade der Subjektstellung des Angreifers, wenn ihm die Folgen seines selbstbestimmten Verhaltens persönlich zugerechnet werden und er für das von ihm in Gang gesetzte Geschehen in Verantwortung genommen wird. Er wird daher in seinem Recht auf Achtung der auch ihm eigenen menschlichen Würde nicht beeinträchtigt.

198

Daran ändern auch die Unsicherheiten nichts, die sich bei der Prüfung ergeben können, ob die Voraussetzungen für die Anordnung und Durchführung einer Einsatzmaßnahme nach § 14 Abs. 3 LuftSiG tatsächlich vorliegen (vgl. oben unter C II 2 b bb bbb). Diese Unsicherheiten sind in Fällen der hier erörterten Art nicht mit denen vergleichbar, die im Regelfall anzunehmen sein werden, wenn sich an Bord des Luftfahrzeugs außer Straftätern auch Besatzungsmitglieder und Passagiere befinden. Wollen diejenigen, die das Luftfahrzeug in ihrer Gewalt haben, dieses nicht als Waffe benutzen, ist also der entsprechende Verdacht nicht begründet, können sie aus Anlass der nach § 15 Abs. 1 und § 14 Abs. 1 LuftSiG durchgeführten Vorfeldmaßnahmen, etwa auf Grund der Androhung von Waffengewalt oder eines Warnschusses, unschwer durch Kooperation, beispielsweise durch Abdrehen oder das Landen der Maschine, zu erkennen geben, dass von ihnen keine Gefahr ausgeht. Auch entfallen die spezifischen Schwierigkeiten, die sich hinsichtlich der Kommunikation zwischen möglicherweise von Straftätern bedrohtem Kabinenpersonal und Cockpit und zwischen diesem und den Entscheidungsträgern am Boden ergeben können. Es ist deshalb hier eher möglich, hinreichend verlässlich und auch rechtzeitig festzustellen, dass ein Luftfahrzeug als Waffe für einen gezielten Absturz missbraucht werden soll.

Gibt es keine Anhaltspunkte dafür, dass sich an Bord eines auffällig gewordenen Luftfahrzeugs Unbeteiligte aufhalten, beziehen sich noch verbleibende Ungewissheiten – etwa hinsichtlich der dem Luftzwischenfall zugrunde liegenden Motive – auf einen Geschehensablauf, der durch das Handeln derjenigen ausgelöst worden ist und abgewendet werden kann, gegen die sich die Abwehrmaßnahme nach § 14 Abs. 3 LuftSiG ausschließlich richtet. Damit verbundene Unwägbarkeiten sind daher dem Verantwortungsbereich der Straftäter zuzurechen.

bbb) Die Regelung des § 14 Abs. 3 LuftSiG wird, soweit sie nur gegenüber Personen an Bord eines Luftfahrzeugs angewandt wird, das diese als Tatwaffe gegen das Leben von Menschen einsetzen wollen, auch den Anforderungen des Verhältnismäßigkeitsgrundsatzes gerecht.

(1) Die Vorschrift dient dem Ziel, Leben von Menschen zu retten. Das ist im Hinblick auf den Höchstwert, den das menschliche Leben in der Verfassungsordnung des Grundgesetzes einnimmt (vgl. oben unter C I), ein Regelungszweck von solchem Gewicht, dass er den schwerwiegenden Eingriff in das Grundrecht auf Leben der Täter an Bord des Luftfahrzeugs rechtfertigen kann.

(2) § 14 Abs. 3 LuftSiG ist zur Erreichung dieses Schutzzwecks nicht schlechthin ungeeignet, weil nicht ausgeschlossen werden kann, dass dieser im Einzelfall durch eine Maßnahme nach § 14 Abs. 3 LuftSiG gefördert wird (vgl.

BVerfGE 30, 292 <316>; 90, 145 <172>; 110, 141 <164>). Ungeachtet der geschilderten Einschätzungs- und Prognoseunsicherheiten (vgl. oben unter C II 2 b bb bbb) sind Situationen vorstellbar, in denen verlässlich festgestellt werden kann, dass sich an Bord eines in einen Luftzwischenfall verwickelten Luftfahrzeugs nur daran beteiligte Straftäter befinden, und auch ausreichend sicher angenommen werden kann, dass bei einem Einsatz nach § 14 Abs. 3 LuftSiG nachteilige Folgen für das Leben von Menschen am Boden nicht eintreten werden. Ob eine solche Sachlage gegeben ist, hängt von der Lagebeurteilung im Einzelfall ab. Führt sie zu der sicheren Einschätzung, dass sich im Luftfahrzeug nur die Straftäter aufhalten, und zu der Prognose, dass durch den Abschuss des Luftfahrzeugs die Gefahr für die durch dieses am Boden bedrohten Menschen abgewendet werden kann, wird der Erfolg, der mit § 14 Abs. 3 LuftSiG erreicht werden soll, gefördert. Die Eignung dieser Vorschrift für den mit ihr verfolgten Zweck lässt sich deshalb nicht generell in Abrede stellen.

(3) Auch die Erforderlichkeit der Regelung zur Zielerreichung ist in einem solchen Fall gegeben, weil ein gleich wirksames, das Recht auf Leben der Straftäter nicht oder weniger beeinträchtigendes Mittel nicht ersichtlich ist (vgl. BVerfGE 30, 292 <316>; 90, 145 <172>; 110, 141 <164>).

Der Gesetzgeber hat vor allem in den §§ 5 bis 12 LuftSiG ein ganzes Bündel von Maßnahmen getroffen, die alle im Sinne des § 1 LuftSiG dazu bestimmt sind, dem Schutz vor Angriffen auf die Sicherheit des Luftverkehrs, insbesondere vor Flugzeugentführungen, Sabotageakten und terroristischen Anschlägen, zu dienen (im Einzelnen vgl. schon oben unter A I 2 b bb aaa [1]). Trotzdem hat er es für erforderlich gehalten, mit den §§ 13 bis 15 LuftSiG für den Fall, dass auf Grund eines erheblichen Luftzwischenfalls der Eintritt eines besonders schweren Unglücksfalls in der Bedeutung des Art. 35 Abs. 2 Satz 2 oder Abs. 3 GG zu befürchten ist, Regelungen mit speziellen Eingriffsbefugnissen und Schutzmaßnahmen zu erlassen, die bis zur Ermächtigung reichen, unter den Voraussetzungen des § 14 Abs. 3 LuftSiG als ultima ratio unmittelbar mit Waffengewalt auf ein Luftfahrzeug einzuwirken. Dem liegt die nicht widerlegbare Einschätzung zugrunde, dass auch die umfangreichen Vorkehrungen nach den §§ 5 bis 11 LuftSiG ebenso wie die Erweiterung der Aufgaben und Befugnisse der Luftfahrzeugführer durch § 12 LuftSiG der Erfahrung nach einen absolut sicheren Schutz vor einem Missbrauch von Luftfahrzeugen für kriminelle Zwecke nicht bieten können. Für andere denkbare Schutzmaßnahmen kann nichts anderes gelten.

(4) Die Ermächtigung zur unmittelbaren Einwirkung mit Waffengewalt auf ein Luftfahrzeug, in dem sich nur Menschen befinden, die dieses im Sinne des § 14 Abs. 3 LuftSiG missbrauchen wollen, ist schließlich auch verhältnismäßig im

engeren Sinne. Der Abschuss eines solchen Luftfahrzeugs stellt nach dem Ergebnis der Gesamtabwägung zwischen der Schwere des damit verbundenen Grundrechtseingriffs und dem Gewicht der zu schützenden Rechtsgüter (vgl. dazu BVerfGE 90, 145 <173>; 104, 337 <349>; 110, 141 <165>) eine angemessene, den Betroffenen zumutbare Abwehrmaßnahme dar, wenn Gewissheit über die tatbestandlichen Voraussetzungen besteht.

(a) Der Grundrechtseingriff wiegt allerdings schwer, weil der Vollzug der Einsatzmaßnahme nach § 14 Abs. 3 LuftSiG mit an Sicherheit grenzender Wahrscheinlichkeit zum Tod der Flugzeuginsassen führt. Doch sind es diese in der hier angenommenen Fallkonstellation selbst, die als Täter die Notwendigkeit des staatlichen Eingreifens herbeigeführt haben und dieses Eingreifen jederzeit dadurch wieder abwenden können, dass sie von der Verwirklichung ihres verbrecherischen Plans Abstand nehmen. Diejenigen, die das Luftfahrzeug in ihrer Gewalt haben, sind es, die maßgeblich den Geschehensablauf an Bord, aber auch am Boden bestimmen. Zu ihrer Tötung kann es nur kommen, wenn sicher erkennbar ist, dass sie das von ihnen beherrschte Luftfahrzeug zur Tötung von Menschen einsetzen werden, und wenn sie an diesem Vorhaben festhalten, obwohl ihnen die damit für sie selbst verbundene Lebensgefahr bewusst ist. Das mindert das Gewicht des gegen sie gerichteten Grundrechtseingriffs.

Auf der anderen Seite haben diejenigen, deren Leben durch die Eingriffsmaßnahme nach § 14 Abs. 3 LuftSiG in Erfüllung der staatlichen Schutzpflicht geschützt werden soll, im Zielbereich des beabsichtigten Flugzeugabsturzes im Regelfall nicht die Möglichkeit, den gegen sie geplanten Angriff abzuwehren, ihm insbesondere auszuweichen.

(b) Zu beachten ist allerdings auch, dass durch die Anwendung des § 14 Abs. 3 LuftSiG auf der Erde nicht nur hoch gefährliche Anlagen betroffen, sondern auch Menschen getötet werden können, die sich in Gebieten aufhalten, in denen aller Voraussicht nach Trümmer des unter Einwirkung von Waffengewalt abgeschossenen Luftfahrzeugs niedergehen werden. Auch zum Schutz des Lebens – und der Gesundheit – dieser Menschen ist der Staat von Verfassungs wegen verpflichtet. Das kann bei einer Entscheidung nach § 14 Abs. 4 Satz 1 LuftSiG nicht unberücksichtigt bleiben.

Dieser Aspekt berührt aber nicht den rechtlichen Bestand der in § 14 Abs. 3 LuftSiG getroffenen Regelung, sondern deren Anwendung im Einzelfall. Sie soll nach den im Verfahren abgegebenen Stellungnahmen ohnehin unterbleiben, wenn mit Sicherheit erwartet werden muss, dass am Boden über dicht besiedeltem Gebiet durch herabfallende Flugzeugteile Menschen zu Schaden kommen oder gar ihr Leben verlieren würden. Für die Frage, ob die Vorschrift den Anforderungen auch der verfassungsrechtlichen Angemessenheit genügt, reicht die Feststellung aus, dass Fallkonstellationen denkbar sind, in denen die unmittelbare Einwirkung auf ein nur mit Angreifern auf den Luftverkehr besetztes Luftfahrzeug die Gefahr für das Leben derer abwenden kann, gegen die das Luftfahrzeug als Tatwaffe eingesetzt werden soll, ohne dass durch den Abschuss gleichzeitig in das Leben anderer eingegriffen wird. Das ist, wie schon ausgeführt (vgl. oben unter C II 2 b cc bbb [2]), der Fall. § 14 Abs. 3 LuftSiG ist damit, soweit er die unmittelbare Einwirkung mit Waffengewalt auf ein unbemanntes oder nur mit Angreifern besetztes Luftfahrzeug erlaubt, auch verhältnismäßig im engeren Sinne.

ccc) Die Wesensgehaltssperre des Art. 19 Abs. 2 GG schließt eine solche Maßnahme gegenüber diesem Personenkreis ebenfalls nicht aus. Im Hinblick auf die außergewöhnliche Ausnahmesituation, von der § 14 Abs. 3 LuftSiG ausgeht, bleibt der Wesensgehalt des Grundrechts auf Leben im hier vorausgesetzten Fall durch den mit dieser Vorschrift verbundenen Grundrechtseingriff so lange unangetastet, wie gewichtige Schutzinteressen Dritter den Eingriff legitimieren und der Grundsatz der Verhältnismäßigkeit gewahrt ist (vgl. BVerfGE 22, 180 <219 f.>; 109, 133 <156>). Beide Voraussetzungen sind nach den vorstehenden Ausführungen gegeben (vgl. unter C II 2 b cc bbb).

III.

Da es dem Bund für § 14 Abs. 3 LuftSiG schon an der Gesetzgebungskompetenz mangelt, hat die Vorschrift auch insoweit, als die unmittelbare Einwirkung auf ein Luftfahrzeug mit Waffengewalt materiellverfassungsrechtlich gerechtfertigt werden kann, keinen Bestand. Die Regelung ist in vollem Umfang verfassungswidrig und infolgedessen gemäß § 95 Abs. 3 Satz 1 BVerfGG nichtig. Für die bloße Feststellung einer Unvereinbarkeit der angegriffenen Regelung mit dem Grundgesetz ist unter den gegebenen Umständen kein Raum.

D.

Die Kostenentscheidung beruht auf § 34 a Abs. 2 BVerfGG.

Papier	Haas	Hömig
Steiner	Hohmann-Dennhardt	Hoffmann-Riem
Bryde		Gaier